南湖法学文库

国家社科基金一般项目
"我国裁判文书制度的法理检视与体系重构研究"（14BFX056）最终结项成果
中南财经政法大学本科教育教学改革专项项目
"《疑难案例模拟训练》优质课程建设"（31412010604）的阶段性成果

我国裁判文书制度的法理检视与体系重构

资琳 著

法律出版社
LAW PRESS · CHINA

总　序

历经几回寒暑，走过数载春秋，南湖畔的中南法学在不断精心酿造中步步成长。中南法学的影响与日俱增，这离不开长江边上这座历史悠久、通衢九州的名城武汉，更离不开中南法律人辛勤耕耘、励精图治的学术精神。中南学子源于各地聚集于此，又在遍布大江南北传播法学精神，砥砺品格、守望正义的同时，也在法学和司法实践部门坚持创新、止于至善，做出了卓越的贡献。

纵观中南法学的成长史，从1952年9月成立中原大学政法学院，到1953年4月合并中山大学、广西大学、湖南大学的政法系科，成立中南政法学院，后至1958年成为湖北大学法律系，1977年演变为湖北财经学院法律系，转而于1984年恢复中南政法学院，又经2000年5月的中南财经大学与中南政法学院合并至今，中南财经政法大学法学院已然积淀了50年的办学历史。虽经几度分合，但“博学、韬奋、诚信、图治”的人文精神经过一代又一代中南学人的传承而日臻完善，笃志好学的研习氛围越发浓厚。中南法学经过几十年的积累，其学术成果屡见丰硕。“南湖法学文库”这套丛书的编辑出版，就是要逐步展示中南法学的学术积累，传播法学研究的中南学派之精神。

中南法学经过数十载耕耘，逐渐形成了自成一格的中南法学流派。中南法律人在“为学、为用、为效、为公”教育理念的引导下，历练出了自有特色的“创新、务实”的学术精神。在国际化与跨地区、跨领域交流日益频繁的今天，中南法学以多位中南法学大家为中心，秉承多元化的研究模式与多样性的学术理念，坚持善于批判的学术精神，勇于探讨、无惧成论。尤其是年轻的中南法学学子们，更是敢于扎根基础理论的研习，甘于寂寞；同时也关注热点，忧心时事，活跃于网络论坛，驰骋于法学天地。

从历史上的政法学院到新世纪的法学院，前辈们的学术积淀影响深远，至今仍给中南法学学子甚至中国法学以启迪；师承他们的学术思想，沐浴其熠熠生辉的光泽，新一辈的中南法律人正在法学这片沃土上默默耕耘、坚忍不拔。此次中南财经政法大学法学院推出这套“南湖法学文库”，作为中南法学流派的窗口，就是要推出新人新作，推出名家精品，以求全面反映法学院的整体科研实力，并使更多的学者和学子得以深入了解中南法学。按照文库编委会的计划，每年文库将推出 5 本至 6 本专著。相信在中南法律人的共同努力下，文库将成为法学领域学术传播与学术交流的媒介与平台，成为中南法律人在法学研习道路上的阶梯，成为传承中南法学精神的又一个载体，并为中国法学研究的理论与实践创新做出贡献。

晓南湖畔书声朗，希贤岭端佳话频。把握并坚守了中南法学的魂，中南法律人定当继续开拓进取，一如既往地迸发出中南法学的铿锵之声。

是为序。

吴汉东

2011 年 2 月 1 日

目 录

导　论

裁判文书不仅是反映诉讼过程是否合法的文本，也是体现诉讼活动结果是否合理的载体。可以说，裁判文书是特定时空结构下的法律综合体，它综合体现了各种法律制度、主流法学理论和不同司法经验，它既能对既定事实产生判定效果，又能对未来生活产生指导作用，在法治国家、法治政府、法治社会建设中具有极其显耀的作用，是衡量立法是否科学、执法是否严格、司法是否公正、全民是否遵法守法的实践依据，将其作为评价全面依法治国的一个重要评价指标或者体系也不为过。因而如何在制度上保障裁判文书得以准确合理高效地制作出来，英美法系和大陆法系法治发达国家都非常重视。在制度上，这些国家都强调裁判理由及其充分性，推行公开裁判文书，实行繁简判决分流制。但由于法律传统不同，其裁判文书制度也各具特点。大陆法系具有封闭特点，强调判决理由缜密、结构紧凑和用语简练；英美法系具有开放特征，强调判决理由的论证、不同意见的展示和对话。在裁判模式上，国外学者提出了规则模式、原则模式和商谈模式等理论；在裁判文书的论证方法上，提出了逻辑论证、修辞论证和对话论证等方法。

我国裁判文书制度的研究历时不短，成果丰硕。早期研究主要集中在如何制作裁判文书，随着我国法治建设进程的推动，裁判文书制度研究逐步在如下方面展开并不断深入：第一，文书撰写制度的完善，在裁判文书的范本模板、法律条文的引用要求、裁判文书的文字表达等方面都做出了相关规定。第二,倡导文书说理制度、简繁文书分流制度、文书质量评估制度、裁判文书网上公开制度。第三,全面提倡裁判文书的公开。这些研究在制度设计上也取得了一些效果。但是,裁判文书制度在实践中并未解决"头痛医头、脚痛医脚"的问题,也没有改变我国裁判文书说理较弱的整体现状,一些制度设计流于形式或收效甚微。我国裁判文书总体而言存在叙事详略不得当、论证逻辑不严密、认定事实论证不足、得出结论不经过论证等问题,具体统计见图 1。[1]

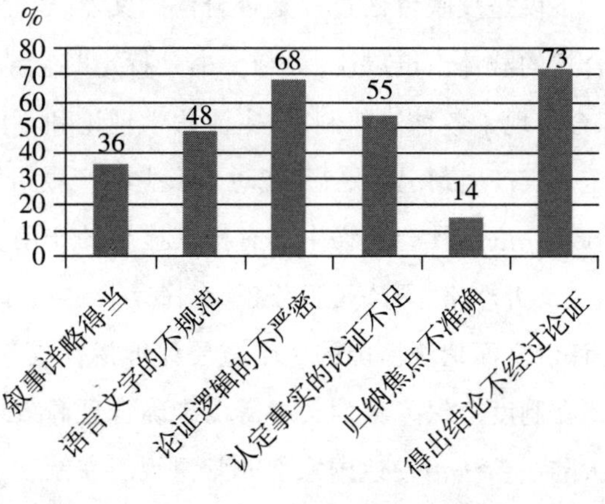

图 1　裁判文书写作问题抽样调查统计

我国裁判文书改革已经实施二十多年,但是裁判文书的质量仍然差强人意。究竟是什么原因使裁判文书的改革没有起到预期的效果,裁判文书制度建设中究竟存在哪些问题,应该如何应对这些问题,完善我国的裁判文书制度呢? 近些年来,全面深化司法改革,推动司法信息化改革成为法院系统实现审判能力现代化的重要着眼点。很多人预

[1] 文本取样于中国裁判文书网从 2015 年至 2018 年公开的裁判文书文本 1000 件。其中民事裁判文书取样 400 件、刑事裁判文书取样 400 件以及行政裁判文书取样 200 件。

期,未来的智慧法院有望通过人工智能技术和信息化技术规范司法工作,提高裁判效率。[1] 这种变革为裁判文书的改革带来新的变数,它提出了一个新时代的新问题,即未来可否借助人工智能实现裁判文书制度的全面改革?如果这种改革是可以预期的,那么我们又需要着眼建构什么样的裁判文书制度呢?根据有关信息显示,在全国多个地方已经采用裁判文书电子生成方式。[2] 这种现象是否值得推广呢?人工智能虽然会带来司法改革的诸多重大变化,但是它无法改变法律中最核心的问题,更无法改变人的主体地位,因此,我们仍然需要以裁判者的裁判为核心,来考虑如何构建各项裁判文书制度。

本书带着上述问题,秉承制度构建中要凸显人的主体地位这一法理,首先实证考察了多个地区多级法院,整理了上千份裁判文书,总结出我国裁判文书制作和裁判文书制度存在的问题,并对这些问题形成的原因进行了法理上的反思。在此基础上,本书的第二章则试图结合我国现状,对我国裁判文书制度如何体系化地构建进行了理论上的探讨和比较,从而确立我国裁判文书制度重构的法理基础,并尝试从总体上阐述我国裁判文书制度的体系化构造,厘清各项制度之间的逻辑关联。接下来的五章,本书则依次对我国裁判文书制度中的案件分流制度、文书说理制度、文书范本制度、文书公开制度、文书评价制度进行细致、详细地梳理,总结出各项制度的现状和问题,并针对这些问题,就如何体系化、融贯性地完善和构造各项制度进行阐述。

---

〔1〕 参见胡昌明:《建设“智慧法院”配套司法体制改革的实践与展望》,载《中国应用法学》2019 年第 1 期。

〔2〕 参见《为法官减负,裁判文书一键生成》,载平安浙江网 2017 年 3 月 17 日,http://www.zjcourt.cn/art/2017/3/17/art_3_11003.html。

第一章　我国裁判文书制度的构架现状及法理反思

明确我国裁判文书制度的现状，并探索裁判文书制度遇到的困境以及造成困境的原因，是积极改变文书制作现状、有效重构文书制度的前提。裁判文书制度在完善过程中所遇到的困难是多样的，导致裁判文书制度无法在短时间内发挥出其应有的理想效果的原因也是多样的。本章将具体解析我国裁判文书制度的规范现状、以实证材料来展示裁判文书制度的困境，并对这些困境产生的原因进行法理上的反思，以期对我国裁判文书制度进行整体上的制度检视和法理反思。

第一节　我国裁判文书制度的构架现状

一、现有的相关规范总结

在法院的诉讼活动中，法院对案件进行了立案，就必然需要制作不同种类的裁判文书。从历史的角度看，每个朝代在判词制作方面都或多或少有所规定，如汉代规定“春秋决狱”“比附定罪”，唐代则提道“语必骈俪、文必四六"等，[1]可以说裁判文书是法院工作中一个绕不开的话题。中华人民共和国成立以来，我国各级法院十分重视裁判文书的制作问题，颁布了一系列有关裁判文书的制作要求的规范性文件，如表1所示：

表1　裁判文书制作要求的规范性文件

文书制度	颁布时间	颁布法院	文件名称	效力
分流制度	2002年12月25日	广东省高级人民法院	《广东省高级人民法院关于简化民事裁判文书的规定（试行）》	有效
	2004年8月3日	上海市高级人民法院	《上海市高级人民法院关于简化适用简易程序审结的民商事案件裁判文书的若干意见》	有效
	2010年11月17日	最高人民法院	《最高人民法院关于开展行政诉讼简易程序试点工作的通知》	有效
	2016年9月12日	最高人民法院	《最高人民法院关于进一步推进案件繁简分流优化司法资源配置的若干意见》	有效
范本制度	1951年3月27日	最高人民法院	《最高人民法院关于陪审员应否在判决书或调解书上署名问题的函》	有效
	1956年11月10日	最高人民法院	《最高人民法院关于刑事判决书署名问题的函》	有效
	1957年7月23日	最高人民法院	《最高人民法院关于经审判委员会讨论的案件在判决书上如何署名问题的复函》	失效
	1957年9月13日	最高人民法院	《最高人民法院关于判决书的原本、正本、抄本如何区别问题的批复》	失效

[1] 参见刘昂等：《优秀裁判文书标准及实现》，中国法制出版社2015年版，第79页。

续表

文书制度	颁布时间	颁布法院	文件名称	效力
范本制度	1964 年 1 月 7 日	最高人民法院	《最高人民法院关于判决书、裁定书是否应由院长署名的问题的批复》	有效
	1985 年 7 月 9 日	最高人民法院	《最高人民法院关于审判监督程序中上级人民法院对下级人民法院已经发布法律效力的判决、裁定何时裁定中止执行和中止执行的裁定由谁署名问题的批复》	失效
	1990 年 1 月 20 日	最高人民法院	《最高人民法院关于确认和处理无效经济合同适用何种法律文书问题的批复》	失效
	1992 年 6 月 20 日	最高人民法院	《最高人民法院关于试行法院诉讼文书样式的通知》	失效
	1993 年 4 月 21 日	最高人民法院	《最高人民法院关于〈法院诉讼文书样式(试行)〉若干问题的解答》	失效
	1999 年 4 月 30 日	最高人民法院	《最高人民法院关于印发〈法院刑事诉讼文书样式〉(样本)的通知》	有效
	2000 年 1 月 11 日	最高人民法院	《最高人民法院国家赔偿案件文书样式(试行)》	失效
	2000 年 2 月 29 日	最高人民法院	《最高人民法院关于刑事裁判文书中刑期起止日期如何表述问题的批复》	有效
	2001 年 6 月 15 日	最高人民法院	《最高人民法院关于实施〈法院刑事诉讼文书样式〉若干问题的解答》	有效

续表

文书制度	颁布时间	颁布法院	文件名称	效力
范本制度	2003年1月9日	最高人民法院	《最高人民法院印发《〈关于民事诉讼证据的若干规定〉文书样式(试行)的通知》	有效
	2004年12月8日	最高人民法院	《最高人民法院关于印发〈一审行政判决书样式(试行)〉的通知》	有效
	2006年6月22日	上海市高级人民法院	《上海市高级人民法院关于下发〈关于规范民事裁判文书若干问题的意见〉的通知》	有效
	2006年11月7日	四川省高级人民法院	《四川省高级人民法院关于裁判文书制作的规范意见》	有效
	2009年10月12日	最高人民法院	《最高人民法院关于印发一审未成年人刑事案件适用普通程序的刑事判决书样式和一审未成年人刑事公诉案件适用简易程序的刑事判决书样式的通知》	有效
	2010年7月6日	安徽省高级人民法院	《裁判文书制作规范(试行)》	有效
	2011年4月21日	最高人民法院	《最高人民法院关于印发〈民事申请再审案件诉讼文书样式〉的通知》	有效
	2011年10月20日	黑龙江高级人民法院	《全省法院裁判文书制作规则(试行)》	有效
	2013年4月25日	甘肃省高级人民法院	《关于规范和统一全省法院裁判文书制作若干问题的意见》	有效
	2016年6月28日	最高人民法院	《最高人民法院关于印发〈人民法院民事裁判文书制作规范〉〈民事诉讼文书样式〉的通知》	有效

续表

文书制度	颁布时间	颁布法院	文件名称	效力
说理制度	1986 年 10 月 28 日	最高人民法院	《最高人民法院关于人民法院制作法律文书如何引用法律规范性文件的批复》	失效
	1997 年 12 月 31 日	最高人民法院	《最高人民法院关于在裁判文书中如何引用修订前、后刑法名称的通知》	失效
	1999 年 11 月 18 日	最高人民法院	《最高人民法院关于审理死刑缓期执行期间故意犯罪的一审案件如何制作裁判文书有关问题的通知》	有效
	2005 年 12 月 14 日	北京市高级人民法院	《北京市高级人民法院关于规范判决书援引法律的有关问题的指导意见》	有效
	2007 年 4 月 11 日	最高人民法院	《最高人民法院关于在裁判文书中如何引用刑法修正案的批复》	失效
	2007 年 10 月 23 日	浙江省高级人民法院	《浙江省高级人民法院关于加强裁判文书说理工作的若干意见》	有效
	2009 年 10 月 26 日	最高人民法院	《最高人民法院关于裁判文书引用法律、法规等规范性法律文件的规定》	有效
	2009 年 11 月 5 日	江西安福县人民法院	《江西省吉安市安福县人民法院案件(裁判文书评析制度)》	有效
	2012 年 5 月 15 日	最高人民法院	《最高人民法院关于在裁判文书中如何表述修正前后刑法条文的批复》	有效

续表

文书制度	颁布时间	颁布法院	文件名称	效力
	2018年6月1日	最高人民法院	《最高人民法院关于加强和规范裁判文书释法说理的指导意见》	有效
	2021年1月19日	最高人民法院	《关于深入推进社会主义核心价值观融入裁判文书释法说理的指导意见》	有效
公开制度	1999年10月20日	最高人民法院	《人民法院五年改革纲要(1999－2003)》	有效
	2000年6月15日	最高人民法院	《最高人民法院裁判文书公布管理办法》	有效
	2005年10月26日	最高人民法院	《人民法院第二个五年改革纲要(2004－2008)》	有效
	2007年6月4日	最高人民法院	《最高人民法院关于加强人民法院审判公开工作的若干意见》	有效
	2009年3月25日	最高人民法院	《人民法院第三个五年改革纲要(2009－2013)》	有效
	2009年12月8日	最高人民法院	《最高人民法院关于司法公开的六项规定》	有效
	2013年11月21日	最高人民法院	《最高人民法院关于人民法院在互联网公布裁判文书的规定》	失效
	2013年11月21日	最高人民法院	《关于推进司法公开三大平台建设的若干意见》	有效
	2016年8月30日	最高人民法院	《最高人民法院关于人民法院在互联网公布裁判文书的规定》	有效

续表

文书制度	颁布时间	颁布法院	文件名称	效力
评价标准	2002 年 9 月 12 日	四川省高级人民法院	《四川省高级人民法院裁判文书质量评审标准》	有效
	2005 年 12 月 14 日	北京市高级人民法院	《北京市高级人民法院关于制作裁判文书有关技术要求的规定》	有效
	2007 年 1 月 1 日	湖南省高级人民法院	《湖南省高级人民法院关于制作刑事裁判文书技术规范要求的意见》	有效
	2012 年 4 月 25 日	安徽省高级人民法院	《全省法院加强司法能力建设开展庭审评查和裁判文书评查活动的实施意见》	有效
	2012 年 7 月 2 日	重庆市高级人民法院	《裁判文书校评办法》	有效
	2013 年 9 月 16 日	安徽岳西县人民法院	《岳西县人民法院优秀裁判文书评比办法》	有效
其他（多制度综合）	1999 年 3 月 22 日	广东省高级人民法院	《广东省高级人民法院关于提高民事裁判文书质量的几点具体意见(试行)》	有效
	2000 年 3 月 8 日	上海市高级人民法院	《上海法院关于制作裁判文书有关技术要求的规定》	有效
	2001 年 5 月 22 日	广东省高级人民法院	《广东省高级人民法院关于进一步提高裁判文书质量的通知》	有效
	2004 年 5 月 14 日	江苏省高级人民法院	《江苏省高级人民法院关于制作裁判文书有关技术要求的规定(试行)》	有效
	2006 年 6 月 27 日	最高人民法院	《最高人民法院关于加强民事裁判文书制作工作的通知》	有效

续表

文书制度	颁布时间	颁布法院	文件名称	效力
其他（多制度综合）	2006 年 10 月 1 日	河南三门峡中级人民法院	《三门峡市中级人民法院关于提高裁判文书质量的若干规定》	有效
	2007 年 2 月 27 日	湖南省高级人民法院	《湖南省高级人民法院关于规范裁判文书制作的意见》	有效
	2009 年 1 月 6 日	陕西神木县人民法院	《神木县人民法院关于提高裁判文书质量的意见》	有效
	2010 年 1 月 15 日	北京市高级人民法院	《北京市高级人民法院关于进一步提高民事再审裁判文书质量的若干意见》	有效

由表 1 可以看出，我国裁判文书的规范呈现出如下特点：第一，各级法院都重视裁判文书规范化。上至最高人民法院，下到基层人民法院，都注重提升法官的裁判文书制作水平，并结合各自的司法实践，积极探寻提高裁判文书质量的道路。第二，裁判文书规范化涉及面广。各种意见、办法和标准涵盖了刑事、民事、行政等各个部门法裁判文书的制作。但是，我国裁判文书制度的建设仍处于起步阶段，虽然已经形成裁判文书的分流制度、范本制度、说理制度、公开制度和评价制度，在实践运行中还存在一定的问题，需要在今后的司法实践中不断加以解决。

二、基本制度构成

（一）分流制度

裁判文书的分流制度，是指将复杂程度不同的案件进行繁简分流，坚持简单案件快速审理,复杂案件重点审理的原则,使案件能够在保证公正的前提下得到快速处理。这一制度被设计的初衷是为了应对当前司法实践中普遍存在的“案多人少”问题,使法官能够对不同难度的案件作出不同的处理,审理简单案件时不必拘泥于固定的处理流程,审理复杂案件时需要重视突出争议的焦点,进而提高自己的办案效率,最终达到提高疑难案件裁判质量,实现司法公正的目的。

从法律规定上看,1992 年最高人民法院首次发布的裁判文书样式中,规定普通程序和简易程序需要使用不同的裁判文书样式,这其中就已经有了分流制度的雏形,但在之后很长的一段时间内,最高人民法院并没有明确提出“繁简分流”的概念,分流制度事实上只是各地方法院为了解决自身需要办理案件数量太过庞大的问题而进行的自主探索,这一探索从民商事裁判出发逐渐辐射到了刑事和行政领域,但并没有形成全国性的经验。2009 年,最高人民法院颁布了《人民法院第三个五年改革纲要(2009—2013)》[1],正式提出了繁简分流的说法。近年来,随着 2016 年《最高人民法院关于进一步推进案件繁简分流优化司法资源配置的若干意见》的出台,裁判文书分流制度成为讨论的焦点,在全国范围内被初步建立起来。

从分流制度的标准上说,案件所采用的程序、案件标的额和案由都成为过区分繁简案件的标准,但是各项具体标准都存在各自的局限性,比如以案件案由作为标准时,案由太过多样,无法很好地划分繁简案件;以标的额作为标准时,小额的数量不确定,小额案件对应的诉讼程序不明确等。目前的分流制度只是初步地认为适用简易程序的案件就

[1] 《人民法院第三个五年改革纲要(2009—2013)》规定:“推进行政诉讼法的修改进程,促进行政诉讼审判体制和管辖制度的改革和完善。完善民事、行政诉讼简易程序,明确适用简易程序的案件范围,制定简易程序审理规则。”

是简单案件,适用普通程序的案件是一般案件,而没有从事实认定、法律适用和公众评价之中找到更具体的分流标准。因此,分流制度还远没有达到尽善尽美的地步,繁简案件认定的具体标准、繁简案件不同的评价机制等相关问题,需要日后进一步加以研究和解决。

(二)范本制度

裁判文书的范本制度是规定裁判文书基本样式的制度,裁判文书最基本的范本就是"首部、正文、尾部"三部分。在中华人民共和国成立之初范本制度尚未建立时,法官在制作裁判文书时常常自由发挥,虽然也出现过一些质量上乘的判决,但从总体上说,大部分判决书由于缺乏最基本的格式,从而使基于法律作出的判决和道德上的说教没有区别,法律的权威就一直无法建立起来。因此,立法者在中华人民共和国成立之初就开始探索建立范本制度的道路,1951 年最高人民法院就针对判决书如何署名的问题颁布了第一个司法解释,并在此后发布的规范性文件中,频繁地提及范本制度。另外,关于范本制度的规范性文件还随着实践的发展侧重解决不同的问题。在 20 世纪 80 年代以前,最高人民法院下发的文件注重解决的还是裁判文书如何署名等基本格式问题。从 1992 年开始,才慢慢推行裁判文书的总体样式,建立真正意义上的裁判文书的范本制度。在这种背景下,裁判文书取得了极大的进步,至少裁判文书首部、正文、尾部的行文结构已经基本固定,不会再有"天马行空"的裁判文书出现。通过分析前文整理出的表格可以发现,规定范本制度内容的规范性文件的数量是所有制度中最多的,这也可以体现出立法者对建立和完善范本制度的重视。

范本制度的具体内容,不仅包括各种裁判文书的基本格式究竟如何,还包括法官裁判用语的规范化和裁判主旨的鲜明性。应当说,统一裁判文书总体的格式只是范本制度的第一步,在保证了形式上的规范性之后,范本制度还需要发挥督促法官制作文书的作用,使法官在制作裁判文书时表述的思路清晰，表达的语言精准。构建裁判文书范本的主旨自然是为了更精准地反映审判过程，法官如果没有自己清晰的思路，只是在裁判文书中单纯地陈述的话，会导致裁判文书目的性缺失，从而使范本失去存在的意义。

总的来说，经过各种文书样式的下发，裁判文书的总体框架已经形成，裁判文书的基本格式等问题已经得到解决。目前范本制度建设的第一步已经迈出，但在保证了形式规范的基础上，能否引导法官进一步提升制作裁判文书时的目的意识，使裁判文书具有鲜明的主旨，是范本制度面对的主要问题。

（三）说理制度

裁判文书的说理制度是阐述说理技巧，规范说理形式的制度的总称。在中华人民共和国成立初期，裁判文书制度尚未建立之时，法官们并不注重对案件的说理，常常在阐述了案件事实之后就给出判决结果。当事人对于判决的接受，往往不是基于当事人的理解和内心的认同，而是基于国家对法律执行的强制威慑力，从而不得不被动服从裁判。最终，法律裁判的效果差强人意，与社会公众预期之间的距离越来越大，法律的权威性难以确立。这个问题集中表现于信访量上升，很多当事人更倾向于通过信访途径解决纠纷。“信访不信法”的现象较为突出。[1] 这种局面要求裁判文书制度必须包括说理制度。在一件具体案件中，说理制度是连接案件事实与判决结果的桥梁，如果说裁判文书的范本制度旨在保证裁判文书形式上的统一，那么裁判文书的说理制度则旨在保证裁判文书的实质正义，是否进行了充分的说理是判断裁判文书的质量高低以及能否被社会公众接受的关键所在，因此说理制度始终在裁判文书制度中占据着极其重要的位置。是否能够根据不同案件的事实

---

〔1〕 参见张洋：《把信访纳入法治化轨道》，载《人民日报》2015年3月25日。

作出有针对性的说理,往往也是衡量一个法官法律职业素质的最佳尺度。

为了使裁判文书具有规范性,更好地发挥裁判文书应有的社会效果,说理制度和范本制度一样,也是在中华人民共和国初期就开始受到立法者的重视。从颁布的规范性文件上来看,涉及裁判文书说理的规范性文件是最多的,很多规定其他制度的法律规范,最后都会或多或少地提及裁判文书的释法说理问题,如在涉及评价制度的一些评比办法中,必然存在对裁判文书应当如何说理问题的解答。除了顺带提及说理以外,最高人民法院还于2006年、2009年分别发布了通知,明确要求提升裁判文书的质量,增强裁判文书的说理性,要求裁判者不仅在法律适用时要说理,在证据认定、案件事实认定、争议焦点认定、因果关系认定的问题上都要进行充分的说理,最终的目标是做到"辨法析理,胜败皆明"。[1] 目前对说理制度影响最大的规范性文件是最高人民法院在2018年颁布的《最高人民法院关于加强和规范裁判文书释法说理的指导意见》,其中对说理制度作出了具体的规定,使说理的方法和技巧更加清晰和易于掌握。

除了实质内容上的说理外,说理制度还将说理的范围扩充到维护程序正义之上。对于当事人申请管辖和回避的问题和当事人对庭审笔录提出异议的问题,法官也都要在裁判文书中进行说理,不能只简单地交代处理结果。例如,2002年《最高人民法院关于行政诉讼证据若干问题的规定》中明确赋予了当事人申请调查取证的权利,[2] 既然当事人享有法定的权利,这就意味着法院必须确实保证当事人权利的实施,其过程必须在裁判文书中有明确的体现。

---

[1] 2006年《最高人民法院关于加强民事裁判文书制作工作的通知》规定:"要增强判案的说理性,努力做到'辨法析理、胜败皆明'。"

[2] 2002年《最高人民法院关于行政诉讼证据若干问题的规定》第29条规定:"原告或者第三人有证据或者有正当理由表明被告据以认定案件事实的鉴定结论可能有错误,在举证期限内书面申请重新鉴定的,人民法院应予准许。"

尽管裁判文书说理制度的规范已经非常丰富，但是我国并没有将说理制度与范本制度、分流制度等制度关联起来，也缺少构建说理制度的统一的理论基础和方法论指引，因而说理制度在制度关联、说理内在统一性等方面还需要完善。

（四）公开制度

裁判文书公开制度，是指将已生效的各类裁判文书通过纸质或者网络途径向社会公众进行公开，接受社会公众的监督，从而维护司法公正的制度。公开制度最主要的目的是使法官制作出的裁判文书取得良好的社会效果，加强人们对法律的信赖，进而提高法律的权威。还需要看到，裁判文书公开对于法学研究产生了积极的推动作用，当前，很多法学者以裁判文书中的判决理由和案件事实为资料进行各种问题研究，这无疑有助于形成具有中国话语体系的法学研究。

从时间上来看，公开制度的起步其实很早。2000 年，最高人民法院就通过发布《最高人民法院裁判文书公布管理办法》，有选择性地向社会公众公布生效裁判文书，使裁判文书除了能被法院系统内部监督外，还能接受来自社会的外部监督。但之后公开制度的发展就陷入了停滞，直到 2009 年，随着中国裁判文书网的建立，公开制度才得到了进一步的完善。由于互联网技术的发展，中国裁判文书网以及其他的裁判文书网上搜索系统得以先后建立起来，裁判文书公开制度成为全部裁判文书制度改革中成效最为显著的部分，一是公开范围由部分文书扩展到了全部的生效文书，二是公开渠道新增了网络渠道，大大方便了社会公众对于裁判文书的查阅，也在客观上提升了人们对裁判文书的接受程度，取得了较为良好的社会效果。[1] 随着 2013 年《最高人民法院

〔1〕 较为有趣的是，现在公开的裁判文书也成为一些新闻记者搜集新闻素材的重要渠道，这种无心之柳有助于发挥社会新闻监督。

关于人民法院在互联网公布裁判文书的规定》的颁布和2016年对该规定的再次修订，公开制度逐渐成为一项较为成熟的制度，填补了以往存在的许多漏洞。但是，目前的公开制度还是存在很多缺陷。首先，公开制度缺少反馈的机制，公众只能查阅裁判文书而无法有效地提出对裁判文书的改进意见，这样，公众仍然会产生“法律是小圈子里的游戏”的观念。其次，公开制度实施时面临的限制较多，在技术上缺乏统一而完善的平台，在权利上常常会和当事人的隐私权相冲突，在管理上又缺乏专门的机构对公布的裁判文书进行解说，使裁判文书的教育作用难以体现。

本书认为，当前的裁判文书公开制度还处于探索的时期，裁判文书的公开平台等也只是达到了初步建立的程度，离达到尽善尽美的状态还有很远的距离。为了更好地发挥裁判文书教育公众的功能，实现更好的社会效果，首先就要让裁判文书接受公众的监督，具体来说，克服目前存在的技术、权利等限制，建立通畅的公众意见反馈渠道，使公开制度能够和评价制度产生联动，是公开制度未来前进的方向。

（五）评价制度

裁判文书评价制度，是指通过设定评价指标，对法官作出的裁判文书进行评估的制度，只有制作出优秀裁判文书的法官受到嘉奖，制作出不合格裁判文书的法官接受处分，才能引导法官在审理案件时注重提升裁判文书的质量。裁判文书的评价制度，正是衡量何种裁判文书可以被认定为“优秀”的尺度。

从各级法院发布规范性文件的时间来看，评价制度相对其他制度来说起步较晚，而且在2010年之前出现的规范也并非由最高人民法院颁布的，大多只是各地方法院在本辖区范围内自行规定，自主进行的探索，并没有产生全国性的影响。应该说，相对于其他裁判文书制度，评价制度并没有在一开始就受到应有的重视。从规范性文件的内容来看,无论是最高人民法院在全国范围内发布的优秀裁判文书的评比办法,还是各地方法院在本辖区内自行规定的评比办法,有关评价制度的规范性文件大多只是一些临时性的办法,都只适用于某一次特定的活动,缺乏那些类似于司法解释的可以反复适用、长期有效的规范性文件。这使评价制度在司法实践过程中没有清晰的理论指导,不同的地方法院具体执行裁判文书评价时就容易出现各行其是的情况。概括来说,目前的评价制度存在三种模式:审判管理办公室模式、法官考评委员会模式和案例指导委员会模式,这些模式虽然有一定的优势,但同时也有较为明显的弊端,克服这些弊端的首要举措就是建立统一稳定的评价制度。

最后,正如前文论述公开制度时提及的,目前我国的社会公众评价制度仍然处于缺位的状态。社会公众只能查阅生效裁判文书,而无法对裁判文书进行评价,这不利于裁判文书社会效果的实现。综合来说,目前的裁判文书评价制度影响范围并不足够,评价主体也远未达到多元化的要求。因此,评价制度面临的主要问题是缺乏统一的评价机制和评价标准。

第二节　我国裁判文书制度面临的困境

一、缺乏系统设计

系统设计,就是指在设计裁判文书制度时,需要用整体构建的眼光协调所有的裁判文书制度,而不是过分专注于某一项或者某几项具体的裁判文书制度。系统设计有助于实现能动司法的理念。前文已经阐述,我国的裁判文书制度包括但不限于文书分流制度、范本制度、说理制度等,但是目前用来规范裁判文书制度的文件或者著作之中,无论是官方发布的各种指导思想，还是理论界中学者积极讨论的各种构想，大多数仍然是集中讨论裁判文书的某一项具体制度（如强调裁判文书应当如何说理，裁判文书的规范格式为何等）应当如何完善，而没有站在更高的角度，探讨如何整合这些相互区别但是有紧密联系的制度。通过整合这些制度，化解制度之间可能存在的矛盾，才能最终使法院在司法实践中不至于顾此失彼，进而使裁判文书达到人们预期的效果。

局部有局部的功能，整体有整体的目标，裁判文书制度中的某一制度固然重要，但是不可因此忽视了整体设计所具有的目标牵引作用。只有裁判文书的整体目标设计才能将各部分制度有机整合起来，发挥部分制度无法发挥的作用，并制造出"1 + 1 > 2"的效果。现阶段的裁判文书制度从具体制度本身来说，已经不再是一个棘手的问题，因为虽然各个具体制度还不够完善，但是理论界对不同的具体制度都开展了研究，也提出了很多有针对性的意见，甚至相当一部分意见获得了官方的认可，以最高人民法院的"通知""批复"等方式固定下来，应该说具体制度已经受到了理论界应有的重视。本书也将在之后的几章论述各个具体制度的功能及内容。在现阶段，裁判文书制度所面临的主要困境，是缺少起统领作用的"总章"，或者说缺少一个调和各个具体制度的纲领。没有这个纲领，裁判文书制度只能是单独的一项项制度，而永远无法真正成为一个有机整体。事实上，由于缺少整体理论的研究，不同的制度之间的矛盾早已出现于司法实践当中，笔者认为这些矛盾至少表现在如下两方面：

首先，裁判文书说理制度和裁判文书的分流制度之间存在一定的矛盾。如果仅仅讨论具体制度本身，是看不出分流和说理两项制度的问题的，因为它们都是为了提升裁判文书的质量服务，且都有具体的目标和实施方法。但当法院在司法实践中真正制作裁判文书时，想要同时将说理制度和分流制度做好是存在困难的，尤其是对于那些在繁简分流过程中被认为是比较简单的案件,例如适用简易程序审理的刑事案件。这种类型的案件具有共同的特点:第一,数量极大。在基层法院,真正的大案要案发生得并不频繁,大多都是性质并不恶劣的轻微犯罪,一些基层法院的法官在一个上午的时间内连续开庭审理四五件轻微刑事案件也不是一件罕见的事。第二,犯罪嫌疑人常常已经认罪,所以在犯罪事实与法律适用方面没有什么争议。这两个特点决定了法官们必须高效地处理这些简单但是量大的案件,因此就往往会忽视必要的说理,从而导致制作出的刑事判决书上事实部分只有检察院的指控没有被告人与其辩护人的辩解,说理部分只有被告人的犯罪行为以及适用的刑法条文,缺少将犯罪行为与适用的刑法条文相衔接的论证过程。诚然,如果不采取这种做法,那么法官很有可能无法应付基层法院庞大的工作量,所以适用简易程序审理的案件在说理时进行简化是必要的,但是这并不意味着简易程序的裁判文书就可以完全不说理,只单纯地罗列适用的罪名及量刑结果。如何兼顾法官说理意识的强化和法官工作效率的提高,抑或是以一方为主另一方为辅,就需要立法者站在更高的角度作出统领性的规定。

其次,裁判文书评价制度与公开制度之间也存在矛盾。第一,评价制度希望通过设定一些具体的指标来判断裁判文书的合格与否,这些指标的具体内容如何暂且不论,至少具体指标都是由最高人民法院等上级法院讨论制定后,以通知、决定等形式发放到下级法院执行的,社会公众并没有深度参与具体指标确定的环节,所以在评价制度之中,笔者认为社会公众并不处于关键的地位。第二,公开制度旨在通过纸质公开、网络公开等方式将裁判文书置于公众的视野之下,让法官的裁判过程为社会公众所周知,希望将行使权力的过程透明化,借助群众监督规制法院和法官的行为。在这样的两相对比之下,公众监督就处于明显的尴尬位置:一方面,裁判文书公开制度希望公众发挥出对裁判文书应有的监督作用，防止法官枉法裁判；另一方面，裁判文书又都具有既判力，一旦裁判文书出现在网络或者纸质刊物上，就说明裁判文书已经生效，非经法定程序无法改变，即使社会公众对生效裁判文书的内容存在不满，也找不到一个合适的途径反映自己的意见，毕竟变更裁判文书的权力到目前为止，还是只掌握在原判法院及其上级法院手中，也没有对应的专门机构来负责听取公众对生效裁判文书的意见。

总而言之，裁判文书评价制度与公开制度之间的冲突，正体现了目前我国在裁判文书制度设计方面不够重视系统设计的问题，这个问题导致了裁判文书制度的各部分在发挥各自的作用时，不断出现相互掣肘的现象，最终使整个制度陷入困境。笔者认为，只有在制度建设中重视系统设计，才能最大限度地发挥各个具体制度的作用。

二、目的不明确

立法者在制定任何法律、设计任何制度时，都不是无的放矢的。换句话说，只要是经合法程序制定的法律、颁布的文件，立法者必然会期待其能实现某种法律目的，裁判文书制度也不例外。但是令人遗憾的是，目前裁判文书制度制定的目的并不明确，具体说，其最现实的问题在于，它被赋予了太多期待，各种期望所体现的目的不同甚至相互牵扯，最终，反而使裁判文书制度在运行时陷入困境。

本书前一部分已经论述了裁判文书制度存在缺乏系统设计的问题，这一问题在一定程度上导致了裁判文书制度实施目的不明确。目前的裁判文书制度还不是一个整体，而是分散的许多具体制度，这些具体制度最初的设计目的是不同的。例如，说理制度最直观的目的，就是希望法官通过充分的说理，来做出一个令公众和同行满意的判决，在维护公平正义的同时不断提升法律的权威，概括来说，核心在于“合理”二字；分流制度通过将案件进行繁简分流，强调简单案件快速审查，疑难案件重复审查,核心在于“效率”二字;公开制度则规定生效文书需要全文公开,除了保证法律的公正以外更希望获得社会公众对法官做出的判决的认可,偏向于追求良好的社会效果,等等。

正是由于不同具体制度有其不同目的,使当下裁判文书制度应当追求的首要目标或者裁判文书制度改革真正想要追求的首要目的变得模糊,法官们在立法者或者政策制定者的指导下,既要追求司法公正,又要提高司法效率,还想获得良好的社会效果,在缺乏类别化操作的情况下,司法运行最后难免顾此失彼。现在裁判文书暴露出来的很多问题,其实并不能将责任简单地归结到制作裁判文书的法官身上。在对案件实行终身负责制的今天,法官在实际承办案件时很少存在玩忽职守的现象,几乎所有法官都希望能够制作出高质量的裁判文书来维护社会公平正义。当前社会矛盾较多,法官要办理的案件数量大,如果追求司法效率,不可避免地就会使每一份裁判文书的质量下降,尤其是在案件数量极其庞大的基层法院,出现说理不充分乃至根本不说理的裁判文书的概率很有可能会提高;如果追求裁判文书的质量,法官处理案件的效率就必然受到影响,从而产生民商事案件中“隐形超审限”[1]的问题。如果太注重形式逻辑的运用,很可能作出的判决并不被社会公众所接受,如邓玉娇案、于欢案就是典型的例子;如果过分考虑案件可能产生的社会效应,则法官作出的判决可能有罔顾法律的嫌疑。总而言之,如果无法确定裁判文书制度作为一个整体所期望达到的目的,那么法官们就很难在这些矛盾中找到一个合适的平衡点,裁判文书制度也就不能发挥出最理想的效果。

---

〔1〕 隐性超审限是指法官利用审限上的自由裁量权,通过“技术处理”的方式掩饰案件实际审理天数超过法定审限的事实,并使之合法化的现象,是诉讼爆炸、案多人少矛盾背景下的产物。参见王宝鸣、谢善娟:《民事审判中的隐性超审限现象初探》,载《法律适用》2000年第7期。

三、实行效果不佳

无论是缺乏系统设计还是缺乏明确的目标规划，这都是各种制度的顶层设计者需要考虑和解决的问题。在制度设计完成之后，还需要解决文书制度在实际执行中遇到的各种问题。从目前来看，我国的裁判文书制度在实施过程中，所能达到的效果并不是十分理想，各项具体制度在实施过程中也或多或少面临许多问题。其中说理制度、范本制度与评价制度存在的问题最为突出。

首先，尽管裁判文书的说理已经越来越受到重视，最高人民法院及各地方法院发布了很多针对说理的指导意见，但是说理制度仍然存在两方面不足。一是在刑事案件中太过于强调定罪方面的说理，而忽视了在事实认定、诉讼程序和量刑方面的说理，有学者就指出："量刑说理的空洞化使因量刑问题被二审改判的案件占被改判案件总数的57.1%。"[1]二是存在法官无法很好地将裁判文书中认定的法律事实和法律条文联系起来进行说理。当然这些现象存在的原因是多方面的，有些长期在基层法院工作的老法官基于以往的工作经验，不愿意在裁判文书中过多说理，这一方面是因为法官队伍的素质还有待提高，另一方面也因为裁判文书的奖惩制度还不够完善，辛辛苦苦制作出优秀裁判文书的法官得不到实质性的褒奖，自然也就没有动力去制作优秀的裁判文书。因此，想要完善说理制度，还需要从多方面进行努力。此外，还需要正视一个问题，我们在调研中发现，近两年来，在个别地区出现了裁判文书说理弱化的现象。

其次，关于裁判文书的范本制度，范本制度对裁判文书质量的正面

---

〔1〕 任素贤、秦现锋：《刑事裁判文书说理展开的滞碍和解决路径》，载《东华大学学报（社会科学版）》2018年第2期。

影响是极大的,它既有助于在法治化刚刚启动的特殊时期普遍性地提高法官工作的效率和执业成效,又在某种程度上时刻提醒着法官注重文书的说理。但范本制度的缺陷在实践中也是明显的,即由于当前我国一直处于“案多人少”的状态,承办法官平均一天就要处理一至两件案件,在这种客观条件的限制下,裁判文书的范本制度产生的效果大打折扣,甚至就直接沦为了一套单纯的模板,有学者指出:“长期以来,裁判文书在我国被强调为公文,法官拘泥于公文的程序化和格式化,裁判文书千篇一律,稍有变化即引来争议。”[1]很好地指出了范本制度在当前司法实践中的尴尬地位,另外还需看到,范本作为一种普遍适用的文书结构,如果不与时俱进的话,将会阻碍裁判文书制度的发展。

最后,关于裁判文书的评价制度,评价制度客观上有助于推动裁判文书总体质量的提高,但是评价制度的实行效果也并不理想,最大的缺陷在于公众评价制度的缺失。因为目前优秀法律文书的评价都是在法院内部展开的,具体标准由上级法院制定,然后在法院辖区内展开对裁判文书的评价,如最高人民法院在全国范围内召开的优秀裁判文书评选活动。在目前这种单一的模式下,无论评价的规则如何客观,结果如何公正,社会公众都是无法参与到裁判文书评价过程中的,而没有法律专业背景知识的公众对于优秀裁判文书的判断标准,显然不同于上级法院制定的标准。这就导致经过评价制度选出的优秀裁判文书,可能因为无法达到良好的社会效果而不被社会公众所认可,从而使评价制度并没有起到预期的效果。具体到法院内部的评价机制,目前也没有形成统一的、科学的评价体系,例如一个优秀的裁判文书应当具备哪些条件,尚没有看到较为权威的、具有通约性的指导性文件。

---

[1] 王新清:《刑事裁判文书繁简分流问题研究》,载《法学家》2017年第5期。

第三节　困境形成的法理反思

一、功能定位不清晰

我国各项裁判文书具体制度在出台时并没有明确的功能定位，都是以单独的规范性法律文件形式分别规定，各自独立地解决某一方面的问题，彼此之间几乎没有联系。这导致了当前的裁判文书制度在创立之初就缺乏系统设计，当这些“各自为政”的制度被应用于司法实践中时，想要靠承办案件的法官自己把握制度的平衡点是存在困难的，不同的法官凭借自身的经验可能偏重于发挥裁判文书制度不同的功能，因而对类似案件作出不同的判决结果。这种状况进一步加剧了裁判文书制度功能定位的不明确，进而造成恶性循环，使裁判文书制度陷入越来越深的困境。一般而言，裁判文书的制度设计都会考虑到裁判文书的四种功能，解决纠纷、实现正义、满足公众情感、增加法律权威，我国也不例外。但是逐项功能之间哪项功能居于核心，每项功能所主要依托的载体是什么？以及每项功能背后真正的诉求是什么？我们目前的裁判文书制度定位并不明确。

1. 纠纷解决流于形式。自古以来，人们在谈到法律的作用时，都离不开“定分止争”四个字，两个人之间产生了纠纷争执不下，于是共同找一个具有权威的第三方判断彼此的对错，这就是裁判最原始的样子，也是对裁判最基本的要求，如果裁判无法解决人们的纠纷，那么裁判本身就没有意义。到了现代，法院的裁判自然也需要做到有效地解决当事人之间的纠纷，只不过如今解决纠纷的侧重点有了一些改变，从形式上而言，纠纷都能够从法律上得到一个判决，所以纠纷解决的着重点立足于如何高效合理地解决。我国裁判文书的制度设计虽然也会考虑到裁判文书的解决纠纷功能,但是立足点只在于案件如何不被认定为错案,而并没有着眼于如何使裁判文书达到实质意义上定分止争的作用。

2. 正义实现向度单一。裁判文书在解决纠纷的过程中,只有秉持正义,得到了当事双方的认可,才能在真正意义上将纠纷化解,否则即使强行动用了国家强制力,也很有可能会为下一次纠纷的产生埋下祸根。但是,正义是一个抽象的概念,并没有具体清晰的执行方法,一般认为裁判文书只要具备形式正义和实质正义两方面内容就算实现了正义。从具体制度上说,形式正义主要由裁判文书范本制度来维持,形式正义要求在庭审中给予当事双方充分表达自己观点的权利,不能让某一方认为法官有意偏袒对方。表现到裁判文书上,就是要载明合议庭人员、案件事实、当事双方的观点等基本信息,如在刑事判决书上,检方如何指控,辩方如何辩护,法官判断的案件事实等内容缺一不可。实质正义则要求不仅在诉讼程序上需要保持公正,判决的内容也要体现正义,体现正义的方法就是进行充分的说理,将认定的事实与适用的法律规范相结合来以理服人。我国裁判文书的判决结果绝大多数都能够符合正义的形式要求,但是正义是一个非常复杂的概念和情感。正义有时不仅是结果、程序的合法性,还会指向人们情感的可接受性,我们的判决文书在实现正义功能时,更多的是从合法性这个向度来进行的。

3. 忽略了公众的情感接受。如前文所述,我国裁判文书对正义实现的单向度,必然会忽略公众的情感接受。对于是否需要照顾社会公众的情感需求(民意)的问题,存在不同的看法。持反对观点的学者认为民意应当区别于公意,刑事司法中无需体现民意。[1] 而持赞成观点的学者则认为刑法理论体系不应是封闭的,民众的情感需求在一定程

[1] 参见孙万怀:《论民意在刑事司法中的解构》,载《中外法学》2011年第1期。

度上是社会实质正义的体现。[1] 本书赞成后一种观点，因为裁判文书不仅需要让当事人双方信服，更需要具有让受众满意的功能，如果受众对裁判文书产生了抵触心理，那么裁判文书所期望实现的指引教育功能就会落空，无法达到理想的效果。由于社会公众并不具备专业的法律知识，因此无论裁判文书中说理论证如何充分，大众的思维都很难与法官的思维保持一致，而且人们对法官的专业分析往往也并不感兴趣，在看到裁判文书之后，通常是使用自己朴素的正义观来对法官作出的判决结果进行判断，如果裁判文书的判决结果与公众的预期相去甚远，遭到人们普遍质疑的话，即使在程序和实体问题上都符合逻辑，也很难成为一份合格的裁判文书。2006 年发生的许霆案就是一个很好的例子，许霆通过连续 171 次操作从 ATM 中盗取现金 17 万余元，当时的一审法官根据 17 万元这个数字，结合刑法认定许霆盗窃数额“特别巨大”，以盗窃罪最重的一档法定刑进行定罪，判处许霆无期徒刑。单从逻辑推理上来看，这一判决从事实到结论都严格按照三段论展开，没有什么逻辑问题，但是盗窃 17 万元就和那些贪污受贿几百万的贪腐官员一样需要判处无期徒刑，这超出了公众的可接受范围，违背了社会公众朴素的正义观念，所以这一份判决最后也被推翻。虽然个案裁判上，我们有时会考虑公众的情感需求，但是就整体的裁判文书制度而言，对满足公众情感这个功能考量甚少，从而导致我国裁判文书的说理缺乏说服力，流于形式。

4. 对法律权威的理解缺乏整体视角。好的裁判文书能够积极维护法律的权威，其途径主要表现在如下方面：第一，法律最忌朝令夕改，而裁判文书具有确定性，不能随意更改，每一次改动都需要严格按照程序

[1] 参见童德华：《刑法理论体系的开放发展——基于民意的建构性论证》，载《法学评论》2014 年第 5 期。

进行。第二,随着裁判文书评价制度和范本制度的不断改行,裁判文书的总体质量正在不断地提高,在释法说理部分也越来越详尽,以往那些直接给出法条,丝毫没有说理的裁判文书如今已经寥寥无几。说理意味着正视问题,重构司法对话,它有助于降低和打消人们对法律的不信任感和畏惧感,培养人们对法律的亲切感和信赖感,在遇到纠纷时,越来越多人将更倾向于选择法律途径而非“私了”。只要法官能够作出公正的判决,人们就会不断地确信法律能够妥当地解决问题,在这样的良性循环下,优秀的法律文书不仅能够维护法律的权威,还能够将法律的权威不断强化。但是我国裁判文书制度目前更为关注的是,如何在判决中依据法律条文裁判,进而增加法律的权威性。而对于法律由于被接受而产生的更深层次的权威性,缺少宏观的考虑。

综上所述,虽然我国当前的裁判文书制度设计涵括了上述四项功能,但是对这四项功能的实现流于表面,而且当不同功能之间发生冲突时,也缺少协调机制,不能确定主次,从而造成了裁判文书制度功能定位不明确。因此,如何全面深刻地定位裁判文书制度的功能,并且在逐项功能之间构建相互协调的体系,是裁判文书制度重构的深层理论难题。

二、裁判模式同质化

前文已经述及,由于功能定位不明确,导致裁判文书总体质量无法提高,这是裁判文书制度陷入困境的原因之一。除此之外,裁判文书制度陷入困境的另一个重要原因是当前我国法官队伍的总体素质不高,在针对具体案件制作裁判文书、进行说理的过程中,还存在生搬硬套,甚至无的放矢的情形。从理论上究其深层原因,则可以概括为法官裁判时,没有区分不同的案件来选择相异的模式予以裁判,导致裁判模式同质化。

裁判模式,即裁判的路径,是指法官在案件裁判时使用的理论和方法。面对不同的案件,应该确定不同的裁判模式。目前主要有三种裁判模式,分别是规则模式、原则模式和商谈模式,试在下文分别陈述。

(一)规则模式

规则模式是裁判者遵循法律规则,并按照形式化的推理程式,在法律规则与个案事实之间建立起一种必然的涵摄关系,由此获得一个正当判决的裁判模式。在规则模式下,演绎推理是最为基本的适用方式。

我们将演绎推理放入法律适用过程中,就是将特定案件事实(Sachverhalt = S),置于法律规范的要件(Tatbestand = T)之下,以致获得一定的结论(Schlussfolgerung = R)的一种思维过程。可简单表达如下:

T→R(具备 T 的要件时,即适用 R 的法律效果)

S = T(S 为 T 的一个事例)

S→R(对于 S 应赋予法律效果 R)

但是这种形式是规则模式最简单的程式,仅对一些简单的法律问题适用,而解决复杂的法律问题则需要更复杂的涵摄程式。[1] 首先,法律规范的要件 T,通常是由多数要件特征组成的。因此,特定的案件事实,必须符合所有要件的特征,才能发生该法规范所确定的法效果,可表达如下:

T = M1 + M2 + M3→R

S = M1 + M2 + M3

S————→R

比如按照我国《刑法》的规定,故意伤害他人身体的,致人重伤的,

---

〔1〕 笔者根据法律适用的特征进行了简要的概括,更为具体的、更为复杂的模式请参见王夏昊:《法律规则与法律原则的抵触之解决》,中国政法大学出版社 2009 年版,第 189 页。

处 3 年以上 10 年以下有期徒刑。[1] 这个法律规则包含三个要件，主观心态是故意，目的是要伤害他人，结果是受害人重伤。生活中的事件必须同时满足这三个要件，才能够适用这条规则，处以 3 年以上 10 年以下有期徒刑。

此外，同一生活事件有时会同时满足不同的法条之构成要件。我们可以描述如下：

$T1 \rightarrow R1$

$S = T1$

$S \rightarrow R1(T1)$

$T2 \rightarrow R2$

$S = T2$

$S \rightarrow R2(T2)$

比如同一个行为可以同时构成侵权行为和违约行为的构成要件，在此 T1 代表违约行为的构成要件，T2 则代表侵权行为的构成要件。适用不同规则的法律效果不尽相同，当事人就可以自由选择依据哪条法律规范来进行处理。

由此可见，涵摄过程是一个包含诸多前提的复杂的逻辑推理过程，三段论只是其简化之后的形式。阿列克西为该模式做了两条规定，一是"尽可能多地展开逻辑推导步骤，以使某些表达达到无人再争论的程度"。一是"应尽最大可能陈述逻辑的展开步骤"。[2] 通过这一系列的环节，在案件事实与法律规范之间创设联系，进而做出判决结论。但是

---

〔1〕 为了行文的简洁，笔者将刑法原文进行了简化处理，请参考《刑法》第 234 条："故意伤害他人身体的，处三年以下有期徒刑、拘役或者管制。犯前款罪，致人重伤的，处三年以上十年以下有期徒刑；致人死亡或者以特别残忍手段致人重伤造成严重残疾的，处十年以上有期徒刑、无期徒刑或者死刑。本法另有规定的，依照规定。"

〔2〕 转引自焦宝乾：《法律论证思维与方法》，北京大学出版社 2010 年版，第 169 页。

无论是简单的规则模式还是一般的规则模式，其大前提即法律规则是明确的，案件事实与法律规则之间的涵摄关系也是较为确定的，都可以从法律规则出发逻辑地推导出法律决定。

（二）原则模式

法律原则裁判的典型代表就是德沃金和阿列克西。德沃金以里格斯诉帕尔默案和亨宁森诉布洛姆菲尔德案作为反驳“法律即规则”这项命题的有力依据，他指出了法院对于案件的判决实际上是在适用哈特所指的承认规则以外的准则。这种准则包括法律原则和政策。因而法律体系中不仅有明显的法律规则，还包括诸多隐含的法律原则。德沃金是这样来界定原则的：这样的一个准则称为一个“原则”，它应该得到遵守，并不是因为它将促进或者保护被认为合乎需要的经济、政治或者社会形式，而是因为它是公平、正义的要求，或者是其他道德层面的要求。[1] 阿列克西在德沃金的基础上，更加细化了原则模式。阿列克西将原则定义为一种要求事物在相对于事实上与法律上的可能范围之内，以尽可能高的程度被实现的规范。[2] 原则能否实施，实施程度如何，除了原则能对应于生活事实的要求之外，在法律上也要具备可能。也就是说，原则的适用还必须考虑到与该案相关的其他法律原则。因此，适用法律原则时的典型方式乃是衡量。

（三）商谈模式

商谈模式是一种全新的裁判过程和方法，它致力于在既定法律制度和框架下，遵循一定的法律程序，容受多个法律主体的共同参与，针对案件的相关问题，在平等的基础上进行理性的沟通与商谈，实现对多

---

〔1〕 参见［美］德沃金：《认真对待权利》，信春鹰、吴玉章译，中国大百科全书出版社 1998 年版，第 40 页。

〔2〕 参见王鹏翔：《论基本权的规范结构》，载《台大法学论丛》2005 年第 2 期。

样化的价值取向予以考量、对不同的利益诉求予以权衡,消除不同观点之间的分歧,最终在主体之间形成相互的理解和共识,据此提出可被大多数法律受众所接受的裁判。在现代社会能为广大法律受众所接受的司法裁决,首先必须在实质内容上是正义的,在实质上正义的裁决必须通过正当的程序才能实现。为了实质正义牺牲程序正义或者为了程序正义而牺牲实质正义,这是现代法治社会无法接受的短板。在某种意义上可以说,商谈模式正是那种兼顾形式正义和实质正义的程序模式:经过设置公正的法律程序和合理的论辩规则,当事人通过这种程序性环节进行平等对话和协商,充分表达他们的主张和诉求,也充分关照他人的主张和诉求,必要时做出合理的妥协,最终才能形成重叠性的共识,为最后的判决结论提供程序性的正当化依据。具体而言,商谈模式是建立在法律主体理性交往的基础之上的,它是理性交往行动的本质与方式,是一种具有严格约束条件、规则和要求的实践,商谈模式始终以达成共识或更新、修复未达成的共识为目标。[1]

总而言之,裁判模式的选择是十分重要的,对相同的案件选择不同的裁判模式,极有可能会得出不同的结论,自然也会产生不同的效果。具体来说,规则模式借助形式逻辑,通过三段论的形式将案件事实和裁判结果连接起来,相对来说是最具有严谨性的,但是与良好社会效果和个案正义的实现却没有必然的关系;原则模式较为灵活,注重实现个案的公平正义,但正是由于其太在乎结果而忽视了过程,导致法律规则的弱化,容易引起法官的恣意裁判;商谈模式注重当事人双方的商谈过程,虽然看起来兼顾了形式正义与实质正义,但是在实践中,令双方达成共识本身就是一件困难的事情,例如,民事案件的调解成功率就不可

〔1〕 参见陆洲:《论哈贝马斯程序主义法范式及其中国意义》,人民出版社 2014 年版,第 134 页。

能达到100%。退一步说,即使当事人双方能够达成共识,但裁判文书是需要发挥其对社会公众的教育作用的,当事人双方达成的共识能否被社会大众所接受,能否取得良好的社会效果,都是一个未知数。

由此可见,裁判模式实质上是法官说理的指向标,根据不同的案件,法官为了实现裁判结果合理可接受的目的,就必须具备选择最合适的裁判模式,或者综合运用多种裁判模式,多角度地来进行说理的能力。首先,针对适用简易程序的简单案件,由于这一类案件的特点是数量较大,但是事实常常不存在争议,所以使用严谨的规则模式进路是比较妥当的,法官不仅可以通过形式逻辑的推理论证使自己的裁判结果清晰有力,而且形式逻辑较为格式化,容易运用,有利于法官提高办案的效率。其次,针对适用普通程序的一般案件,需要结合规则模式和原则模式较为妥当,因为在这类案件中当事人对案件事实和法律适用都可能存在争议,法官机械地使用形式逻辑推导出的裁判结果很容易与当事人和社会公众的预期相悖,为了克服这一情况,法官必须注重裁判的目的,着力使自己的裁判能够最大限度地实现实质正义,因此必要的时候,从法律原则和政策的角度出发对裁判文书受众进行说服显然是最好的选择。最后,针对案件事实争议极大或者受到社会公众高度关注的疑难案件,应当适用商谈模式加以处理。在这类案件中,由于对某一项事实或者某一条法律的适用存在争议,双方当事人常常都觉得自己有理,在这种情况下法官组织双方当事人进行商谈就是十分必要的,不宜站在自己的立场上草率地下判决,只有双方当事人围绕争议焦点进行了充分的论辩,最后才有可能达成共识或者进行妥协,达到裁判“定分止争”的目标。

不过,就目前来看,法官在办案时常常固定使用某一种进路,大多数法官无论裁判何种案件,最为常用的就是规则模式,从而呈现同质化的特点。规则模式中形式逻辑的运用,尽管可以促使裁判结果符合法条,但可能会引发巨大争议。比如赵春华案件,就是法官运用规则模式予以裁判的案件,由于法官过于注重法条外在的形式性,忽视了法条之间内在的价值体系和原则体系,从而使案件的裁判结果似乎符合法条的规定,却非常不合情理。因而裁判模式的同质化必然会使裁判所产生的社会效果不够理想,使法官作出的裁判常常与受众朴素的感情相悖,不容易被受众理解,从而拉大法律与普通民众之间的距离,导致民众认为法律只是"少数人的游戏",这不利于法律权威的建立。

另外,裁判模式的同质化还使裁判文书的写作结构变得模式化。随着裁判文书范本制度的不断推行,各种裁判文书都有了较为规范的格式,这一制度在构建时的出发点必然是为了提升裁判文书的质量,但是投入司法实践中时并没有发挥出预期的作用,反而产生了一些负面影响,制约了裁判文书制度的发展。具体来说,由于法官不具备灵活运用各种裁判模式予以裁判说理的能力,致使裁判文书范本到了司法实践之中后,逐渐演变成了模板而不是范本,法官习惯套用而不是参考,实践中甚至有法官将裁判文书中的当事人姓名、案件事实和判决结果简单修改后就写成了一篇新的判决,其中的案件说理部分几乎原封不动,这种做法导致裁判文书的结构变得模式化,法官制作新颖的裁判文书的热情越来越低,出现了"千案一面"的问题,这一问题使裁判文书制度日益陷入僵化,进而威胁到裁判文书制度的进一步发展。

三、裁判立场缺失

坚定的立场是任何法律人都不应缺乏的品质。法官的裁判立场对裁判结果所起到的影响极大,这是毋庸置疑的。裁判文书的说理就像一场旅行,裁判模式的选择确定的是旅行的路线,裁判立场则是法官心中所要达到的最终目的地。裁判立场能够表现出法官自身的价值追求,是法官作出判决的重要依托,坚定的裁判立场促使法官内心拥有一个统一的司法标准,由此作出的多个判决才有可能不前后矛盾,进而才可以做到对性质相似的案件作出相似的判决,彰显裁判的公正性。但在当前的司法实践中,很多法官在撰写裁判文书时并不具备自己的立场,没有对判决结果产生应有的"预判",他们只是单纯使用逻辑推理推导出了一个自以为"无懈可击"的结论,却从不问这个结论是否符合自己的价值追求。有学者指出,这种为了判决而判决,没有目的的逻辑推理只能是诡辩,其结论必然是难以令人信服的。[1]

法官对自身裁判立场的无意识是司法目标缺失的原因,也是司法人员难以把握裁判文书写作重点的重要原因。由于没有明确的目标的指引,法官制作出的裁判文书常常详略不当,本末倒置。在裁判文书需要详写的部分寥寥几笔带过,却在并不重要的部分花大量的笔墨进行论证。这种做法很容易使裁判文书的撰写制度陷入歧途,久而久之,裁判文书真正需要突出的重点就会逐渐变得模糊,文书所能取得的效果自然也越来越差。概括说来,笔者认为以下几个需要坚持的裁判立场,是常常被法官所忽略的:

1. 法官要秉持实现裁判文书的程序正义的立场,裁判文书中有关程序性事项的记载是法官需要关注的重点。本节在一开始就已经叙明,裁判文书的重要功能之一是实现正义,而实现正义的第一步则是实现形式上的正义,即程序正义。如果裁判文书在程序上就让受众感觉到了不公正,即使判决结果如何有理都无济于事,所以在裁判文书中必须着力凸显诉讼程序的正当性。虽然在目前的裁判文书中,法官依照范本,有"原告诉称""被告辩称"等表明双方观点的内容,但是具体到证据认定层面,就有所欠缺了,法官在判决中认定证据时,对认定的理由

---

〔1〕 参见陈灿平:《裁判文书说理的法理立场与运用》,载《湖南大学学报(社会科学版)》2017年第3期。

常常语焉不详；在排除证据时，也很少详细说明基于哪一条证据规则排除，往往只有“该证据与本案事实无关”的表述。这些司法现状都说明了法官在制作裁判文书时，并没有坚持保证程序正义的立场，从而使对程序性事项的记载和说理不够充分。这是导致裁判文书质量下降，难以被接受的原因之一。

2. 法官要坚持实现裁判文书良好社会效果的立场，使裁判文书获得受众的认同。尽管取得了受众的认同并不必然意味着实现了实质正义，但是受众的认同是优秀裁判文书的必要条件，如果裁判结果被受众认为是不正义的，那么其与实质正义之间必然是有较大的距离的。但在目前的司法实践中，法官并不是很重视裁判可能带来的社会影响，将工作的重心放在了快速解决纠纷之上，故在论证时不免显得较为生硬，这不仅使与案件距离较远的一般社会公众产生不满，甚至使案件的诉讼参与人、辩护人等亲身经历者，有的时候都无法认同法官作出的裁判。例如在刑事案件中，有些刑事辩护律师常常自嘲与法官无法沟通，“我辩我的，他判他的”，自己的辩护意见几乎全被合议庭驳回，法官们在判决书中还没有一个恰当的理由。由此可见，追求裁判文书社会效果立场的缺失，会不断加大裁判文书与受众者间的隔阂，不利于裁判文书制度的发展。

四、说理方法错位

裁判文书在制作时，不仅需要选择合适的裁判模式来提供大方向上的指引，更需要在确定裁判模式以后选择最恰当的说理方法。如果将法官比作治疗社会问题的医生，那么说理方法就像医生手中不同的工具，只有法官具备了灵活使用说理方法的能力，才能成为一个会对症下药的神医，才能更好更有效地解决社会上的问题，进而使社会公众信任法律，强化法律的权威。但目前法官在说理时存在的问题是多方面的，不仅在选择裁判模式时存在同质化的问题，在运用说理方法时还存在说理方法错位的问题。说理方法的错位常常使法官捡了芝麻，丢了西瓜，过分注重一些锦上添花的部分而忽略了裁判文书最基础的目的，进而导致裁判文书说理流于形式，使裁判文书制度陷入困境。

（一）逻辑推理与实质正义追求的错位

在裁判文书制度所期望达到的所有目的中，实现正义是不可缺少的，只是由于正义太过抽象，没有固定的标准，所以实现正义的方法并不唯一。在所有实现正义的方法中，逻辑推理进路凭借其客观严谨的优点，至少在形式上可以让人们感受到法官作出的判决是有据可循的，所以我国法官在办理案件时，习惯性地从逻辑推理的角度分析问题，故逻辑推理成为最常用的说理方法。

但是需要明确的是，归根结底，逻辑推理方法与追求实质正义之间仍然是手段和目的的关系，逻辑推理本身不能够成为裁判的目的。在当下的司法实践中，很多法官正是忽视了这一点，才让逻辑推理呈现出了反客为主的趋势。很多法官在裁判时进行逻辑推理的目的不再是追求实质正义，而是为了推理而推理，只求能快速解决手头上的案件。即使逻辑推理出的结果明显不符合常理，但只要在形式上符合演绎逻辑的三段论，法官就会认为判决是“正确”的。可惜的是，事实不止一次地证明，最“正确”的判决结果取得的效果不一定是最好的，有些甚至还会适得其反，让受众怀疑作出裁判文书的法官乃至整个国家法律的公正性。在刑事案件中，于欢案、许霆案是典型的代表。这两起案件的共同特点都是一审法官按照三段论严谨地根据认定的事实推理出了重刑的结论，但这些结论只符合形式逻辑，却并不符合情理，难以获得公众的认同，所以无一例外地被推翻。在民事案件中，最有名的莫过于彭宇案，案件审理的法官凭借所谓的常识，认为彭宇既然扶了老人，又垫付了医药费，那么“事出反常必有妖”，最终认定彭宇需要承担赔偿责任。

这种判决就过度地看重了逻辑中的盖然性,但却完全没有考虑判决作出后有可能产生的影响。诚然,从彭宇过分热情的表现来推断他就是撞倒老人的凶手,这在一定程度上是符合生活逻辑的,但是只要没有直接的证据证明彭宇确实撞倒了老人,法院贸然做出这样的判决只会让公众认为法院在类似案件上的态度是偏向老人的,即使自身只是单纯想要帮忙,最终都有可能要承担法律责任。所以,逻辑推理固然是一种有效的裁判方法,但是在实际运用时,逻辑推理不能凌驾于实质正义之上,一旦二者错位,则极有可能阻碍裁判文书制度的前进脚步。

(二)修辞论证与道德话语的错位

选择通过商谈模式来裁判的法官,在论证时往往就会采用修辞论证的说理方法。修辞论证的直接目的是通过沟通说服他人。亚里士多德说过:“人们一旦企图通过沟通影响他人、引导他人思想、激发他人情绪、指引他人行动,即进入修辞学的王国。”[1]所以修辞论证方法与逻辑推理方法相比,最大的优势就是通过修辞论证方法制作出的裁判文书,其论证结果比较容易被大众接受,能起到较显著的教育作用。

裁判文书的大部分受众并非法律专业人士,很多时候受众对法官作出的专业解释并不感兴趣,法官仅采用专业性很强的说理方法很难起到理想的说服效果,裁判文书所起到的教育意义也很有限。为了应对这一客观情况,法官们开始尝试在裁判文书中加入一些道德话语,用通俗的语言向受众传达裁判文书的意图,例如,在1996年,上海市第二中级人民法院首次尝试在裁判文书的尾部增加“法官寄语”[2],从道德说教的角度出发,运用一般公众能够理解的语言劝诫人们遵守法律,阐

[1] [古希腊]亚里士多德:《修辞学》,三联书店1991年版,第699页。

[2] 参见王夏昊:《法律规则与法律原则的抵触之解决》,中国政法大学出版社2009年版,第189页。

述法律对当事人进行处罚的初衷,取得了较为良好的社会效果。应该说,这是一次有益的尝试,在一定程度上拉近了法律与社会公众之间的距离,但很快这种有益的做法就偏离了正常的轨道。裁判文书在说理时解释的毕竟是法律规范如何适用于具体案件的问题,法官需要遵循必要的规范性要求,尽可能减少道德层面的说教;在语言运用方面也应当注重使用平实的语言,以体现法官中立不偏激的立场,而不是像发表演说那样频繁使用一些具有煽动性的语言。但是部分法官在发现了道德话语对当事人的影响后,将文书写作的重心转移到了法官寄语等附加部分之上,在法官寄语中大打感情牌。“在判决之中或是之后,法官像道学家一样夸夸其谈,说古论今。”[1]这种做法就使修辞论证与道德话语发生了错位,法官太过于追求说服受众的目的,结果反而有了弄巧成拙的意味,削弱了法律应有的庄重性和严肃性。

(三)对话式论证与文书受众的错位

对话式论证是比较古老的论证方法,在古希腊时期就已经被广泛运用,如古希腊时期人们习惯通过辩论来表达自己的观点,这就是对话式论证的一种表现方式。又如柏拉图的著作《理想国》,就是借用苏格拉底与他人对话的形式阐述了柏拉图关于哲学和政治体制建设的观点。这一论证方法与修辞论证的目的是相同的,都是为了使裁判文书获得受众的认同。只不过修辞论证偏向于通过法官单方面的说理来说服受众,而对话式论证则注重法官与受众之间的双向交流,在交流中取得共识,从而获得受众的认同。就目前来看,在裁判文书的制作问题上,对话式论证主要体现在法官对双方当事人的提问以及双方当事人及其诉讼代理人之间相互辩论之中。法官通过在裁判文书中记载“控方认为(或原告诉称)”和“辩方认为(或被告辩称)”的内容,详细叙述

---

〔1〕 葛洪义:《法律论证的“度”——一个制度问题》,载《人民法院报》2005年7月18日。

双方争议的焦点以及各自的意见,在双方对话交锋的过程中还原案件事实并说明裁判理由。

在我国的司法实践中,运用对话式论证的方法进行说理时还存在很多难以克服的问题,其中最明显的就是对话式论证方法与文书受众之间的错位。一方面,对话式论证作用的范围较小,仅仅在案件的直接参与人这一小范围内产生了作用,而没有在社会公众之中发挥应有的说服效果。因为在裁判文书的受众之中,大部分与案件并无利害关系的社会公众没有经历过案件的庭审,且通过裁判文书又无法具体了解庭审时各方具体的论辩过程,例如,法官对双方当事人的提问就很难在裁判文书上呈现出来。在这种情况下,必然会出现信息不对称的情形,使公众难以了解法官通过对话方式进行的论证。另一方面,前文已经述及,不具备法律专业知识的社会公众在主观上,并没有了解裁判文书中具体裁判经过的热情。他们关注的重点往往只是裁判结果与自身的预期是否相符。所以在我国的法律权威尚未完全树立的状况下,对话式论证方法很难发挥出理想的效果。

第四节 小 结

司法是公平正义的最后一道防线,而法院经过审理后制作出的裁判文书则是司法的重要组成部分。随着一系列规范性文件的颁布,我国裁判文书制度初具规模,分流制度、范本制度、说理制度、公开制度和评价制度等各项制度都已经有了法律上的依据,并开始在司法实践中发挥了一定的作用。但是,这些制度在司法实践中也面临着很多问题。首先,裁判文书制度缺乏系统设计,各具体制度之间常常自相矛盾;其次,各项制度所期望达到的目的并不相同,这使法官在试图兼顾各具体制度时常常无所适从;最后,裁判文书制度的实行效果并不理想,法官制作出的裁判文书常常受到受众的质疑,其权威性还较弱。

概括来说,导致裁判文书制度陷入困境的原因主要有两方面,一是制度设计上存在问题,二是制度在执行时存在问题。从制度设计上说,我国裁判文书制度在设计时缺乏整体性意识,各项制度各行其是,没有明确的功能定位,理论尚未捋出条理,自然无法期待其能指导司法实践;从制度执行上说,我国目前的法官群体的素质有待提高,在审理具体案件时尚不具备灵活运用裁判模式和说理方法的能力,常常出现裁判模式同质化、裁判立场缺失和裁判方法错位的问题,最终使制作出的裁判文书质量不尽如人意。因此,厘清裁判文书制度构建的法理基础,在体系化视角下优化完善各项裁判文书制度是当前的裁判文书制度前进的方向。

第二章　我国裁判文书制度重构的法理基础

前文探讨了我国裁判文书制度存在的诸多困境，当我们从理论层次综合深入探讨这些困境时，会发现裁判文书制度法理层面的混乱、缺失、错位是导致这些问题发生的根本原因。本章试图针对上述法理困境，探索如何为我国裁判文书制度的重构奠定统一的法理基础。本章首先厘清了裁判文书制作所遵循的事实观和法律观，并在此基础上明确定位裁判文书的功能导向，进而为构建价值融贯、制度和谐的裁判文书制度提出了体系性的构造方案。

第一节　我国裁判文书制度重构的事实观

总体而言，我国目前裁判文书制作的关注点在于如何得出一个正确的，不被列为错案的判决；而并不关注该判决如何被大众接受。这样一种取向背后蕴含着的哲学观为客观真实论，其支撑的观点是这样的：裁判是揭示真实事实、得出唯一正确答案的过程，而不是一个被论证、被说服的过程。在此事实观的支撑下，裁判文书的制作理所当然地更为重视判决结果的正确与否，至于得出判决的过程和理由并不被重视。

因而，我国裁判文书制度会出现说理流于形式、裁判模式同质化、写作重点不突出等问题。重构裁判文书制度若要在根源上解决这些问题，则必须在事实观上进行反思。

一、客观真实与法律真实

在事实观上，有两种相对的理论，即客观真实论和法律真实论。以客观真实论为基础，意味着裁判文书中陈述的事实是已经被相信客观存在的事实，此乃静态的陈述事实，这种事实陈述的方式在现今我国判决书的撰写中占主流。以法律真实论为基础，则意味着裁判文书所陈述之事实是一种事实主张，作为在判决书中被陈述之事实，它是一个命题，其"真"需要通过论证来实现，这是一个动态的事实陈述过程。无论是客观真实还是法律真实，它们都是评判作为裁判依据的裁判事实与案件的原生事实的相互关系的一对哲学范畴。客观真实论以认识论上的真理符合论作为理论基础，法律真实论以认识论上的真理融贯论作为理论基础；相应地，客观真实论以重现事实为旨趣，而法律真实论志在重建案件事实。

（一）客观真实下的静态事实描述：重现事实

所谓客观真实，是指裁判者所认定的事实就是案件原生事实的客观反映，裁判者能够通过证据等在主观上认识、发现、查明客观案件事实或基本事实。[1] "客观真实"的获得须以一定的要素为前提，首先，作为认识对象的独立于人（心灵）的客观事实的存在；其次，作为客观真实的判断主体须排除来自外界的价值判断的干扰；最后，存在对既存的客观真实进行正确恰当描述的唯一客观性概念。[2] 立基于这样一种观

〔1〕 参见张步文：《司法证明原论》，商务印书馆 2014 年版，第 438 页。

〔2〕 参见陈景辉：《事实的法律意义》，载《中外法学》2003 年第 6 期。

点，裁判者在裁判中所认定的事实必然是案件的原生事实、客观事实，而这样一种被认定的事实表述在判决书中，就应该以一种“摹写”的手法将其呈现，即重现事实。因此，客观真实论的支持者认为，裁判者通过调动他们的理性思维，把碎片化、单个、彼此互不连贯的案件事实片段，整理为系统、连贯、简明、符合事实自然演进历程和人的思维逻辑、表达习惯的事实认知，然后按照语言和逻辑要求把在思维中重现的客观事实通过语言叙述（重述）出来，再现真实的案件事实和场景。[1]

（二）法律真实下的动态事实论证：重建事实

“法律真实”，是指在司法活动中人们在经由法律程序后，对案件事实得出的认识符合法律所规定或能够在法律上被认可发生法律效力的真实，这是一种能够发生法律效力并能够得到法律承认的事实。在法律真实论者看来，法律真实才是司法诉讼活动追求的目标，是按照法定程序并经由司法活动而最终确立和得出的法律事实，这种法律事实是人们在司法活动中基于对案件事实的认识而得出的符合法律规定且能够被认可和接受的真实。

“形式理性”和“程序正义”观念是法律真实的论者得出这一结论的理论前提，在他们看来在遵循诉讼程序的形式理性和程序正义前提下，尽管诉讼活动参与者仍需发挥个人认识，但是整个诉讼活动不再是纯粹的认识活动，经由诉讼程序得出的事实也不再是主体认识得出，因此诉讼活动便没有可能也没有必要达到客观真实的标准。[2] 因此，法律真实论者会认为，案件事实的认知并不必然与客观事实相同，但仍然可以通过法律程序保障判决的正当性。基于上述理由，裁判者认定的裁

---

〔1〕 参见张步文：《司法证明原论》，商务印书馆2014年版，第270页。

〔2〕 参见樊崇义：《客观真实管见——兼论刑事诉讼证明标准》，载《中国法学》2000年第1期；刘田玉：《论“法律真实”的合理性及其意义》，载《法学家》2003年第5期。

判事实并非社会经验层面的事实，而是在听取各方证据、意见的前提下，当庭作出的主观判断。[1] 此外，裁判者对事实的认定，还必须符合特定的诉讼程序，程序的正当性对于诉讼结果具有决定性意义。

从法律真实论出发，裁判者认定的事实是对原生案件事实的诠释和解读，它不是对原生案件事实的再现，而只能是无限接近原生案件事实。对其认定要受诉讼价值、诉讼程序、证明标准以及举证责任等一系列因素的影响。因此，它毋宁说是一种被重建出的事实。

（三）法律真实观下的事实特性

从法律真实观的视角来看待事实，意味着我们不再从本体上探索事实是否真的客观存在，而是关注于事实如何被认识，如何被表达从而被人所接受。就认识论而言，法律真实观下的事实则具有主观性。金岳霖明确断言："事实虽是所与，然而不只是所与……它是以意念接受了的所与"；"事实是接受了的或安排了的所与"；"事实是一种混合物，它是意念与所与的混合物，我们既可以说它是套上意念的所与，也可说是填入了所与的意念"。[2] "所与"为"意念"所内化，成为认识主体即人的内在的主观把握之物。客观事实为人所认识，经主观加工而形成作为认识主体的人认识的事实。事实是主观性和客观性的统一。陈波用了一个非常形象的比喻来阐述认识论意义上的事实："'事实'是人们从世界母体上一片片'撕扯'下来的。"而且，最终能"撕扯"下什么，取决于人们"想"扯下什么，也取决于人们"能"扯下什么，还取决于人们"如何"撕扯，这些都会受个人的认知意图、认知能力和认知手段影响。[3] 总之，认识论意义上的事实是经由人的感官和思维加工过的一

---

〔1〕 参见陈瑞华：《刑事诉讼的前沿问题》，中国人民大学出版社2000年版，第199页。

〔2〕 金岳霖：《知识论》，中国人民大学出版社2010年版，第541～543页。

〔3〕 参见陈波：《"以事实为根据"还是"以证据为根据"——科学研究和司法审判中的哲学考量》，载《南国学术》2017年第1期。

种认识结果。此外,事实的认识论特征使其具备了证据的属性,即事实是从已经发生了的事情中截取出来用作证据的东西。

从事实如何被表达的角度来看,事实具有语言依赖性。表达事实的语言是陈述性的命题,而陈述事实的命题可真可假具有真值性。这一点使事实区别于存在。语言是思维和认识的外壳,作为认识对象的事实,可以通过感知、体验和逻辑分析等实践手段进行把握。但是,"从知识表达或说者的角度看,由观察所获得的感性知识,无论在头脑中加工,还是与他人分享,都需要语言媒介"。[1] 人所认识的事实需要语言和逻辑来表达,语言和逻辑可以并能够表达事实。张继成教授认为:"事实是人们对客观事物本身固有的性质或关系作出的判断。""要将事物或现象的性质或关系表示出来,就必须使用命题,命题的出现表明人们已经确认了一件事实。"[2] 所以,表达事实的语言是一种陈述性命题。但是,事实只有真没有假,命题却有真也有假,所以陈述事实的命题具有真值性。

二、法律真实观下案件事实的构建逻辑

受限于人的认识能力、科学技术等各项条件,人们不可能将客观事实完全真实地还原,所以过于追求事实的客观性,可能反而会被人的前见所遮蔽。因此,我国裁判文书制度的重构宜将法律真实观作为基础,将案件事实看作一个被证明、被构建的过程,这样才能重视裁判文书中有关事实命题的论证和接受。

就小前提事实的建构而言,恩吉施将其分为从法律上陈述已经发生的案件事实、被陈述的案件事实恰当而准确地反映实际发生的客观

---

〔1〕 张保生:《事实、证据与事实认定》,载《中国社会科学》2017 年第 8 期。
〔2〕 张继成:《事实、命题与证据》,载《中国社会科学》2001 年第 5 期。

事实以及对案件事实进行评判三个不同阶段。其中,对案件事实的评判主要是评判小前提应当在事实上具备了大前提所要求的构成要件要素。在恩吉施教授所提出的这一小前提建构过程中,案件事实的建构是在事实与规范之间按照法律的要求具体化、格式化和类型化。案件事实和法律规范间的这种往返是一种双向过程,一般要经过多次往返才能最终完成。这正是拉伦茨所指出的,案件事实和法律规范间的往返不仅仅是判断者眼光的改变,其更是一种思考的过程。[1]

但是,小前提的形成并不是直接由生活事实过渡为案件事实,其向案件事实的转变还需经由证据这一连接主观与客观之间的中介。这也就是说,在裁判文书形成过程中,小前提的形成是生活事实经由证据的证明之后才成为能够作为法官裁判依据的法律事实。但是在审判实践中,三者间的顺序却不是这样,而是生活事实——法律事实——案件事实。[2] 这一顺序的形成与法官在司法实践中接触与案件有关的事实信息的先后顺序有关。具体而言,在司法实践中法官首先看到的是起诉书,然后才是与案件有关的卷宗、证据材料等生活事实资料。而从起诉书的内容和在司法实践中的功能来看,其本身就是上一环节检察机关对侦查机关获取的生活事实的一种法律程序上的建构,本身是一种认识论结果。而法官在阅读起诉书的过程中,案件事实经由起诉书传递给法官的就是一种类型化后的法律事实。在这一过程中,我们并不能保证起诉书传递的法律事实的真实性,其真实性还需要结合卷宗证明事实材料和庭审过程来最终确证,之后,法律事实才能作为成为裁判依据的案件事实。也就是说,在案件审理过程中法官需要进行两次转化和印证过程才能最终将生活事实转化为法律事实后再转化为案件

---

〔1〕 参见[德]卡尔·拉伦茨:《法学方法论》,陈爱娥译,商务印书馆2004年版,第162页。

〔2〕 这里三个事实之间的作用过程也并不是单向运作的过程,而是螺旋上升的过程。

事实。

这其中,第一次转化是从法律上评价待审理的客观事实,将生活事实经法律评价上升转化为法律事实。这一过程大致分为三步:首先,就客观事实能否被纳入法律调整范围进行评价。其次,将纳入法律调整范围的客观事实进行具体条文规范的归属,也即是判断 S 是否可以是 T^{x}。但是在司法实践中,进行到这一阶段 x 有可能并不确定,这也就决定了这种情况下的法律事实还只是三段论推导中小前提的轮廓而非小前提本身。最后,将 x 不确定情形中的小前提轮廓与既有的法律规范进行对应,通过小前提与法律规范间的循环解释来印证 S 是不是特定 T 的一个事例。

在第一次转化基础上,第二次转化就是将第一次转化后的法律事实进一步转化为案件事实。这种转化主要分为证据证明和事实推定两方面:其一,证据证明即是用既有的证据来证明我们建构的法律事实是否是已经发生的案件事实,而不是凭空捏造。其二,在特定证据无法最终推定案件事实的真实性的情形下,法官运用自身的经验法则和法律逻辑规则的运用,推定得知待证事实。

三、生活事实——法律事实的形成

结合上述分析,在笔者看来在司法审判实践中,日常生活中的生活事实向作为小前提的法律事实的转换实际上是我们运用个人经验通过法律逻辑的运用从法律评价层面来评价生活事实的过程,也就是确定 $S \subset T$ 的过程。在这个转化过程中,评价主体将会进行两种主观运作。也即是:前理解活动和诠释循环活动。其中,前理解指的是主体对作为评价和归属对象的 S 和 T 的内涵的探讨;与之相对,诠释则指的是由 $S \subset T^{x}$ 以及进一步推进为 $S \subset T^{a}$ 的过程。从这两个主观运作过程的具体内容可以看出,诠释循环是前理解进一步推进后的结果。

(一)前理解

前理解指的是理解之前的理解,因而又被称为前有或前见。就前理解的内涵和作用而言,有学者指出前见是人类认识世界的前提。也就是说,在人类认识和理解世界之前,认识主体自身所具有的文化背景、传统观念以及所处时代的知识水平和物质条件甚至民族心理结构等"前见"都会对其认识世界起到积极的作用。[1]

具体到法官,其运用到案件审理中的前理解既是其经验知识的积累,同时还包含其之前的规范评价。值得注意的是,这种前理解也并非一成不变的,相反其也处于一个不断变化发展的过程之中。而正是在这个变化发展过程之中,法官通过学习使其法学素养进一步提升。这其中也包含其法律知识之外的生活经验性知识,尤其是与社会的事实及脉络[2]有关的知识。前理解本质上是一种"意义期待",是一种先入为主的判断。需要进一步指出的是,先入的判断不一定是错误的判断,其产生的影响有的是正面的有的是负面的。也就是说,经由前理解形成的意义期待在后续的诠释理解过程中仍需要不断地被证实和证伪才能最终成为法律事实。由此也可见,前理解之后的诠释循环并不等于通常意义上的循环解释,而是一个螺旋式上升的论证过程。

(二)诠释循环

诠释循环实际上指的是一种诠释方法,从诠释内容来看是在总体和个别间进行循环诠释。我们要想了解每个词语的意思,就只能通过组成词语的文字间的意义关系来获得,而组成词语的文字的内涵的探

[1] 参见刘放桐主编:《新编现代西方哲学》,人民出版社2000年版,第493页。

[2] 脉络主要是指历史脉络和社会脉络:前者是指与之前许多法律家的劳绩之间相关联的现行有效的规范与普遍承认的思考方式,后者是指包括各种利益情境及法规范指涉之生活关系的结构,包括特定的社会关系、社会过程及行为模式。

求同时也需要结合词语的整体意思来理解。当然,需要指出的是诠释循环不等同于循环论证。诠释循环的本质不是循环,而是一种超验的理解条件。[1] 具体到法官的案件审理过程中,正是由于诠释循环技术的运用,法官才得以在相互理解案件事实和法律事实的过程中构建出案件审理需要的大小前提。其具体构建过程如图 2 所示:

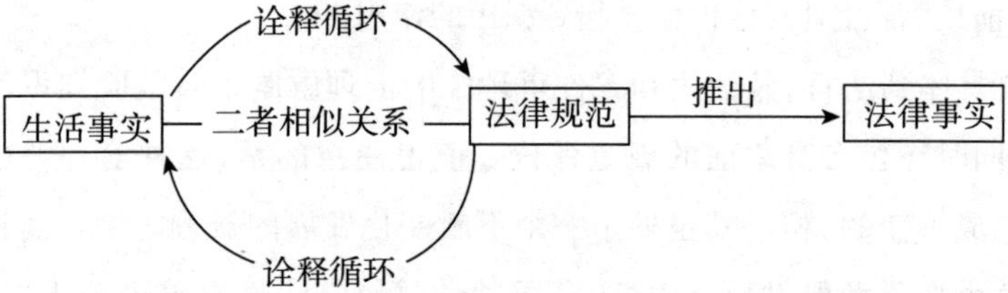

图 2　小前提构建过程

就法官的具体审判实践活动而言,前理解是诠释循环的出发点和前提。具体而言,借助个人的生活经验和个人法律专业知识的前理解,初审法官对生活事实将会形成一个初步判断。在此基础上,进一步对运用前理解形成的这一初步判断进行证实或证伪,接下来法官需要将眼光在事实和规范之间不停往转,寻求能够用以作为判决依据的法条,并在这个法条基础上对比法律构成要件对将要进一步评价的生活事实进行解构。这个过程并不是一次就可以完成,因而往往还需要在这两者间不断地交互推进。最终选择和形成能够作为案件审理大小前提的法律规范和法律事实。

由此可见,与循环论证不同,诠释循环不是简单地往返,而是法官对其前理解形成的认识不断进行证实和证伪。为保证诠释循环结果的真实性和可靠性,我们可以从以下两个方面来保障诠释循环后得出的大小前提的真实性。首先,作为认识对象的事实必须是真实且能够经

---

〔1〕 参见[德]考夫曼:《法律哲学》,刘幸义等译,法律出版社 2004 年版,第 119 页。

受得住逻辑和经验的考证。其次,判断者本身对法条规范的理解是准确的。

四、法律事实——案件事实的确立

通过法律程序规范建构的法律事实并不等同于案件事实本身,二者的区别在于法律事实是在前理解与诠释循环作用下对案件事实的一种法律推定,而这种法律事实是一种认识层面的事实,其欲想转化成案件事实则还需要通过有关的证据材料来证明以求真。

为保证法律事实转化为案件事实的真实性,我们需要通过制度来保证转化结果的"合理的可接受性":其一,证据保障。法律事实要想成为案件事实离不开相关证据的支撑和合理推定,同时这些证据也应当具有高度的真实性和盖然性。其二,程序保障。法律事实不仅要被具有高度盖然性和真实性的证据材料证明,同时这一证明过程还应当具有正当性和合法性。也就是说,法律事实不仅要被真实证据证明,还应当被真实证据符合程序的证明。只有证据的真实性和高度盖然性以及证明程序的合法性才能确保依据法律事实最终推导得出的案件事实是真实可靠的。[1]

正是出于前述考虑,在本书中笔者将法律事实转换为案件事实的研究重点转移到程序保障上来,而法律事实上升为案件事实的程序保障主要包括客观问题和主观问题两个方面。具体而言,客观问题指的是证据本身的问题,而主观问题则指的是主体对证据以及证明标准的评价问题。由于事实与证据之间并不存在像数理关系那般的一一对应关系,这也在客观上决定了证据仅能就某一事实的存在可能性进行证

---

〔1〕 参见王敏远:《再论法律中的真实——对相关问题的补充说明》,载《法学研究》2004 年第 6 期。

明。因而,我们通过证据证明的法律事实也仅是案件事实的一个高度盖然性的可能事实,而非事实本身。因而,高度盖然性是通过证明标准来予以显示的。而证明标准实际上也是人们基于主观认识所确定的一个评价标准,一般而言,只有当这一证明过程达到"合理的可接受"[1]的程度,我们才认为其是"真实"的。

在法律真实观下,事实的构建是一个循环往返的过程。裁判者在认定事实过程中,看到生活事实,经由法感,初步筛选出有关该案的法律事实,再来印证与法律事实相关的生活事实是否可以被证明为真。如果在这个环节中有所偏差和纰漏,又将再进行一轮事实与法律的循环往返。因而案件事实之所以可以被认为是"真实"的,并不是因为其本身是真实的,而是因为其是"合理可接受的"。

第二节　我国裁判文书制度重构的法律观

在法律真实的事实观下,我国裁判文书的制作对于案件事实应该采取论证说理的模式,不能用一种事实描述的模式进行,也不应该过于追求案件判决正确与否,而应着眼于案件判决合理与否。决定裁判文书制度根本取向的,除了事实观,法律观也同样尤为重要。如果法律只是严密的规则体系,那么法官只需用形式逻辑展示法律适用的结果即可,不必考虑该案件结果是否合理,该判决是否能被人们接受。如果法

[1] "合理的可接受性"是由美国学者希拉里·普特南所提出的,即如果一个陈述被人们认为是合理的,那么这个陈述就具有可接受性,用以判断什么是真实的唯一标准就是什么能合理地加以接受。事实为真与事实可以被合理地加以接受之间是等价关系。参见[美]希拉里·普特南:《理性、真理与历史》,童世俊、李光程译,上海译文出版社1997年版,第2页。

律是多种因素的综合体,那么裁判文书不仅要用演绎推理来展示法律的寻找是恰当的,更重要的是需要论证判决的结果合理而且可以被接受。因而如何确定我国裁判文书制度的法律观,是制度重构的根本前提。

一、本体论上的第三条道路

在20世纪六七十年代之前的西方法学体系中,自然法思想和实证主义是最为重要的两种哲学思潮,由此派生出自然法学派和分析法学派两个主要理论流派。无论是自然法学派,还是法律实证主义,其对法律的设定都是建立在主客二分基础上的。在考夫曼看来,在一个封闭的体系中进行解释、运用本体论法律概念和得出客观主义认识概念是实证主义法哲学观和自然法二者共通的三个特征。[1] 显而易见,自然科学思维方式对这一认识模式的形成起到了决定性的作用,但是人文社会科学与自然科学属于不同的思维体系,其不能单纯依靠自然科学的思维方式求真。因此,人们开始反思这种主客二分的哲学,认为"对意义的理解,并非纯粹感受过程,反而经常是由理解主体先行自我理解",试图放弃"主体—客体"的理解模式,并将理解主体融入理解之中去。[2] 发端于20世纪70年代的法律诠释学、法律论辩理论和一般法律原则理论,就是在这一背景下形成并发展起来的三种主要理论流派。[3] 这三种理论重视对法律文本的理解,并试图实现法律解释从"独白式"到"对话式"的转向。

(一)法律诠释学

法律诠释学是哲学诠释学在法律研究中的具体运用。诠释学一开

---

[1] 参见[德]考夫曼:《法律哲学》,刘幸义等译,法律出版社2004年版,第61页以下。
[2] 参见[德]考夫曼:《法律哲学》,刘幸义等译,法律出版社2004年版,第61页以下。
[3] 参见[德]考夫曼:《法律哲学》,刘幸义等译,法律出版社2004年版,第57页以下。

始是在 1654 年由 J. 丹恩豪威尔所提出，在提出之初，诠释学是作为一种书名而存在。后来人们在诠释学基础上又进一步细分了三种诠释学，他们是神学诠释学、语文诠释学以及法律诠释学。[1] 但是需要指出的是，哲学诠释学中的系统理论则是肇始于施莱尔马赫和加达默尔等人的研究。经由这些哲学大家们的研究，诠释学也因此成为指导和研究文本理解和解释规则的学科。比如，在施莱尔马赫看来诠释学是一种"理解的艺术学"。[2] 在法律诠释学发展过程中，其在"理解"的功能、证成途径以及实践来源等方面受到哲学诠释学深刻的影响。当今主张法律诠释学中有影响的学者主要是德国的拉伦茨和 A. 考夫曼。

在考夫曼看来，理解者的理解同时兼顾主观和客观，因而其是在积极地建构被理解的对象，而不是消极地反映被理解现象。相应的，在他看来法官在进行法律解释时，也不再是比对法律规范进行简单的"推论"，相反，其也是在进行积极地建构。[3] 需要明确的是，尽管考夫曼反对"主客体"认识模式，但是这并不意味着其接受和赞同主观主义的立场，而他的核心观点在于，法律发现过程是一个积极建构的过程，而非被动的理论推论。法律也只能存在于一个"敞开的体系"，这其中主体间的共识能力才最终是法律效力得以发挥的标准。[4]

与考夫曼的前述主张不同，拉伦茨是将解释方法论作为其提出法律诠释学主张的切入口。根据他的理解，法学方法论是以一般诠释学

---

〔1〕 参见[德]汉斯·格奥尔格·加达默尔：《真理与方法——哲学诠释学的基本特征》(下)，洪汉鼎译，上海译文出版社 1999 年版，第 715 页。

〔2〕 参见[德]汉斯·格奥尔格·加达默尔：《真理与方法——哲学诠释学的基本特征》(上)，洪汉鼎译，上海译文出版社 1999 年版，第 225 页以下。

〔3〕 参见[德]阿图尔·考夫曼、温弗里德·哈斯默尔主编：《当代法哲学和法律理论导论》，郑永流译，法律出版社 2002 年版，第 145 页。

〔4〕 参见[德]考夫曼：《法律哲学》，刘幸义等译，法律出版社 2004 年版，第 293 页。

作为基础,也就是以诠释学的眼光来实现法学的自我反省。〔1〕 学者和法官们在进行法律解释时,通常采体系性思维方式,将可以确定的案件事实涵摄到法律规范的构成要件之中。在拉伦茨看来,在运用诠释学方法的基础上,采取开放性的思维方式有助于实现裁判的正当化。而法律适用作为一个对向交流过程,人们在进行法律适用时首先需要完成的是将未经处理的案件事实转化为终局的案件事实,然后还需明确法律语言的内涵和法律规范的调整范围,从而最终将法律规范的目的正确表达出来。〔2〕

(二)法律论辩理论

法律论辩理论与法律诠释学相比较,两者之间既有相同之处也有区别。具体而言,二者间的相同之处在于,他们都对自然法和实证主义所构建的封闭体系以及"实体本体论"持一种否定立场。但同时,二者之间也存在明显的区别。首先,在论辩理论者看来,诠释学是一种非理性、形而上理论。其次,对于诠释学所秉持的"主客体"图式,其也持反对态度,并坚持客观性。〔3〕 但是,需要明确的是,二者间最重要的区别应如论辩理论学者乌尔弗里德·诺伊曼所说的,论证与反思并非诠释学思维的专利,但不同于分析法理论,法律诠释学想把这些要素与文本协调起来。而在分析理论学者看来,就法律文本的意义的探求而言,诠释学者们是将其纳入主体间建构来判断,但是法律文本的意义依据一般的语义学规则便可得,因而法律文本的意义与认识主体的理解应当

〔1〕 参见[德]卡尔·拉伦茨:《法学方法论》,陈爱娥译,商务印书馆 2003 年版,第 121 页以下。

〔2〕 参见[德]卡尔·拉伦茨:《法学方法论》,陈爱娥译,商务印书馆 2003 年版,第 194 页以下。

〔3〕 参见[德]阿图尔·考夫曼、温弗里德·哈斯默尔主编:《当代法哲学和法律理论导论》,郑永流译,法律出版社 2002 年版,第 145 页以下。

分离和割裂开来。[1] 从理论发展来看,哈贝马斯的法律商谈理论和阿列克西的法律论证理论对法律诠释学理论的影响最大。

商谈理论由哈贝马斯提出,自提出以后产生了深远的影响。通过哈贝马斯的商谈理论,我们可以看到其对程序设计的重视。在哈贝马斯看来,决定一个判断是否有效,重点在于确定这一判断的有效性条件是否满足。而有效性条件的判断只能经由商谈的方式,而不能通过经验证据或直觉。这里所谓的商谈的方式,实际上指的就是通过论辩的方式进行论证,使"只有当先前一直不成问题之背景假设的视域中的那些理由凝聚成一个无强制同意"。[2] 为了达到这种效果,他提出言语的理想情境。[3]

在哈贝马斯等人的理论基础和影响之下,阿列克西提出法律论证理论。根据其所提出的法律论证理论,阿列克西指出法律规范可能面临的三个现实困境:其一,规范性命题无法通过非经验实体和经验科学方法来被检验;其二,规范性命题不能被作为情感问题或态度问题对待;其三,当规范性命题在整理过程中出现中断问题时,会带来循环论证问题。阿列克西认为法律论辩具有和普通实践论证不一样的地方,它受现行有效法的约束,"它并不要求所主张、建议或作为判断表达的规范性命题绝对地符合理性,而只是要求它们在有效法秩序的框架内能够被理性地加以证立。""法律争议要在正确性要求的情况下、并据此

---

〔1〕 参见[德]阿图尔·考夫曼、温弗里德·哈斯默尔主编:《当代法哲学和法律理论导论》,郑永流译,法律出版社 2002 年版,第 150~151 页。

〔2〕 [德]哈贝马斯:《在事实与规范之间——关于法律与民主法治国的商谈理论》,童世骏译,三联书店 2003 年版,第 278 页。

〔3〕 参见[德]哈贝马斯:《在事实与规范之间——关于法律与民主法治国的商谈理论》,童世骏译,三联书店 2003 年版,第 280 页。

诉诸理想的条件来予以讨论。”[1]

（三）一般法律原则理论

与前述法律诠释学和法律论辩理论不同，从产生来源来看，法律原则理论是产生于英美刑法学中很重要的一个思想流派。德沃金是法律原则理论的代表学者。对于德沃金所提出的法律原则理论在理论层面的贡献和影响，哈贝马斯曾指出：“德沃金给诠释学思路以一种建构主义转向。”[2]由此我们可窥见德沃金理论的影响与价值。与其他学者不同，在德沃金看来法律实践中的主要争议不是围绕法律经验主义展开，而是就某一具体案件在事实上能否满足“理论性争议”。他进一步指出，这个问题实际上是有关于忠实和道德问题。[3] 就此问题而言，笔者认为德沃金的一般法律原则理论是以一种政治道德整体性理论为基础的。[4] 针对一般政治理论，即政治理想包含公平、正义和诉讼的正当程序三大美德的通念，德沃金指出，此外还有一项美德应当被揭示出来，但是却始终未被人所触及，那便是“政治整体性的美德”。而这种政治整体性美德可以经由一般民众的“同案同判”诉求具体展现出来。

法律原则并不是由立法予以创造的，它有时通过立法的序言体现出来，有时通过法院的判决予以发现。更多的时候，我们可以从法律精神、判例以及人们的道德观念中推导出来法律原则。为了确保一项原则是属于法律体系内部的，德沃金指出，该原则必须对类似案件中以往的所有判例予以合理解释。如果运用该原则能达致合理的解释，则说

---

〔1〕［德］罗伯特·阿列克西：《法律论证理论——作为法律证立理论的理性论辩理论》，舒国滢译，中国法制出版社2002年版，第265～272页。

〔2〕［德］哈贝马斯：《在事实与规范之间——关于法律与民主法治国的商谈理论》，童世骏译，三联书店2003年版，第255页。

〔3〕参见［美］德沃金：《法律帝国》，李常青译，中国大百科全书出版社1996年版，第4页以下。

〔4〕参见［美］德沃金：《自由的法：对美国宪法的道德解读》，刘丽君译，上海人民出版社2001年版，第2页。

明该原则正是现行的法律制度一向都认可的裁判依据,其实早已纳入了法律体系,只不过它没有被明确写进法律而已。用这样的法律原则来判案,其结果仍然在法律的范围之内。德沃金通过对哈特规则说的批判,建立了"规则原则—政策"模式,并且指出规则与原则之间的区别是逻辑上的,可归纳为三点:其一,规则是以"全有或全无"的方式适用的,而原则的确定性只是程度的问题;其二,规则具有"一般—例外"结构,原则虽然也有例外,但原则的例外是无法被穷尽的;其三,原则具有分量的特性。[1]

为了增加自己理论的说服力,德沃金还将罗尔斯拉入了自己原则理论的阵营[2],德沃金认为,罗尔斯的公共理性学说对确定一个关于"合乎法律和法院判决"的概念并没有太多的帮助。但是他认为,罗尔斯理论所暗含的解释主义法律概念中,其实已经蕴含了对司法判决的必要限制。根据这个解释主义的概念,在疑难案件中,法官应该尽力确定公平的或者正义的原则,这些原则可以最有力地证明作为一个整体的共同体的法律是正当的,所以法官不可以诉诸宗教信仰或者自由社会的各种目标,因为在一个自由宽容的多元主义共同体中,就一种对法律结构的完备性正当性论证而言,这些信仰不能够特别地予以考虑。

二、方法论上司法理论的发展

实证主义法学、自然法学等流派是在法律本体论上对法律是什么的争论,对于如何适用法律则是在方法论上对法律的争论。方法论上的争论主要体现为两种司法裁判理论的争议,一是形式主义的司法理

---

〔1〕 参见[美]德沃金:《认真对待权利》,信春鹰、吴玉章译,上海三联书店 2008 年版,第 70~71 页。

〔2〕 See Ronald Dworkin, *Rawls and the Law*, 72Fordham Law Review 1387(2004).

论,二是现实主义的司法理论。

(一)形式主义的司法理论

形式主义的司法理论,也被称为法律形式主义,其并不是一种本体论意义上对法律的解释学说,而是一种"关于法官们实际怎样裁判案件和(或)关于他们应当怎样裁判案件的理论"[1],也有学者把法律形式主义看作在司法裁判理论上的一种方法论立场。[2] 法律形式主义认为法律是一个具有逻辑自洽的封闭的规则概念体系,从这个概念体系出发,通过形式推理,能够对每一个案件提供一个唯一正确的判决。法律裁判的方法则是机械的演绎推理,这种推理应该仅仅依据客观事实、明确的规则以及逻辑去进行,不能融入裁判者个人的主观价值判断。总体而言,法律形式主义的核心主张如下:

第一,坚守封闭的规则体系。持法律形式主义观点的人,在本体论上一般都试图把法哲学同其他学科分割开来,把法律视作一种封闭的逻辑体系。他们认为封闭的法律系统可以用科学的方法予以论证,具有稳定性和明确性,如此便能够使法律体系免受各种外在因素的侵扰,有效抵制任何试图削弱法律结构的企图,从而更好地保护人们的预期。第二,奉行机械的演绎推理。形式主义把法律推理看作单纯的逻辑推演过程,"法律推理应该仅仅依据客观事实、明确的规则以及逻辑去决定一切为法律所要求的具体行为"[3],而正确的判决可以仅用逻辑方法从预先规定的法律体系中推断出来。第三,倡导法官裁判的价值中立。法律形式主义认为通过人的理性,是可以制定无所不包,无懈可击的法律制度,即使是有争议的疑难案件,法官通过纯粹的逻辑推演,也能够

---

〔1〕 Brian Leiter, *Positivism*, *Formalism*, *Realism*, 99 Columbia Law Review 1144(1999).

〔2〕 参见柯岚:《法律方法中的形式主义与反形式主义》,载《法律科学》2007 年第 2 期。

〔3〕 [美]史蒂文·J. 伯顿:《法律和法律推理导论》,张志铭、解兴权译,中国政法大学出版社 1998 年版,第 3 页。

做出正确的判决。所以法官在裁判案件时,只能够价值中立,他们的任务就是发现法律,在制定法不确定时,通过探索立法者明示或可推知的意思进行推演,不允许融入自己的价值立场来解释法律或创造法律。

形式主义的先驱一般认为是兰代尔。兰代尔在1869年被任命为哈佛大学法学院的首任院长,在此之前他是一名律师,并没有从事理论研究工作。兰代尔在任法学院院长期间,参考实验室教学法,创立了判例教学法。兰代尔的判例教学法以及在教学过程中总结出的法律理论,很长时间以来都是美国法学中的正统的法律教义。受其所处时代的自然科学的影响,在兰代尔看来,特定领域的知识间都存在相互关联,并可以在逻辑上证明。通过这样,我们就可以构建一个完整的科学知识体系,法律体系也同样如此,所以一旦完美的法律知识体系建构之后,法官只需要运用逻辑推理,就可以从这个知识体系中推演出正确的法律裁决。这个完美的知识体系主要包含如下几个要素:其一,法律的概念体系。法律体系是一个由底层规则和顶层的概念、原则构成的体系,案件裁决的具体规则可以从少数抽象的原则和概念中推演出来。当出现新的没有规则可适用的个案时,可以通过顶层的概念和原则推演出来可适用于新案件的规则。其二,法律的融贯性和整全性。法律的融贯性指的是法律规定在程序上是融贯的,也就是每一个案件均可以通过既有的法律程序来寻求解决之道。而法律的整体性则是着眼于实体性法律规定,其具体指的是案件能够从实体法律规范中寻求一个正确裁判结果。其三,法律的逻辑合理性。法律的逻辑合理性指的是,司法判决的得出应当遵循一定的逻辑推理过程,而且这一逻辑推理过程还应当可以通过逻辑方法证明。[1]

---

〔1〕 See Thomas C. Gray, *Langdell' s Orthodoxy*, 45 University of Pittsburgh Law Review (1983), p. 6 – 15.

德沃金的理论可以说是形式主义的一种延伸。德沃金认为法律制度具有整全性,提出了由规则、原则和政策建构的无漏洞的法律体系。不过在规则的世界中,是存在漏洞的,因而产生了“在法规典籍中,没有清晰的法规加以确凿决断的”疑难案件。在疑难案件的裁判中,尽管现有的规则体系中难以找到适用于该案的规则,但是可以运用蕴含在规则背后的原则,通过推理和分析,从法律规范体系中找到疑难案件的正确答案。但是这些原则不是由法官个人的道德立场决定的,而是案件存在的社会背景决定的,因而原则也是客观存在的。所以,在疑难案件中,法官重要的工作是从现有的规则体系中发现、推导出原则,通过判断原告和被告的诉求哪个更符合制定法及其原则,从而得出唯一的正确答案。在德沃金看来,法律是一个完美的体系。在这个完美体系中,法官可以通过法律规则来找到隐藏其后的法律原则,并将这一原则融入法律体系之中。通过这个过程,法律原则的适用可以更大程度地保证法律的确定性,而另外法律原则又可以帮助法官在疑难案件中寻求到判决结果。需要指出的是,尽管在德沃金看来法律是整合的具有整合性,但是并不能直接推导出法律制度在逻辑层面的合理性。在德沃金看来,疑难案件也应当存在唯一正确的答案,但是却不存在可证明的推理。所以德沃金属于比较包容的形式主义立场。

可以看出,兰代尔是严格的形式主义拥护者,即使在面对疑难案件的裁判时,也主张严格地依循现有的规则。按照兰代尔的主张,在法律制度的可预测性和个案公平之间存在冲突时,就算会导致裁判结果的不合理性,我们也应当严格按照法律规则来裁判案件。德沃金认为在容易处理的案件中,法官只是适用已经确立的规则。[1] 而疑难案件中,

---

〔1〕 参见[美]德沃金:《认真对待权利》,信春鹰、吴玉章译,上海三联书店 2008 年版,第 18 页。

通过原则裁判案件的正确答案尽管是唯一的,但是其推理的过程却是难以证明的。法官要努力去寻找唯一正确答案,但是法官寻找、发现法律原则的过程难以用严格的演绎推理的方式来标明。尽管德沃金对待疑难案件的态度,不再坚守严格的演绎推理,但是法官在疑难案件的裁判中并不是随意的,这一点与法律现实主义形成了显著的区别。

(二)现实主义的司法理论

在反对形式主义的运动中,法律现实主义的阵营逐渐确立起来。总体而言,法律现实主义的核心观点主要有:其一,在案件裁判过程中,法官的反应是针对案件事实而非可适用的规则;其二,法官在裁判过程中对事实所下的结论是根据直觉得出的,而并未用到概念和逻辑分析;其三,在得出前述结论之后,法官会对其进行合理化,这种合理化则是通过法律规则的运用和理由实现;其四,最终裁决的得出主要依据的不是法律理由,而是诸如政策、道德等非法律理由;其五,法律规范本身是存在不足的,而法官正是通过个案裁决来推动其改革和完善。[1]

美国大法官霍姆斯通常被看作反对法律形式主义的代表。霍姆斯在《普通法》书中的第一讲就开宗明义地提出:"法律的生命不是逻辑,而是经验。"[2]在这本书里,霍姆斯表达了其和形式主义的不同,可以概括为如下三点:第一,在判决过程中起最重要作用的不是逻辑和规则,而是经验。法律不是根据纯粹的逻辑依据展开的,法律的内容就其本身而论,应该与当时的社会需求达成一致,对于通过法律来裁判案件,如果要达至人们所期望的效果,则极大地依赖于经验。这些经验则包括政策的考虑、政治道德理论、个人的直觉等。第二,法律本身是不确

---

〔1〕 参见柯岚:《法律方法中的形式主义与反形式主义》,载《法律科学》2007年第2期。

〔2〕 [美]小奥利弗·温德尔·霍姆斯:《普通法》,冉昊、姚中秋译,中国政法大学出版社2006年版,第1页。

定的。法律的确定性是法律形式主义追求的目标,但是霍姆斯敏锐地指出“确定性不过是一种幻象,而和谐亦非人类命定固有的状态”,已经确定的法律规则很大程度上会让步于现实的需求和公共政策。第三,法官在裁判中不应该机械地适用规则,而应权衡社会利益。兰代尔明确主张,社会效果的衡量只能是在法律规则的允许范围内,法律是第一位的。但是霍姆斯却主张在司法裁判中,尤其是疑难案件的裁判中,已制定的规则是应该可以让位于社会利益的衡量,所以“一般性命题并不能决定具体的案件,判决将依赖于一种比任何明确表述的大前提都更为精微的判断或直觉”。[1]

美国早期的法律现实主义者还有一位代表是弗兰克法官,他不仅主张法律是不确定的,还认为事实也是不确定的。在弗兰克看来,法律内容和法律推理的不确定都是造成法律不确定的直接原因。这两个原因导致法官无法从法律规则得到确定指引,判决结果也因此呈现多样化。[2] 而正是由于对法律推理确定性的怀疑,弗兰克才从规则怀疑转向事实怀疑。在他看来,规则怀疑论者仅关注规则本身的适用问题,而忽视了根据这些规则所作出的判决将会对社会造成的影响,因而也就着力于预测上级法院的判决和司法预测,而忽视了初审法院在案件审理过程中的作用。正是出于前述认识,弗兰克反对法官在案件审理过程中遵循先例的做法,并认为应当破除对上级法院的迷信。恰恰相反,在其看来,由于初审法院掌握和行使着案件事实的裁量权,所以参与审判的初审法院所开展的案件调查工作才是司法活动的核心,初审法院也因此成为整个司法系统的枢纽所在。

---

〔1〕 Lochner v. New York,198 U. S. 1905,p76. 转引自柯岚:《法律方法中的形式主义与反形式主义》,载《法律科学》2007 年第 2 期。

〔2〕 参见于晓艺:《最忠诚的反叛者——弗兰克法律现实主义思想研究》,中央编译出版社 2014 年版,第 55 页。

弗兰克认为,抽象的规则并不能体现司法公正的立场,重要的是每个特殊的案件事实如何判断和认定,因为在法官处理案件中,很少处理不具有争议的案件事实,因而在特定的案件中,单纯关注一般规则并不能确保正义的实现,而应该关注每一个具体纠纷的特殊性案件事实,这样才能实现“看得见的正义”。弗兰克一方面赞同人是自私的,个人与国家之间存在一定程度的对抗;另一方面却又过度地强调通过司法机构来保证个人的权利。弗兰克的哲学思想中表现了他的这一愿望,即“每个人的权利不会在国家机器的重压下被压垮”。[1] 根据这样的理想,“个人成为国家的缩影,为个人的独特目的而努力;国家成为一个放大的个人,它的目的就是关心人们生活的改善,在国家生活中,每个人都会找到自己的位置”。[2] 弗兰克在法律现实主义的道路上比霍姆斯走得更远。霍姆斯并没有完全否定逻辑的作用,有些学者甚至认为霍姆斯在法律方法上不仅不是反形式主义的,而且他的思想中仍有许多属于兰代尔传统的形式主义的因素,只不过为了寻找理论上的先驱,法律现实主义者在霍姆斯的作品中断章取义地引证对自己有利的部分。[3] 但是弗兰克不仅主张法律的不确定,而且还认为事实也是不确定的,所以他走向了极端的法律现实主义,完全否定了法官裁判案件的客观性,认为在司法过程中真正决定裁判的是法官的个人癖性。法官并不是先去查看法律然后决定如何裁判,而是首先对事实作出反应,产生直觉,然后再去寻找案例、成文法以及其他法律材料,来为自己的判断作出合理性的证明。

---

〔1〕 Water E. Volkomer, *The Passionate Liberal: The Political and Legal Ideas of Jermoe Frank*, Martinus Nilhoff, 1970, p. 91.

〔2〕 Herbert Crolv, *The Promise of American Life*, Dutton, 1909, p. 414.

〔3〕 See Neil Duxbury, *Patterns of American Jurisprudence*, Claren - don Press, 1997, p. 41 - 46.

三、我国动态综合法律观的选择

(一)本体论上主客体二元模式的消解

从法律本体论的现代发展看来,上述三种流派呈现出许多共通的地方,共享了以下三种图示,为我国裁判文书制度的构建提供了借鉴意义。

1."事实—文本"图式。如何发现法律文本的正确含义是前述三种理论的共同点,同时这也说明了法律解释的重心已经由作为解释对象的客观事实向法律文本的转向,阐释客观事实也不再是法律解释的唯一任务。法律解释所发生的这种由"事实"向"文本"的解释,也同时说明了学者们已经逐渐意识到对法律文本的不同理解所带来的法律争议,与之前的法律文本主义相比,这一转向有着积极的意义。

2."多元—团结"图式。从理论产生的社会背景来看,这一理论的提出是为了克服文化多元社会的法律争议。当前社会的多元文化都为论辩理论中的"团结"观念、诠释学的"前理解"以及德沃金的"整体性"美德的提出提供了社会背景,而正是为了避免多元文化可能带来的社会阶层撕裂和法律评价的不一致,强调"团结"以实现社会有效性共识便十分必要。

3."封闭—开放"图式。"封闭性"是当前法律体系客观性所面临的现实困境,尽管在这样一个封闭的法律体系内部我们可以演绎得出一个逻辑自洽的法律解释方法,由封闭体系演绎得出的逻辑自洽结论却是无法满足社会实践的需求。为此,法律体系必须由"封闭"转向"开放",法律解释也应当反思和平衡历史与现实、客观与主观。

我们深入分析这三种共享的图示,会发现其都立基于主客体二元论的消解,主张主体视角应该融入客体情景当中去阐释法律、论证法律。在这种本体论支撑下,意味着我国的判决书的制作与其说是法官适用法律的过程,而毋宁说是法官向裁判文书的受众诠释法律、论证法律、和受众进行充分的对话,从而使受众予以接受的过程。一旦我们接受了这种本体论,也就意味着裁判文书制度的设计要充分考虑受众的可接受性和裁判结果的合理性。

(二)裁判合理性的追求:司法裁判理论与法律本体理论的结合

法律形式主义和法律现实主义在司法裁判理论上的对立并非仅仅是一种裁判方法上的不同,支撑他们方法不同的背后是他们各自所持的关于法律本体的理论。即使是弗兰克这种极端的法律现实主义者,背后其实也蕴含着一种对法律终极理想的追求。正如有学者指出,弗兰克追求的不是法的确定性,弗兰克通过突破已有的思维定式,在打破人们对法已有的理解框架外来消解法的确定性,从而建构一个每个人都有可能享受幸福生活的社会,以实现一种看得见的正义。[1]

反观中国目前法理学研究的现状,在有关中国法律的本体理论研究与中国司法裁判的法律方法之间很难找到关联。因而要确定我国案件裁判的司法哲学立场,首先就要探寻中国法律的本体理论。在中国的本体性理论的研究上,最具有代表性的三种理论则是张文显教授的权利本位论、邓正来教授的法律图景论和朱苏力教授的本土资源论。张文显教授一直致力于用权利本位的思想去构建和解读当下中国宏观的政治体系和思想体系,同时也将其理论运用于司法实践中疑难个案的分析中。无疑,张文显教授的研究对于在宏观体系上把握我国的本体理论和司法实践的动向,具有重大意义,但是其理论的着眼点在于宏

〔1〕 参见于晓艺:《最忠诚的反叛者——弗兰克法律现实主义思想研究》,中央编译出版社2014年版,第100页。

观的构建,对于司法裁判的具体指导,还不够精细。[1] 邓正来教授的法律图景论对现代化范式的批判,让我们警惕西方的法律范式并追求中国法律范式的自主性,其勾勒的中国法律理想图景让法学研究者向往,但是由于其英年早逝,其理论尚未形成一个完善的体系,亦未涉及司法领域的哲学。朱苏力教授的本土资源论,通过个案,对法官尤其是基层法官的裁判案件过程作出了具体细致的分析,并得出基层法官主要的功能是解决纠纷而非适用法律,这些观点对司法实践产生了很大的影响。但是其研究基本上是在为现实的司法裁判提供合理性的依据和解释,而并不意图给中国司法实践提供一种裁判理论。因而笔者认为,中国的司法哲学应该以权利本位理论为前提,参照西方的司法裁判理论的模型,结合中国现实,发展出一种以合理性为取向的裁判理论。

合理性诉求之所以成为关注的论题,和前述的司法裁判的理论范式及其转型不无关系。人的思想受一定理论范式的支配,因此范式讨论在一定程度上具有反思性的效果。对司法裁判的范式及其转换的关注,使我们对法律的理解不再受缚于那种纯粹直觉性的背景知识;而关于正确范式性法律观的争议,往往也是法学界的一个明确议题。[2] 就一切社会问题的解决目的来看,必须注意到现代社会知识的范式转型,以及隐含其中的从真实性判准到合理性判准的诉求。主客观二元模式的消解使得法律裁判从追求真实性过渡到追求合理性。一方面因为对于裁判事实的决断受制于包含真实性的合理性,另一方面因为正义自身的多样性,它的最终标准并不取决于判决是否合乎正义的理念,而是

[1] 张文显教授最近发表了一篇颇有影响力的长文,其中对法理进行了深入透彻的阐述和研究。请参见张文显:《法理:法理学的中心主题和法学的共同关注》,载《清华法学》2017年第4期。

[2] 参见[德]哈贝马斯:《在事实与规范之间——关于法律与民主法治国的商谈理论》,童世骏译,三联书店2003年版,第486~487页。

取决于它在现实境遇中是否具有合理性。比如贾敬龙案件的判决,就法律上的判决而言,该案的判决是符合法律的,该案件对事实的裁决也符合证据上真实的要求,但是该案的判决依然引起轩然大波。该案之所以引发学者们热议,主要是因为该案件背负上一些社会符号比如强拆、民杀官等因素,从而使判决合理性的判断更为复杂。

合理性的寻求一方面能够符合法律思潮发展中主客二元消解的取向,另一方面,当我们将判决结果致力于合理性时,形式主义的裁判理论和现实主义的裁判理论都仅仅是一种裁判方法和工具而已,不再具有本体上的天然正当性。

(三)类型化思维的引入

在司法裁判中寻求合理性,起因于对现代性法治理论中的一些"陷阱"的警惕,促使我们应当承认理性的有限性,承认认识的主体性,承认政治对于法律的结构性影响,承认道德对于司法裁判的本来意义。基于这些认识,我们应当以一种更加务实和更富于实践性的方式来建构司法裁判理论。合理性诉求,被本书当作司法裁判的根本性问题。合理性的诉求必须置身于对话的论证中实现,但是在具体论证中显然还涉及各种事实和规则的运用,而其中不同案件呈现各种不同的特征和类别。所以我们应避免以往的概念思维,充分运用类型化思维来对案件予以裁判。

在某种意义上,现代法学是在概念思维的基础上展开的。概念思维是大陆法系法律人普遍重视并且较为擅长的方法,因为大陆法系的建构性质决定了概念思维在法学和法律实践中的地位。[1] 首先,在法学研究中,为了充分体现形而上的特质,人们往往有意或者无意地采纳

---

[1] 关于类型化思维的具体论述请参见资琳:《概念思维与类型思维:刑法立法形式的抉择》,载《暨南学报》2017年第1期。

一种和日常话语系统不太一致的学术话语系统，这套话语系统在很大程度上建立在概念的基础之上；其次，在法学研究和教育中，为了实现教义法学的规训意义，法学工作者也往往倾向于适用那套基于立法的、和日常话语不一致的话语系统，同时为了凸显学术在法律建制中的独立地位，还以一些更为理论的概念为基础建构法学体系。

概念思维有如下几个特征：第一，它是一种在彼此之间截然对立的思维；第二，它是一种致力于形而上的思维；第三，它是一种重视形式的思维。[1] 因此概念思维对司法的影响是非常显著的。

在一般情况下，概念思维可以满足司法实践的要求。但是对于疑难案件而言，概念思维有明显的局限性，因为概念思维无法为司法疑难案件提供完整、清晰的小前提，从而无法实现形式上的推理。类型化思维是一种开放的、评价性的、整体性的思维方式。整体来看，类型化思维的特点主要有：

其一，与概念思维的"非此即彼"式的思维方式不同，类型思维是"或多或少"式的。比如，我们在评价一个人的行为到底是盗窃还是抢劫时体现的便是概念性思维。而将一个人的行为，例如存在一定转化条件的行为评价为是更符合盗窃的本质属性还是更符合抢劫的本质属性则是类型化思考。可见，类型化思维评价对象的边界是开放和流动的。正所谓，"经由不同的强调重点的移动即特征的变化，它便转向另一种类型"。[2]

其二，类型化思维是一种整体式思维。具备一定类型特征的构成要素其背后都可以经由一定的意义为中心而联系起来，所以，对于具备

---

〔1〕 参见杜宇：《类型思维的兴起与刑法上之展开路径》，载《中山大学法律评论》2014年第3期。

〔2〕 [德]卡尔·拉伦茨《法学方法论》，陈爱娥译，商务印书馆2005年版，第345页。

类型特征的类型事物的探讨必须从整体出发,并在补充和限制各组成要素后来加以确定。

其三,从本质上来讲,类型化思维是一种评价式思维。所以,类型化思维的具体运用便体现为建构类型的整体图像,因而对将要被归属的对象进行价值判断是确定该要素与将要归属的类型是否具有相同意义的必要手段。

通过对类型思维属性的阐述,我们可以得出这样的结论,概念思维和类型思维的区别不在于是否有分类,而在于分类的标准是否是流动的,是否是以意义和价值评断为中心的。明确了这一点,我们会发现类型思维的作用并不在于对生活事实进行分类,而是在于通过分类标准的流动性、开放性,使生活事实因为社会评价的变迁而纳入不同的类别或者可以将新的生活事实纳入既有类别中,从而使法律规范具有更强的适应性,也使法律的裁判具有更强的可接受性。上文已经论述过,目前司法裁判中采用的主要裁判模式有三种,这三种模式主要功能和适用方法都有所不同,因而我们应该用类型思维,针对不同类别的案件,采取不同类型的裁判模式,才能够在具体情境中实现裁判的合理性。

第三节 我国裁判文书制度的体系性构造

以法律真实作为我国裁判文书制度重构的事实观,以综合性的消解主客二元的视角去看待法律,那么我国裁判文书则不应该过于追求案件判决正确与否,而应着眼于案件判决合理与否,以及判决被人们所接受的程度。但是判决的正确、正当、效率等因素同样也应该是我国裁判文书制度所要考量的价值标准,而且还需要将这些价值融入制度之中,形成一个融贯的制度体系。因而我国裁判文书制度的体系性构造包含价值和逻辑两个层面,是一种二元体系。

一、制度构建中的二元体系

"体系"一词,在英语和德语中都是"system",该词既指有组织的一系列相关元素、规则及思想等,也指使事物有组织的方法。前者意义上的 system 指一个实体,在汉语中表述为"系统",在这个意义上说法律系统就意味着法律是一个实存的组织,而并非仅是人们认识法律的一种方式。同时,后种意义上的 system 又指一种有条理地认识事物的方法,用汉语表述为体系化思维。体系化思维试图将零散的知识加以归纳,抽象出一般的原则、概念,然后使用演绎的方式明确地获得认识对象的相关具体知识。这种意义上的体系,通常被理解为"把既存之各种各样的知识或概念,依据一个统一的原则安在一个经由枝分并且在逻辑上相互关联在一起的理论架构中"[1],作为方法上的体系,不同学派有不同的观点。其中概念法学主张[2],法律体系是由形式逻辑主导的抽象概念体系,这种体系由一个个抽象概念组成一个金字塔,处在最上位的概念外延最大,每个抽象概念都以确定的构成要件表述出来。法官在判断具体案件时,只需要将事实涵摄于抽象概念的构成要件中,就可以得出具体的判决。换言之,法官在判决时只需要作纯粹的逻辑演绎即可,以法律概念所组成的法律规范为大前提,法院认定的事实为小前提,推理的结论就是判决。这种体系是一个封闭的逻辑体系,无论是法官对大前提的寻找,还是对法律事实的认定,都应该价值中立,从而使

---

〔1〕 黄茂荣:《法学方法与现代民法》,中国政法大学出版社 2001 年版,第 427 页。

〔2〕 概念法学对法律体系的主张是将本体论和方法论融入在一起的,但本书所使用的概念法学中的法律体系仅就其方法而言。

判决结果确定,这也是上文提到的法律形式主义的一种。[1] 对法学中这种封闭的逻辑体系首先作出批判性讨论的学者之一是恩吉施,他认为法学不可能像数学或其他可精确计算的科学一样构成严格的"公理式"体系,"公理式"演绎的方法在法学中不可行。但是他并不主张应该放弃体系思想,他认为,只要我们依然研究真正的法秩序及其在思想上的渗透影响,就不能放弃体系思想,他的体系思想是指一种由法律所内含的原则构成的具有意义的体系。利益法学代表人物黑克将法律体系分为内在体系和外在体系,外在体系是由抽象概念组成的体系,这种体系旨在用编纂概念说明立法者确定的利益,内在体系是说明事物内在之关联的体系,是一种认知体系和经验体系。黑克的贡献在于提出了区分于外在体系的内在体系,"使目的因素在体系中的地位获得更进一步的肯定及发展机会"。[2] 但是价值法学派认为,黑克只把利益作为内在体系的关联因素,过于局限,应该挖掘出内在的价值评价关联,从而指出法律概念也具有储藏价值的功能,内在体系是体现价值的诸原则组成的一个体系。但是,对于内在体系的具体构成要素,价值法学派并没有作出很好的解释。拉伦茨在此基础上对法学的内部体系与外部体系作出了明确的界定。

拉伦茨认为,法律规范并不是彼此毫无关系地并存,其间有各种脉络关联。发现个别法律规范之间与法律秩序的主要原则之间的关联,并用体系化的方式表达出来,是法学最重要的任务之一。这个任务可

〔1〕 概念法学是德国的土生土长物,但是,英美的分析法学或形式主义与概念法学在方法上是一致的,所以许多学者将两者等同,如日本民法学者加藤一郎所述:"在英美,虽没有与概念法学直接对应的用语,但有形式论者(formalist),或者称为分析法学(analytical jurisprudence)的思考方法,可以说,19 世纪到 20 世纪初概念法学的思考方法占了支配地位。"具体论述请参见[日]加藤一郎:《民法的解释与利益衡量》,梁慧星译,载《民商法论丛》第 2 卷,法律出版社 1994 年版,第 76 页。

〔2〕 黄茂荣:《法学方法与现代民法》,中国政法大学出版社 2001 年版,第 446 页。

以通过外部体系与内部体系的建构来完成。外部体系是以形式逻辑规则建构的抽象的、一般的概念体系。此种体系的形成基石是不同抽象程度的诸个概念的形成，即从作为法律规范调整客体的生活事实中分离出若干要素，并且将这些要素一般化，形成类别概念。然后将这些要素增减，就可形成抽象程度不同的各种概念，越抽象的概念其要素越少，外延就越大，在外部体系中就越处于上位。因而下位的抽象程度较低的概念就可以被涵括于其上位概念中。选择何种要素定义抽象概念，主要取决于该概念形成之时所欲追求的目的。因此，描述某类客体的法学概念，与其他学科，甚至日常生活中的相应概念所指涉的未必相同。这种概念形成的目的及重大作用在于将大量彼此不同，而且本身极度复杂的生活事件，以明了的方式予以归类，用清晰易辨的要素加以描述，并赋予其中法律意义相同者同样的法律效果。抽象概念所形成的外部体系可以保障由之推演出的所有结论之间不相矛盾。但是，其缺陷在于，抽象概念将生活中的调整客体的诸多个别特征予以舍弃，这些特征不仅具有单纯的生活事实的特征，而且体现了该生活事实所具有的法律意义。在抽象概念提纲挈领的同时，作为法律调整基础的价值标准及法律原则所含的意义也从该概念中被剥离出去，这使法律的适用就成为纯粹的逻辑演绎。但是，在法律适用中，严格逻辑意义的涵摄所占比例，远少于起初所想象的，法律家所称作的“涵摄”者，被证实大多是基于社会经验或评价标准所作的判断，或是揭示人类行为在法律上的标准意涵。因而，在“涵摄”时，就必然涉及该概念所蕴含的价值或功能，这就得在内部体系中来理解这些概念。法的内部体系由原则和规定功能的概念构成，其中原则是内部体系的基石，其承担表达规范基本价值的任务，原则并不是一种规则，必须被具体化才能得以适用，只有在考虑原则的不同程度的具体化形式，并且使这些形式之间有一定的关系，才能构建出“内部体系”。而“规定功能的概念”则将抽象概念与原则勾连起来。

“规定功能的概念”必须可以将其与决定性原则之间的意义关联，以浓缩但可辨识的方式表达出来。抽象概念与规定功能的概念之间的关系为：前者是可供涵摄的技术性概念，后者虽不适宜涵摄，但可以说明抽象概念的实质基础及结构。内部体系的构成要素——原则和规定功能的概念，并没有明确显示于规范中，毋宁说是一种体系化理论的组成要素。而规定功能的概念也并非区别于抽象概念的另一套语词系统，而只是被抽象概念所遮蔽了的价值功能的显现而已。即在体系化的法律规范中的概念在涵摄时充当着技术性的概念角色，当无法直接涵摄时，我们就必须通过此技术性概念了解该概念所负载的价值，此时的概念则成了规定功能的概念。而对规定功能概念的理解又必须回归于原则，原则又是在发展中不断具体化的。因而内部体系是一个开放的、不完全的体系，经由在历史发展中逐渐演变的原则而保持着动态性，而内部体系中的概念所负荷的价值也在逐渐演化。外部体系与内部体系之间并非平行或并列的关系，而是对极并存的关系，即两者相互牵连、补充和支持。如果从法律规范适用的角度观察，则是经由外部体系再到内部体系；而从法律体系的形成视之，则是内部体系先于外部体系而产生，一旦将内部体系中的关联用抽象的概念体系固定化，则在法律适用时又会发生经由外部体系再到内部体系的过程，而概念也在两种体系地来回流转中演变。[1]

二、裁判文书制度的内部体系：价值体系

按照二元体系的理论，我国裁判文书制度的内部体系是各项基本

---

〔1〕 具体论述参见［德］拉伦茨：《法学方法论》，陈爱娥译，商务印书馆2003年版，第316～363页。

原则的排序。不同制度所着重体现的价值有所不同,例如说理制度偏重于实现判决的合理性,分流制度旨在提升办案的效率,公开制度则主要起到约束监督法官裁判的作用,同时也提高了判决的可接受性等。但是不同制度之间可能会产生冲突,比如裁判文书公开制度可能会导致侵犯公民隐私。如果不协调这些冲突,则无法在不同的价值之间进行取舍,制度之间也会失去融贯性,因而整合裁判文书制度所追求的不同价值,以重要性程度不同给出恰当的排序,是裁判文书制度体系化的关键。

(一)合理性原则为基础

上文所述,裁判合理性的追求是事实观和法律观转向的根本要求和根本目标。裁判文书制度的合理性原则有两个层次的含义:一个层次,是指裁判文书制度本身而言要具有合理性;另一个层次,则是指裁判文书制度要以促成裁判文书制作的合理性为根本目标进行设计。从第一个层次而言,意味着各项制度之间要具有融贯性。依据西班牙学者 Leonor Moral Soriano 的研究考证,融贯性在法学领域中主要适用于:第一,法律体系的融贯:旨在强调新发现如何与法律体系的所有内容融合。第二,法律论证的融贯:旨在强调裁判行为前后一致,以追求证据链及理由链的融贯。[1] 裁判文书制度的融贯性意味着在保持制度逻辑体系的基础上,把法律体系与政治制度以及道德理论融合在一起,如此能够带来一些证立或支持法律体系的法律外的理由。[2] 因而融贯性要求裁判文书各项制度之间具有逻辑关联,而且构成了一个概念体系。比如案件分流制度应该是各项裁判文书制度的前提,其他制度应该依

---

〔1〕 See Leonor Moral Soriano, *A Modest Notion of Coherence in Legal reasoning: A Model for the European Court of Justice*, 16 Ratio Juris 297(2003).

〔2〕 参见侯学勇:《什么是有效的法律规范——法学中的融贯论》,载《法律方法》2009 年第 0 期。

据分流的不同类型来予以构建,而不能互不关照。

第二个层次的合理性主要指向裁判文书本身。这是裁判文书制度构建要达到的目标。裁判文书的合理性又分为实质合理性和形式合理性。实质合理性意味着裁判文书的实质内容要具有合理性,这包含三方面。一是案件事实的认定能被证据证明为真;二是法律适用恰当、合理;三是判决结果符合情理。可以说实质合理性指裁判文书的内容要符合情理、法理和事理。形式合理性则指裁判文书的格式规范具有合理性。

(二)可接受性原则为补充

查尔斯·尼桑指出许多程序性、实体性法律设置的初衷就是增加判决最后的可接受性。[1] 国内学者也认为可接受性是裁判中的核心。[2] 合理的判决结果最终展示的法律价值,都只能在具备了可接受性的判决书中体现。[3] 裁判文书最终体现的是法官对于案情的梳理、情节的认定、原被告之间争议焦点的总结、裁判结果的论证以及法条应用的结果,因而当事人能否接受判决结果,最重要的媒介就是判决书的内容。裁判文书可接受性的评判者不仅限于当事人,还包括广泛的社会公众。[4] 随着裁判文书公开制度的实施,裁判文书的受众已经不仅仅局限于当事人及法律专业人士,公众对于裁判文书的认知也在不断地深入,他们对于裁判文书的可接受性的表达途径也很多样化。例如在贾敬龙案件中,对于贾敬龙该不该杀的探讨,知名学者车浩、邱兴隆各抒己见,在网络等各类自媒体中引发了热烈的探讨。因为案件涉及

---

〔1〕 参见张纯辉:《司法判决书可接受性的修辞研究》,法律出版社2012年版,第39页。

〔2〕 参见易延友:《证据法学的理论基础——以裁判事实的可接受性进行研究》,载《法学研究》2004年第1期。

〔3〕 参见张继成:《可能生活的证成与接受——法律论证合理性与司法判决可接受性的规范研究》,载《法学研究》2008年第5期。

〔4〕 参见陈景辉:《裁判可接受性概念之反省》,载《法学研究》2009年第4期。

了拆迁这一敏感话题,因此非法学专业的普通受众也很关注案件的判决结果。这样类似的案件,由于关注面广泛,法官需要慎重考虑裁判文书能否被公众接受。如果判决的结果与公众日常形成的正义观相距甚远的话,会让公众不接受、不信服法律。

一般而言,如果裁判文书做到了合理性,公众会在更大程度上愿意接受该裁判结果。但是,公众并非理性的个体存在,公众是否接受裁判文书的原因千差万别。因而可接受性原则只能作为补充,其补充地位体现为两个方面:一方面,通过公众对判决的接受程度来反复考量裁判结果是否真的合理。这样,裁判文书的制作经过反复验证,其合理性更能融通法理和情理。另一方面,可接受性原则要求的是在保证裁判文书合理的基础上,通过其他手段来增加裁判文书的可接受性。比如,可以通过对话论证、修辞论证等说理方式,满足大众的情感需求,从而增加可接受性。可接受性原则核心目的是保障判决书的论述可以被普遍大众的情感接受,实现法理与情理的融合。在构建裁判文书制度体系时,我们也应当充分考虑可接受性原则,督促法官在撰写判决书过程中,充分论证判决原因,展示判决过程,避免单纯强调判决合法的做法所产生的消极影响。

(三)效率性原则为附属

效率性原则是为了保障判决书能够及时地维护当事人权益,并最终实现定分止争功能所应当坚守的原则。波斯纳通过法经济学的角度分析司法活动需要坚持效率原则,他认为所有的司法活动都是通过合理地运用法律资源以促进社会财富有效率的增长。[1] 裁判文书是司法活动中重要的组成部分,其制作自然应当遵循效率原则。效率原则要

---

〔1〕 参见[美]理查德·A.波斯纳:《法理学问题》,苏力译,中国政法大学出版社2002年版,第30~53页。

求法官在最少资源的利用上,保证裁判文书制作的格式规范,并且说理充分、裁判结果合理,满足当事人定分止争的要求。在构建裁判文书制度体系的过程中,为实现效率性原则,要充分利用案件分流制度和裁判文书范本制度。

对于裁判文书繁简分流问题的研究,大多数学者都着重于阐述在简单案件中如何简化裁判文书的制作,却忽视了应当对于疑难案件裁判文书的制作提出进一步的篇幅及书写内容要求,以保障疑难案件叙述充分。[1] 在疑难案件的裁判文书说理中,因为案件本身的事实认定及法律适用问题很难叙述清楚,法官在写作过程中可能会选择对于这些难题运用"事实清楚,证据充分,适用某某条法律"的类似言辞一笔带过。这样套用格式,无法使当事人乃至公众接受最终裁判结果。因此,针对疑难案件的裁判文书范本以及说理等各方面,需要区别设置,如此才能保证更有效率地制作裁判文书。裁判文书的范本制度主要目的就是明确判决书写作的基本结构[2],这样不仅可以提高裁判文书制作的效率,而且能够提高裁判文书评价的效率。基本范本确定了裁判文书写作应遵守并具备的基本顺序和内容以及裁判文书所包含的基本要素。这样既保证裁判文书基本的结构规范,又让法官在书写裁判文书时有章可循,实现了司法高效的要求。但是我们要注意的是效率性原则只是处于附属地位,无论是分流制度还是范本制度,其最终目的是通过简化环节来促使法官集中精力保证疑难、复杂案件的合理判决。因而裁判文书的制作不能为了追求效率而牺牲了合理性和可接受性。

---

〔1〕 参见王新清:《刑事裁判文书繁简分流问题研究》,载《法学家》2017 年第 5 期。

〔2〕 关于形式结构的论述请参见沈志先:《裁判文书制作》,法律出版社 2010 年版,第 36 ~ 60 页。

综上所述，裁判文书制度的价值是多样的，但是各项价值之间具有序列。当不同的价值发生冲突时，保证裁判文书制度以及裁判文书的合理性是最为根本的原则。裁判文书的可接受性作为补充性原则，一方面可以验证裁判文书是否真正具有合理性，另一方面也可以促使法官采取恰当的方法在保证合理性的基础上增加裁判文书的可接受性。效率性原则只是处于附属地位，提倡效率的最终目的还是通过简化环节，促使法官集中精力保证裁判文书的制作体现合理性和可接受性。

三、裁判文书制度外部体系的逻辑关联

制度内部的原则体系要体现于外部，还需要各项制度之间构建一个逻辑体系、概念体系。我国裁判文书制度目前总体分为分流制度、范本制度、说理制度、公开制度和评价制度五类制度。要实现上述裁判文书制度的价值体系，我们首先要对待判案件进行分类，不同类型的案件适用不同的裁判模式、不同的裁判流程、不同的说理要求和不同的文书范本。这样做一方面能够提高审判的效率，节约简单案件的处理时间；另一方面可以对复杂疑难案件裁判文书的制作提出更高和更为细致的要求，从而提高疑难案件判决的合理性和可接受性。通过裁判文书的公开，公众参与监督裁判文书的制作，可以为法官精心制作裁判文书提供约束机制，同时也有助于增加裁判文书的可接受性。对裁判文书进行评价，评选优秀的裁判文书，可以从主观上激励法官创造更多更好的优秀文书。五项制度之间的关联如图 3 所示。

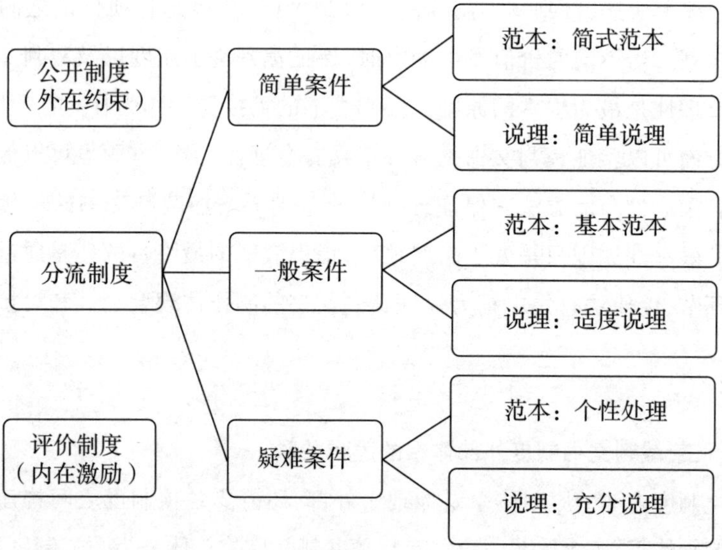

图 3　裁判文书各项制度之间的关联

第四节　小　结

有关案件事实的事实观,存在两种观点:一是客观真实论,二是法律真实论。在客观真实论看来,案件事实是客观存在为真的;而在法律真实论看来,案件事实是被证据证明为真的,因而是裁判人员建构出来的。我国裁判文书制度的重构宜将法律真实观作为基础,在裁判文书制作过程中,对于案件事实的陈述应该采取论证说理的模式,不能用事实描述的模式进行。在裁判案件时,不应该过于追求案件判决正确与否,而应着眼于案件判决合理与否。在法律观的选择上,我们应该消解主客体二元对立,将主体融入客体当中去阐释法律、论证法律,在裁判文书制度的设计上,充分考虑受众的可接受性和裁判结果的合理性。

裁判文书制度的价值是多样的,不同的价值发生冲突时,裁判文书制度和裁判文书的合理性原则居于首位,裁判文书的可接受原则作为补充,效率原则只能处于附属地位。就制度的逻辑体系而言,裁判文书的总体制度设计应该以案件分流制度为逻辑前提。在案件分流的前提下,重新构造范本制度和说理制度。通过公开制度监督约束法官制作裁判文书的行为,通过评价制度激励法官创造更多更好的优秀文书。

第三章　裁判文书的案件分流制度

前文已经阐述过，我国裁判文书制度体系化构架的前提就是将案件分成不同类型予以处理。就制度建设上而言，对不同案件的分类集中体现在案件分流制度中。所谓待判案件分流是指根据不同案件的具体情况以及不同的审判程序，制作符合具体案件所要求的内容以及格式的裁判文书，这样做的目的在于打破裁判文书的同质化。[1] 在我国法治建设过程中，案件分流不仅是裁判文书制度体系化构建的逻辑起点，同时也是应对诉讼案件日益增长情势的必不可少的制度设置。

自立案登记制全面铺开，逐步推行法官员额制以来，案件数量与办案人员比例已经严重失调，特别是基层法院，很多法官一年要判400件以上的案子，工作任务艰巨。然而单一的通过扩充法官人数来解决这一问题，在现今的体制之下，恐难成为现实。当我们面对如此之大的案件数量时，要求每个案件都遵循同样的文书体例、说理模式，显然不符合客观规律。从司法资源的角度来看，这样一方面造成司法资源浪费，同时也使司法资源的配置出现不科学和不合理的现象。所以待判案件的分流制度成为当前节约司法资源以及合理配置司法资源的重要改革

---

〔1〕 参见王新清：《刑事裁判文书繁简分流问题研究》，载《法学家》2017年第5期。

方向。本章先全面考察了案件分流的功能,进一步确立了我国建立案件分流制度的必要性。在此基础上,对我国现有的案件分流的标准予以分析,提出了新的案件分流的标准,并以此标准对我国待判案件及其相应的裁判文书进行类型化的处理。

第一节　案件分流的功效

案件分流制度是提倡和实行"简约的法律",回应社会日益复杂化的必然趋势。案件分流制度已然成为我国法律发展、法治进步的一个方向标。在西方司法裁判制度的讨论中,案件分流制度一直是备受关注的重大问题。许多国家在立法规定上,早已经明文要求裁判文书的繁简分流,否则会判定该裁判文书无效或可以上诉。如《法国民事诉讼法典》第455条[1]和《西班牙王国宪法》第120条。[2]而且,大多数国家和地区在诉讼法和宪法中都对加强说理和简化说理的情形做了规定,如《日本刑事诉讼法》第44条。[3]我国对案件分流的研究文献也非常丰富,无论是在理论研究还是在司法实践中,案件分流的功能都是不可回避的问题。案件分流可以通过司法再造来简约法律程序以构造新的裁判方法。现代法律文化基础下的错综复杂的法律规则,在要求公

---

[1] 《法国民事诉讼法》第455条规定:"判决应当简要表述各方当事人的诉讼请求以及他们提出的理由;判决应以条文形式写明所作的判决决定,并应当说明理由,否则判决无效。"

[2] 《西班牙王国宪法》第120条规定:"司法程序公开,程序法有特别规定的除外。诉讼,特别是刑事案件,以口头形式为主。判决必须包含判决理由,并公开宣判。"

[3] 《日本刑事诉讼法》第44条规定:"裁判,应当附具理由。不得上诉的裁定或者命令,不需要附具理由。但依照第428条第2款的规定可以提出异议的裁定,不在此限。"

众的广泛认同与支持的同时[1],若没有行之有效的分流制度,也必定会造成法律效果“如出一辙”下的司法资源的紧张与公众信任的消解。从总体上看,案件分流制有如下作用:(1)优化审判资源的配置;(2)畅通“简案高效”的“快车道”;(3)提高“繁案高质”的“生产力”。[2] 具体而言,在裁判文书制作过程中,案件分流制度在裁判内容、裁判焦点、裁判程序、文书范本四个方面所起的具体作用虽有所不同,但是最终目标都指向了诉讼效率与诉讼正义的结合。

一、助力裁判内容撰写的主次区分

我国裁判文书中的裁判内容包括案由、诉讼请求、争议的事实和理由;判决认定的事实和理由、适用的法律和理由;判决结果和诉讼费用的负担;上诉期间和上诉的法院。可以看出,裁判文书中的裁判内容涵括了裁判的整个过程,如果不区分案件的性质,统一撰写的话,则无法区分裁判内容的主次。我国裁判文书对裁判内容的撰写,目前来看最突出的问题在于简化程度明显不足,在某些案件中适用简易程序与普通程序没有显示出不同审理程序的差别。[3] 正因如此,在我国,裁判文书的撰写表现出很强的同质化,而与法律规定的多种审判程序不能相对应,在说理的必要性上存在很大的问题,即该多说理的不多说,该少说理的不少说。当然案件的繁简分流并不是以繁简程度为唯一标准,新出现的、指导性强、社会关注度高、社会影响大的案件,为了达到裁判文书所需达到的目的,同样需要加强说理;适用普通程序审理的、诉讼

---

〔1〕 参见[美]理查德·A.爱波斯坦:《简约法律的力量》,刘星译,中国政法大学出版社 2003 年版,第 4 页。

〔2〕 参见徐向华、石俏伟、张宇、林彦、陈昌恒:《“功能—组织—机制—技术”视角下的法院改革及其成效研究——以贵州省地方法院改革为例》,载《法学》2017 年第 10 期。

〔3〕 参见李少平主编:《最高人民法院关于进一步推进案件繁简分流优化司法资源配置的若干意见》,人民法院出版社 2016 年版,第 416 页。

各方争议不大或者案情较为简单的案件则可以简化说理，从而做到繁中有简、简中有繁、繁简得当。

裁判文书的制作是司法活动的重要组成部分，其不仅处理社会纷争，确定利益分配，而且真实地反映了法律适用的动态过程，记录了裁判者获取裁判正当性的理由，是一国法治理念和法治状况最准确的动态反映。裁判文书的内容要求具有格式的规范性、文字语言的准确性、判案理由的说理性、案件事实的完整性和证据认定的逻辑性，这些特性赋予裁判文书一种极高的公信力和执行力，尤其是已经生效的裁判文书，它向当事人和公众传递"裁判即为纠纷的最终解决方案，双方均必须执行"的信息。所以对于裁判内容中案由、诉讼请求、争议的事实和理由进行类型化过滤，然后对于裁判文书的体例、说理模式进行分门别类的处理，可以促使法官对待判案件的内容进行评估、筛选，从而根据不同情形详略得当地予以撰写。

二、促使裁判焦点提炼的明确化

裁判焦点是在审判中当事人的诉讼请求和争议焦点。诉讼双方对于诉讼请求、案件争议达成一致的，法官应该予以尊重，不再需要提炼裁判焦点，这是案件双方行使处分权的一种表现。[1] 法官说理责任的大小直接取决于案件是否有争议，有多大争议。争议的焦点是庭审中的重点内容，也是裁判文书制作的主要脉络。当我们把案件依据有争议的程度予以划分不同的类型时，法官对争议焦点提炼的要求就更为清晰，也更容易付诸实施。根据 2016 年最高人民法院颁布的《人民法院民事裁判文书制作规范》和《民事诉讼文书样式》的精神，在诉讼中，对于各方有争议的事项，应多说理；对于各方都认同的事项，可以简化

---

〔1〕 参见王刚：《民事裁判文书繁简分流的标准与形式》，载《法律适用》2006 年第 4 期。

说理。对一些事实清楚、争议不大的案件，可以省略争议焦点。[1] 如此要求，法官可以节约审案时间，提高效率，有更多的时间和精力对争议较大的案件予以处理，从而促进了法官对争议焦点进行充分细致的提炼，为判决文书的合理撰写提供了基础。

三、推动审判程序的繁简分流

案件分流是通过对案件的分类，使审理案件的程序进行繁简分流，从而提高诉讼效率。比如，刑事案件中对简单刑事案件采取的审判程序有刑事简易程序、普通程序简化审、刑事速裁程序，这三者在适用范围和适用前提下有一定的重合，但在具体适用上又有较大的差异，但是总体而言，把简单案件区分出来予以快速审理，有助于提高效率。民事案件审判则是在审前程序中，对案件分流来使用简易程序、小额诉讼程序。因而案件分流是审判程序进行繁简分流的前提。

无论何种形式的审判程序繁简分流，都要符合法治应有的规律，符合程序正义。比如在普通程序审理中，不同层级法院在职能定位上存在差异。强调裁判文书制作要从完善审级制度出发。一审判决书应当以事实和法律依据为最主要的出发点，切实做到以事实为依据，以法律为准绳；二审判决书应着力解决争议，加强说理，实现二审终审；再审判决书的重点在于依据法律规定对错误进行纠正，努力维护法律的权威。应该说，基层和中级人民法院注重解决纠纷，高级和最高人民法院偏重确立规则。当然，解决纠纷和确立规则，也不并不是水火不容，基层法院的法官在解决纠纷的过程中也会促进规则的确立，上级法院的法官

---

〔1〕 参见罗书臻：《最高法院发布民事诉讼新文书诉讼文书样式及制作规范》，载《人民法院报》2016年7月6日。

在确立规则的同时也会解决纠纷。[1] 随着法院层级的提高,裁判文书所需要的说理也会逐级提高,呈现“倒金字塔”形状。[2] 域外情况也与此类似。[3] 有学者对最高人民法院的公报案例进行梳理和分析,认为裁判结果与文书说理之间的关系可以归纳为:一审多于二审,发回重审和改判多于维持原判,再审多于其他案件。[4]

综上所述,繁简分流尽管是针对基层法院的审理程序。但是如果案件分流的标准不恰当,可能引发对复杂案件简单处理,从而引发上诉或者最初用简易程序处理的案件可能转入普通程序。这不仅是对资源的极大浪费,而且还有损程序正义。因而依据合理的标准进行案件分流才能促使审判程序合理化的繁简分流。

四、引导文书范本的多样化发展

裁判文书的制作应当抓住案件核心,高质量的裁判文书应当有长度与深度,但裁判文书的长度与深度并不是裁判文书质量评价的唯一标准,同时一些适用简易程序的案件或者调解程序的案件也不要求长度,反而以保证论述清楚的前提下的文本简洁性为要求。因此,法律案

---

〔1〕 参见阎风翔、马剑勇:《解决纠纷还是规则之治——对基层法官司法知识与技术的审视》,载万鄂湘主编:《司法能力建设与司法体制改革问题研究——裁判方法与法律适用》(下),人民法院出版社 2006 年版。

〔2〕 参见罗灿:《推进裁判文书说理改革要避免的五个误区》,载《人民法院报》2015 年 2 月 6 日。

〔3〕 例如,日本《民事判决起草指南》指出:“一审裁判所的判决书针对法律问题的判断在记载上应简洁地表明法官采取的法律观点即可,不宜长篇大论地对有关的学说和判例都一一加以引用来展开过分详细的法律解释。”日本司法研修所:《民事判决起草指南》,第 87 页。转引自王亚新:《对抗与判定一日本民事诉讼的基本结构》(第 2 版),清华大学出版社 2010 年版,第 227 页。

〔4〕 参见姚强、王丽平:《裁判文书说理之客观变量分析来自 521 件〈最高人民法院公报〉民商事案例的实证解读》,载天津市第二中级人民法院网 2015 年 5 月 15 日,http:/www. tj2zy. com/news/201505/201505151055206. html。

件的繁多复杂,难易不同,裁判文书必须进行繁简分流。这是裁判文书分流机制的现实基础,同时也是裁判文书范本多样化发展的实践前瞻。裁判文书的繁简分流有利于法院在制作裁判文书的过程中,根据案件审理的情况,选择不同的裁判文书范本,繁简得当,不仅充分把握裁判文书对于审判焦点的反馈,也有利于节约司法资源,实现法官减负。只有裁判文书的多样化发展才能够彻底落实案件分流制度的设置初衷。裁判文书在针对案件类型进行繁简分流后,只有针对不同类型设置不同种类的范本才能够为法院裁判文书制作工作提供标准化、规范化参照,以期在建设司法文明的同时,更加有效地保障司法公正。

为了更好兼顾裁判文书的司法效果与法律效果,在裁判文书繁简分流势在必行的司法改革势头夹裹下,文书范本发展的多样性也是呼之欲出。2016 年 9 月 12 日,《最高人民法院关于进一步推进案件繁简分流优化司法资源配置的若干意见》对裁判文书的繁简分流提出了具体要求,即根据审级、案件类型等对裁判文书的体例结构及说理进行繁简分流。裁判文书的繁简分流主要有两个路径:(1)体例结构;(2)说理。裁判文书体例结构的繁简分流自然就指向了文书范本制度的多样化发展。案件分流制度将案件划分为不同类型,可以为裁判文书范本的多样化发展提供指引和参照。

第二节　案件分流标准的确定

党的十八大以来,习近平总书记曾多次提出,要努力让人民群众在每一个司法案件中感受到公平正义。因此,所有司法机关都要紧紧围绕这个目标来改进工作,而改进工作的重点则在于如何解决制约司法能力和影响司法公正等深层次问题。尽管在案多人少的司法实践现状背景下,进行裁判文书繁简分流在客观上有利于缓解这一司法现状的难处,有利于提高司法效益。但是“效益”却不应当成为裁判文书繁简分流的理论基础和最终追求的目标。与之相反,在笔者看来,比例原则才真正是裁判文书繁简分流的理论基础所在。

禁止过度是比例原则的精髓所在,而这一点早已从行政法领域蔓延至刑法实体法和刑事诉讼领域。具体到司法程序之中,比例原则要求我们应当根据待解决争议的重要性、复杂性以及价值衡量等因素来选择与之相适应的解决程序。而进一步具体到裁判文书的制作时,与简单案件可以选择适用简易程序解决、复杂案件则只能适用普通程序相似,简单案件裁判文书的说理应简单化,案情复杂案件的说理则需要进一步强化。具体到裁判文书内容的布局而言,裁判文书在说理繁简程度的选择和体例结构安排等方面都应当结合案件事实的繁简程度来做相应地调整。而单纯罗列并无实质内涵的“本院经审理查明”等内容,不仅造成了裁判文书说理结构方面的烦冗,而且还导致说理繁复,这都与比例原则的要求相悖。

事实上,程序方面的繁简分流工作法院已经在进行改革,如民商事诉讼程序中的小额标的诉讼程序和简易程序以及刑事诉讼中的简易程序也早有设立,特别是近年来刑事速裁程序和认罪认罚从宽程序的推广,使诉讼程序的繁简分流改革进一步推进。诉讼程序方面的繁简分流也体现出比例原则的要求和方向,这同时也说明了比例原则在诉讼程序中的确立。区分复杂案件和简单案件是比例原则得以展开的基础,而比例原则的运用也有助于更好地配置司法资源。所以说比例原则应是案件分流的重要标准,无论采取何种方式进行案件分流,都不应违反比例原则这个基本标准。

一、传统待判案件分流标准的局限性

在司法实践中,案件的难易程度比例和处理案件所需消耗的司法资源比例之间,也体现着经济学领域的"二八定律"。在实践中,大部分案件的事实认定和法律适用问题都已经在一审程序中解决。[1] 据统计,2017 年二审刑事案件共有 146,929 件,其中维持原判的有 90,071 件,撤诉的案件达到 28,806 件,另有 200 件案件最终通过调解解决。总体来看,维持原判和撤诉案件达到二审所收案件总数的 80.9%。民商事领域和行政领域中的二审案件也基本呈现类似特征。具体而言,民商案件中二审撤诉、维持原判以及调解的案件占到收案总数的 70.4%,而行政案件中这一比例也达到 57.5%。[2] 尽管在前述统计中的数据有一小部分是前一年未结案的案件,但是这小部分误差并不影响我们对整体规律的总结。

而根据前述数据我们可以看出,20% 的案件属于疑难复杂案件,而剩下的近 80% 的案件则为一般的简单案件。在审理这些案件过程中司法资源的配置则恰恰相反,虽只占 20% 比例的复杂案件却需要 80% 的司法资源,而占到总数 80% 的简单案件仅需 20% 的司法资源。如果不进行裁判文书繁简分流的话,繁复案件和简单案件在文书制作时的繁简程度一样的话,那么简单案件将会消耗更多的司法资源。通过上述分析可以得知,传统裁决案件分流标准是较为僵化的,在占据多数的简单案件中,法院采取的分流制度以审判程序、标的额以及案由作为主要分流标准。

---

〔1〕 参见罗灿:《司法改革背景下裁判文书说理繁简分流研究》,法律出版社 2018 年版,第 32 页。

〔2〕 参见《中华人民共和国最高人民法院公报》2017 年第 4 期。

(一)以审判程序进行区分及其局限性

在司法机关推进诉讼程序繁简分流之后,案件适用程序的繁简程度也便成为当前案件裁判文书繁简分流的标准。如有学者指出,就刑事案件而言审判程序类型是决定刑事裁判文书繁简分流的直接标准。[1] 实践中,民事案件和行政案件也基本都遵循这一划分标准。特别是当前我国的民事、刑事以及行政诉讼程序法都规定了简易程序,而在诉讼文书分流实践中,案件适用简易程序的条件同样适用于裁判文书的制作。

就《人民法院第四个五年改革纲要(2014－2018)》(以下简称《四五改革纲要》)和《最高人民法院关于进一步推进案件繁简分流优化司法资源配置的若干意见》而言,这两个文件都规定案件的审级和所适用的程序都是裁判文书繁简程度的重要选择标准。具体而言,《四五改革纲要》指出,从案件的审级来看,简化裁判文书仅适用于一审案件,而二审、再审以及提交审委会的案件都不得在裁判文书方面进行简化。尽管就简易案件能否简化裁判文书制作,文件并未明确规定,但是从其适用条件来看,简易程序适用条件和裁判文书简化条件具有同一性。也就是说,简易文书适用范围指的是采取简易程序的一审民商事案件和轻微刑事案件。

但是需要指出的是,就裁判文书的简化分流改革而言,《四五改革纲要》并未明确提及行政案件的裁判文书能否简化的问题。与之相比,《最高人民法院关于进一步推进案件繁简分流优化司法资源配置的若干意见》对这一问题的规定更为明确和具体。该意见明确指出,适用简易程序的行政案件也同样在文书制作时可以进行简化说理。从这一规

---

〔1〕 参见刘卉:《中国社会科学院大学教授王新清:推进刑事裁判文书繁简分流》,载《检察日报》2017年11月14日。

定也可以看出,裁判文书的简化与诉讼程序的简化间存在一致之处。因而,具体到法院的司法实践中,有地方法院在进行裁判文书繁简分流时所依据的标准就是案件所适用的程序。至于适用普通程序审理的案件,《最高人民法院关于进一步推进案件繁简分流优化司法资源配置的若干意见》和《四五改革纲要》的规定一致,只要诉讼当事人争议不大,都可以简化释法说理。

刑事审判程序是多元化的。改革开放以来,随着我国法治建设水平的不断提高,我国刑事诉讼法规定的刑事审判程序的种类越来越多,也呈现出了多元化的特点。我国 2012 年修订的《刑事诉讼法》规定的刑事审判程序,就有一审程序、二审程序、死刑复核程序、审判监督程序、特别程序。在刑事一审程序中,又有公诉案件的审判程序和自诉案件的审判程序、简易程序和普通程序之分。在普通程序中,又有当事人达成和解的一审程序与当事人没有达成和解的一审程序之分。随着司法改革的不断深入,还会有新的刑事审判程序不断涌现。例如,从 2014 年 6 月到 2016 年 6 月,在京津沪等 18 个城市开展为期两年的刑事速裁程序便是近期新涌现出来的刑事诉讼程序。随后,2016 年 9 月,全国人大常委会授权两高在全国 18 个城市开展"认罪认罚从宽制度"。这些新的刑事审判制度的提出,既是刑事诉讼程序的进一步创新,同时也是宽严相济刑事政策的制度化推进。当然,随着刑事司法实践的推进,未来新的刑事审判程序还会涌现出来。可见,刑事审判程序处于不断变动和发展之中。

此外,刑事诉讼程序的设立自身也是结合不同案件事实的特征而设立,其本身也带有鲜明的特征。而与之不同的是,刑事裁判文书是对应刑事审判程序的法律文书,其反映的是相应审判程序的特点。以刑事简易程序为例,简易程序的设立是基层一审法院在保证司法公正的基础上来提高刑事诉讼效率。因而,如果适用简易程序的案件的裁判文书的制作和适用普通程序的案件的裁判文书的制作采用同一标准的话，法官在文书制作环节花费的时间将会超过比例原则的要求，也会影响简易原则实际效果的发挥。以二审程序为例，在一审环节法官已就案件基本事实和证据做了全面梳理，再加之二审上诉或抗诉一般是就某一个别问题而提出。在这种情况下，如果还要求二审法官在文书制作时对整个案件事实和证据进行全面梳理和分析的话，既与审判活动的被动性相违背，同时也与比例原则相抵触，此外还不利于二审案件的诉讼效率。

按照案件的不同特点应当建立相异的诉讼程序与制度，且调配相对应的司法资源。在审判的过程中，应当树立正义公平的理念处理具象的纷争。若是纷争嫌疑人、被告人不承认犯罪的事实，控辩两方对案件存在不小的歧见，此时应当在事实、证据、案件的性质和应该处以多长刑罚的问题上严格谨慎地认定与对待，制定出合理精细的程序与制度。如果被告人或犯罪嫌疑人承认犯罪事实，且控辩两方对于事实的认定、证据的采纳、法条的运用争端不大，便仅需要简易的程序即可处理，在司法资源上也耗费较少。以确保正义公平的司法为前提，结合案件的相异情形，为了节省诉讼的成本，我们国家在 1996 年修正《刑事诉讼法》时，便将诉讼程序分为简易程序与普通程序，并在 2012 年的再次修正中进一步对简易程序进行完善，并新增和解程序。在 2014 年推动速裁程序的先行试点。当下又在努力试点认罪认罚从宽制度。这些举措的共同目的主要是针对在被告人或者犯罪嫌疑人认罪的前提下，控辩两方争议不大，判决文书便无须在事实、证据、判决论据、法律运用等问题上下太大的功夫。被告人只要主动自愿的承认犯罪，就无须进一步细述判决的缘由，对事实和证据的认定也不必着墨过多，能够径直对案件进行判决。可是，综观当下我国的简易程序判决文书，在控辩两造对案件争端较小甚或是无任何争议，对证据、事实、裁判理据等方面的说明与认定也没有进行很大的缩减,法官依旧要耗费过多的精力与时间像书写普通审判程序一样进行操作。这不仅严重耗费司法资源,而且法官没有时间对双方争议较大的案件进行细致的论证与说理,造成“赔了夫人又折兵”的局面。

(二)以标的额进行区分及其局限性

诉讼案件争议标的金额的大小,往往也与诉讼成本的投入大小相适应,也是简易程序、小额诉讼程序适用的重要标准。小额诉讼程序正是根据案件争议标的金额的大小而专门设立的。裁判文书的制作也应当考虑到案件诉讼成本的投入与产出之比,诉讼成本投入少的案件在裁判文书上也尽可能简洁,从而体现诉讼效益。案件社会影响的大小体现了社会公众或当事人对案件的关注程度,社会影响较大的案件在程序设计上较普通案件更加慎重,在裁判文书制作上也应当论述更加翔实和严密。虽然通过诉讼标的额进行案件分流的立法初衷是提高审判效率,满足民众及时便宜解决纠纷的需求,但是在司法实践中往往不尽如人意,比如我们最为直接的小额诉讼程序,它在实践中有以下几个问题:

1. 体现在小额诉讼程序的适用率不太高。其中的原因不仅在于控辩两造,法院也负有不可推卸的责任。控辩两造的顾虑是如果小额诉讼在一审终审之后没有胜诉,救济的途径比较少。而法官则会考虑若是当事人没有胜诉又去申请再次审理,甚至采取去有关部门信访的方式,会不利于年终绩效的考核。小额诉讼必须做到各方一致认同,如果当事人在小额诉讼过程中又对案件事实的认定是否清晰、证据是否充足提出质疑,便不能再适用该程序,反而浪费了司法资源。法官正是害怕形成这样的局面,便尽可能不适用小额诉讼程序。

2. 小额诉讼在功能的定位上不够精准正确。应当认为小额诉讼程序主要用于救济处于弱势的主体,让他们更快更方便地取得司法救济。

尽管最高人民法院颁布的司法解释明确了小额诉讼程序的适用范围。但是如果起诉的一方是有一定实力的公司,对这些公司的起诉不能毫无限制地运用小额诉讼程序,要不然法院就成了它们收取债务的平台,反而侵害了一些弱势群体的权利和利益,使小额诉讼程序无法可持续发展。

3. 小额诉讼程序的具体程序不太明确。民事诉讼程序应当尽可能地简便。我们国家的民事诉讼程序相较于其他国家还是太过于复杂和琐碎。由于在司法解释中存在兜底性条款造成不同法院在处置小额诉讼的案件中程序差别较大。我们国家的小额诉讼案件通常在立案之后,依照相异的案件类型分别发往不同的庭进行审理。如果在司法解释中清晰小额诉讼程序的运用范围,会造成某一部门的案件数量突然猛增,这要求再制定新的方针进行协调。

4. 小额诉讼程序的救济途径有限。小额诉讼程序因为要求效率且尽可能的简易,使其相对于普通程序与简易程序来说拥有更少的救济途径。严格来说,小额诉讼程序仅有的官方救济途径是再审,可是再审程序的启动概率比较低,无法成为行之有效的救济途径。这可能造成小额诉讼制度的运用尽管有强制性,但当事人一方可能在起诉时假报诉讼数额、刻意增加诉讼事项来确保己方利益从而回避程序。而且,当事人还有可能在这个过程中做违法乱纪的行为,有损社会的稳定和谐。

（三）以案由进行区分及其局限性

广东省高级人民法院在2002年颁布的《广东省人民法院关于简化民事裁判文书的规定(试行)》(以下简称《广东省规定》)中指出应以案件的争议点作为精简民事裁判文书的尺度。《最高人民法院关于进一步推进案件繁简分流优化司法资源配置的若干意见》亦表示赞同。《广东省规定》把争议点划分为两种,一种涉及对事实的争端,另一种是对于诉讼请求的不同看法。若是当事人对案件事实或者诉讼请求的所有或大部分予以认可，对于民事裁判文书均可以进行合理的精简。《广东省规定》与众不同的地方是，不以案件运行的程序为尺度，仅以案件存在的争论点为尺度，这是唯一的认定标尺，审理程序与审理级别对其无法限制。只要案件的当事人对案件的争论之处没有异议或者争端较少，法官均能够对裁判文书予以精简，无论是在二审还是一审中。而在最高人民法院所颁布的文件中能够发现，以案件的争论点作为尺度精简裁判文书的，也广泛运用在刑事与行政案件中，不限于民事类型，当然需要根据案件的具体情况进行判断。因案件争议点或者案由来进行分流的方法虽然较前两种标准更符合案件本身的性质，但是由于争议点形态各异，案由也是较为模糊的标准，因而在实践中具体划分标准不够明确。

二、分流标准决定因素的全面考量

本书提倡待判案件分流主要是立足于裁判文书制作和说理过程中的繁简分流，裁判文书应当重视说理论证，不能仅重视裁判文书所具有的工具价值与实体价值，却不重视裁判文书的程序价值与目的价值。[1] 裁判文书说理益于加强最终结果的正当性，然而如果对于所有案件的说理都要求细致的论证，会忽视了案件的审理效率，渐渐地大量的案件累积，势必也会影响司法运行成本和公正。所以，裁判案件分流可以说是裁判文书说理繁简分流的前提。因而对于案件分流的标准我们也要参考说理的要素。有学者指出“狭义的裁判文书说理仅指法律说理，广义的裁判文书说理包括事实认定说理与法律适用说理”。[2] 除事实认

---

〔1〕 参见赵朝琴：《裁判文书多元价值探析》，载万鄂湘主编：《司法能力建设与司法体制改革问题研究——裁判方法与法律适用》（下），人民法院出版社2006年版。

〔2〕 赵朝琴：《司法裁判的现实表达》，法律出版社2010年版，第130~134页。

定和法律适用两种决定裁判案件分流的因素之外,笔者认为在当下中国,社会评价因素也是影响裁判案件分流的重要因素,目前法治水平下,部分地区存在"信访不信法""舆论绑架司法"等情况仍然客观存在。这些情况究其原因,往往是受困于历史之维、发展之维,我们无法在短期内修正,所以社会关注程度高、影响大的案子一定也会是裁判案件分流的决定性因素。

(一)事实认定

过去,法律工作者都认为案件事实的认定是一个客观的技术判断过程;但今天,大多数学者都强烈意识到,对于案件事实不仅要进行科学的技术性判断,还需要进行规范的价值评价。[1] 基于这一共识,笔者认为,由于价值评价的差异,我们对事实的认定不可避免发生分歧,因此,在事实层面上的分类,也是我们对案件进行分流的重要考量因素。在我国司法实践中,可以根据事实是否有争议,确立是否适用简易程序。但是仅仅依据事实是否有争议来判断是不够的。对事实的争议可能随着庭审过程而予以变迁,同时争议究竟只是当事人的陈述还是证据证明的争议也是不同的。在庭审开始之前,双方当事人对案件事实没有任何争议,证据也非常充分的案件,可以直接作为简单案件予以处理。客观事实转化为法律事实主要是依据证据来完成的。有的案件在庭审开始之前,双方各执一词,但是在庭审过程中,通过举证质证各环节,庭审各方就案件的证据达到充分确凿程度没有争议,还对案件事实形成一致的意见。然而有些案件经过举证质证环节后,庭审各方对案件事实以及案件证据等仍存在争议,至少有两种以上的意见分歧,并且这些不同的意见从某种角度而言都有其正当性和合理性,经过庭审后仍无法充分证实,也不能充分证伪,各方无法达成共识性认识。现实司

---

〔1〕 参见张继成:《从案件事实之"是"到当事人之"应当"》,载《法学研究》2003 年第 1 期。

法实践中大量存在第二种类型的案件,例如彭宇案、佘祥林案、雷洋案等案件,司法机关认定的事实和媒体所披露的事实存在很大分歧。对于这类案件,要辩证、客观地评价。在认定案件事实的过程中,要重视介入的诸多因素所导致的案件事实不清晰,正视由此而造成的难以还原的案件过程和事实。此外,有的案件无法确知其客观事实是由于当事人的原因造成的,比如当事人一方提供的案件证据不充分,或者双方当事人提供的证据相冲突并且无法获知真伪。

如果我们不对两种有争议的事实进行区分处理,很容易导致事实认定过于轻率,从而引发巨大的质疑,同时也会使裁判文书中对事实认定部分的说理流于形式。裁判文书制度改革的发展趋势是强调证据认定方面说理和事实认定方面说理,这是近年来裁判文书制作规范化和说理强化所带来的变化。分析裁判文书改革的趋势,可以看出其中存在的一些问题:其一,直接罗列证据。有的裁判文书在说理部分直接将每种证据的具体内容都全部罗列出来,特别是证人证言部分,直接照搬照抄,单看裁判文书无法知道其采纳的是哪些证据和没有采纳的是哪些证据。有学者在其文章中指出,分析所知的判决书可以发现,90%以上判决书的内容是罗列证据,分析定案理由的判决书不足10%。[1] 其二,认证分析不足。大多数裁判文书都不重视对证据的认证,要么没有认证分析要么认证分析不充分,在裁判文书中没有体现出证据证明力的大小以及证据和事实之间的联系,更没有体现出法律事实的形成过程。其三,事实认定较为简单。某些案件的裁判文书在事实认定部分,只做了简单陈述或者高度概括,形成的是格式化的内容,并不能客观全面地反映案件真实情况。其四,事实认定割裂。有些裁判文书在说理部分,事实认定没有与法律适用紧密联系起来,甚至有的事实未经查明

---

〔1〕 参见周光权:《判决充分说理与刑事指导案例制度》,载《法律适用》2014 年第 6 期。

却体现在法律适用中。[1] 这些现象的出现,很大程度上都是没有将案件事实进行细致的区分,从而导致事实认定部分的裁判文书写作既烦琐又无说服力。

（二）法律适用

法律适用指的是在裁判过程中依据法律规定对具体案件事实进行处理,法官在具体案件的审理过程中,应当结合法律规定来阐明案件事实、案件性质、当事人责任以及权利义务的分配等问题的判断。实际上,法律适用包括发现的过程,即法官是如何得出判决结论的;论证的过程即法官是如何公开地证明判决是正当的。相对应地,前者指的是法官在审理中发现法律规则的过程,后者涉及法官审理案件时做出判断的论证以及在案件评价中所运用的评价标准。[2] 换个角度而言,法律适用放在脉络中解释,包括发现的脉络和证立的脉络,而发现的脉络包含了发现正确裁判的过程,则证立的脉络包含了判断的证立和在评价判断中所运用的评价标准。[3]

法律适用是案件裁判过程中的核心环节,连接着案件事实的认定与案件结果的表达,待判案件是否有清晰、明确的可以予以适用的法律,自然成为区分不同类型案件的重要标准。有的案件在法律适用上没有任何争议,涉案法条的寻找、确认清晰明确一致,这类案件在法律适用上自然属于简单案件。有的案件在法律适用过程中,尽管当事人双方对所涉法条的理解有争议,但是通过一般的法律解释方法则可以明确法条含义,这类案件则属于法律适用的常态,不能属于疑难案件,

〔1〕参见雷鑫、黄文德:《当前法院裁判文书存在的问题及原因分析》,载《法律适用》2009年第12期。

〔2〕参见[荷]伊芙琳·T.菲特丽丝:《法律论证原理:司法裁决之证立理论概览》,张其山等译,商务印书馆2005年版,第6页。

〔3〕参见[荷]伊芙琳·T.菲特丽丝:《法律论证原理:司法裁决之证立理论概览》,张其山等译,商务印书馆2005年版,第6页。

只能属于一般案件。法律适用的疑难案件主要指那些在司法审判中,法官在借助现行的法律规范,难以获致正当的个案裁判规范的案件。这种疑难也可以理解为是法律文本规范转化为个案裁判规范的过程中所面临的困难。朱苏力将法律疑难案件称为难办案件,即事实清楚却没有明确的法律可以适用,或适用的结果不合情理甚至有悖"天理"(所谓自然法),法官因此面临艰难的法律抉择,或需要"造法",但这不仅可能有悖其执法者的角色,受到制度制约,而且还可能引发出坏法律(hard case leads bad law)。[1]

(三)社会评价

很多学者认为,案件审判不应该考虑社会评价,更不应该将社会影响重大的案件划定为疑难案件。但是,从我国现有的司法和政治状况进行分析,社会影响重大案件的客观事实往往会被舆论扭曲,因此会形成民间关于案件的多个版本的传言,如果将这类案件一概排除在疑难案件之外,其实既不妥当,也不现实。从裁判角度考虑,假如将这类案件作为一般案件处理,就很难平衡案件裁判之外的、为裁判所不能忽视的、无法回避的其他各种复杂因素,它们将在彼此的协力或者冲突中影响到裁判的政治效果、社会效果。将这类案件排除在司法考量的范围之外,这种做法与"法治中国"的政治目标和"司法治理"的社会趋势大相径庭,不利于司法的长足进步和发展,不利于法学研究的深入和对现实问题的关注。因而,明智、现实的做法,是通过司法的途径妥善地解决这类存在重大影响的案件。

另外,将疑难案件的范围扩大到社会影响大的案件也是有例可循的。长期以来,我国法律实务界对于疑难案件采取了非常宽泛的界定

[1] 参见苏力:《法条主义、民意与难办案件——从许霆案切入》,载《中外法学》2009年第1期。

方式，如我国1986年的《人民法院组织法》第11条[1]规定，各级人民法院建立审判委员，实行民主集中制，审判委员的任务是总结审判经验，讨论重大或疑难案件和其他审判工作的问题。其中所谓的疑难案件，归纳总结分为三大类型：第一类案件是社会影响大、社会反响强烈的；第二类案件是人大、政府或其他机关有干预的；第三类案件是有法律上的困惑、定性不准的。[2] 2010年《最高人民法院关于改革和完善人民法院审判委员会制度的实施意见》第11条也有类似规定，简单概括后将疑难案件分为五大类：一是合议庭意见有重大分歧的案件；二是法律规定不明确的案件；三是可能产生重大社会影响的案件；四是新类型案件；五是其他疑难复杂重大案件。[3] 从以上两个文件中可看出，社会影响重大是需要重视的一种案件类型。

因而社会影响也理应成为案件分流需要考虑的重要因素。就法学视角而言，社会影响重大的案件可分为两种类型，第一种类型是纯正的社会影响案件，第二种类型是不纯正的社会影响案件。首先，不纯正的社会影响案件指的是由于法律自身规定的不合理，以致裁判结果超越国民预测可能性，致使社会公众对于裁判过程的公正性和合理性产生怀疑和责难的案件，较为典型的案件如李昌奎案、天价葡萄案。而所谓的纯正的社会影响案件，指的是案件本身没有问题，既没有事实认定疑难问题也没有法律适用疑难问题，而是由于案件背后所隐藏的背景因

---

[1] 根据2018年修订的《人民法院组织法》，该条款的内容体现在第37条中。

[2] 参见苏力：《送法下乡：中国基层司法制度研究》，中国政法大学出版社2000年版，第104～105页。

[3] 2010年1月最高人民法院印发《最高人民法院关于改革和完善人民法院审判委员会制度的实施意见》第11条规定："人民法院审理下列案件时，合议庭可以提请院长决定提交审判委员会讨论：（一）合议庭意见有重大分歧、难以作出决定的案件；（二）法律规定不明确，存在法律适用疑难问题的案件；（三）案件处理结果可能产生重大社会影响的案件；（四）对审判工作具有指导意义的新类型案件；（五）其他需要提交审判委员会讨论的疑难、复杂、重大案件。"

素，致使案件裁判结果与社会公众的内心之间的距离较大，使社会公众无法认可或社会公众对此责难的案件，这类案件就是通常意义的具有重大影响的案件。

第三节　案件分流的类型化处理

我们必须有一套有效的案件分流机制，能在案件立案或者进行中将简单案件、一般案件、疑难案件进行剥离，而这一机制不可能因循过去那种固定不变的传统划分界限，它要求法律人必须以具体的、特殊的问题为引导，并基于对具体问题的殊异性分析，应对实践中形形色色案件分流的实际问题。这一任务则有赖于类型化思维来完成。具体而言，分流制度下的简单案件、一般案件、疑难案件等类型化案件的裁判文书具有范本制度与说理制度的“一体两面”的内涵，我们采取类型化思维的处理案件分流的方式，对不同待判案件进行分门别类的处理，简单案件采取简易程序、简要的裁判模式和说理模式，一般案件与疑难案件则根据各自的案件情况采取不同的裁判模式和说理要求，以便合理配置司法资源，提高司法效率。

一、简单案件的裁判模式及文书制作

我国民事诉讼中，案件根据“事实清楚、权利义务关系明确、争议不大”的条件被分流为简易程序和普通程序审理。同理，裁判文书的繁简分流也需要确立相应的标准。案情是否复杂，证据认定是否明确，法律关系是否清晰是简单案件的最直接确定方式。这一标准是为了适应简易程序适用而制定的。裁判文书通过对证据进行认定，对事实进行查明，对庭审进行记录，做出准确的法律适用，最终做出裁判结果。因此

裁判文书可以体现出庭审的全部过程。案件事实清楚,证据链完整,适用法律清楚明晰,那么庭审过程也相应简短,裁判文书也不用进行过多的论述。反之,案情比较复杂,证据、事实、适用法律存在争议,那么裁判文书则需要进行详尽的说理,使当事人和公众信服,进而保障司法公正。

(一)裁判模式:规则模式

规则模式是裁判者遵循法律规则,并按照形式化的推理程式,在法律规则与个案事实之间建立起一种必然的涵摄关系,由此获得一个正当判决的裁判模式。我国目前繁简分流的讨论主要针对"事实清楚、权利义务明确、争议不大"的案件开展,因而该类案件的判决书也可以在保证基本结构完整性的前提下进行简化。在案件繁简分流的具体操作中,简单案件只需要一种方法就足以支持裁判结论。

可以说,简单案件解决的是一个规则的命题,靠司法三段论足以证立。法院受理的绝大多数案件都是简单案件,卡多佐法官曾说过,法院所判决的90%以上的案件都是由必然的法律预先确定的,并且法律决定了它们的结果。[1] 通过一系列的环节,在案件事实与法律规范之间创设联系,进而做出判决结论。但是无论是简单的规则模式还是一般的规则模式,其大前提即法律规则是明确的,案件事实与法律规则之间的涵摄关系也是较为确定的,都可以从法律规则出发逻辑地推导出法律决定。对于案件事实简单明了,法律适用清晰的案件则可以利用纯粹的演绎推理来进行法律适用,也就是将特定案件事实,置于法律规范的要件之下,进而获得一定的结论。使用规则模式的裁判进路解决简单案件不仅可以充分把握裁判文书对于审判焦点的反馈,也有利于节

---

〔1〕 参见[美]本杰明·N.卡多佐:《法律的成长:法律科学的悖论》,董炯、彭冰译,中国法制出版社2002年版,第36页。

约司法资源,实现法官减负。

(二)文书结构:简式范本

裁判文书范本的选择是基于裁判文书繁简分流的理念,而裁判文书的实务写作也促使了繁简分流理念的应运而生。裁判文书的制作应当抓住案件核心,高质量的裁判文书应当有长度与深度,但裁判文书的长度与深度并不是裁判文书质量评价的唯一标准,同时一些适用简易程序的案件或者调解程序的案件也不要求长度,反而以保证论述清楚的前提下的文本简洁性为要求。因此,法律案件的繁多复杂,难易不同,要求裁判文书进行繁简分流。这是裁判文书分流机制的现实基础,同时也是裁判文书范本选择的实践前瞻。

裁判文书的繁简分流有利于法院在制作裁判文书的过程中,根据案件审理的情况,选择不同的裁判文书范本,繁简得当,如单纯的借贷合同纠纷、亲权纠纷、家事纠纷等,由于案件影响较小,案情较为简单,涉及隐私或保密等原因,通常应当简化判决书的制作。在当事人对案件争议表示同意或达成统一协议时,在制作裁判文书时可以免除判决理由,从而简化裁判文书的制作。在刑事案件中,简单案件的审判可以适用刑事速裁程序,该类案件的适用范围应当受到比较严格的控制。刑事速裁程序中的格式裁判文书一般为纯表格式裁判文书,这为简易案件裁判文书结构的简化提供了可参照的模式。

(三)说理要求:简单说理

面对简单案件,可以使用程序化裁判文书与简式裁判文书。《最高人民法院关于进一步推进案件繁简分流优化司法资源配置的若干意见》第1条便要求法院改革做到"简案快审,繁案精审",实现"该繁则繁,当简则简,繁简得当"。根据该文件第15条,当庭即时履行的民事案件,经征得各方当事人同意,可以在法庭笔录中记录相关情况后不再出具裁判文书,也显示出简单案件裁判文书未来发展的一个趋势。

地方各级法院也开展了不同范围与不同程度的摸索。2013 年,广东省高级人民法院制定《关于推行民事裁判文书改革促进办案标准化和庭审规范化的实施意见》,第 15 条规定了可以不制作裁判文书的情形。江苏省高级人民法院于 2017 年 9 月 5 日印发了《江苏省高级人民法院关于深入推进矛盾纠纷多元化解和案件繁简分流的实施意见(试行)》第 50 条也规定了附条件不出具裁判文书的情形。上述两个文件对可不出具裁判文书的简单案件都规定了以下条件:(1)应当是当庭能即时履行的案件;(2)经由诉讼当事人一致同意;(3)应当在法庭笔录记载相关情况。

在刑事审判程序中,有学者提出,对于案情简单、法律关系相对简单、被告人认罪认罚的案件,可以借鉴英美法系国家实行的"诉辩交易"案件不单独制作判决书而采取"填充式"文书。[1] 填充式裁判文书是指根据特定的案件类型,将案件的具体情况、争议的问题、适用的法条和裁判结果等要素在预先制定好的表格中加以填充即可,无需额外说明和补充的裁判文书。[2]

地方法院为了达致简单案件裁判文书的"简者更简",还进行了其他探索。湖南省长沙县人民法院根据案件的审理程序,在适用简易程序的民事案件和刑事案件中,探索速裁式和通用式两种简易裁判文书范本制作。北京市知识产权法院根据案件类型,摸索省略式、引用式、表格式裁判文书,这些文书主要适用于案件事实认定清楚、法律问题集中的商标行政案件和专利行政案件。[3] 这些裁判文书范本都极度简化

---

〔1〕 参见罗书平:《刑事裁判文书改革亟待解决的六大问题》,载马宏俊主编:《法律文书的革故与鼎新》,北京大学出版社 2018 年版。

〔2〕 参见刘雅倩:《浅议我国民事裁判文书改造——以增强说服力为导向》,载《山东审判》2015 年第 2 期。

〔3〕 参见罗灿:《司法改革背景下裁判文书说理的规范与加强》,载《人民法治》2015 年第 10 期。

了说理要求,对于事实认定可以直接确认结果,无需罗列纷繁证据。对于法律适用部分,只需要直接援引法条即可,不需要阐释援引法条的理由。这种做法在日本法律界也得到了广泛的认同。其主流观点认为,如果在阅读裁判文书可以清楚地表明法律条文的适用或者当事人并没有产生争议的情形下,在说理部分可以省去适用的具体法律条文。[1]

二、一般案件的裁判模式及文书制作

一般案件指的是在庭审之初,案件事实或者法律适用存在争议,但是在庭审过程中,通过举证质证,通过对法律适用的多方阐释,最终能在事实认定和法律适用上达成共识的案件。这类案件在使用法律规则时,会由于法律规则含义模糊、法律规则有漏洞或者法律规则竞合等原因,导致法律适用没有那么顺畅。但是,依据法律体系和法律的基本原则,基本可以达成对案件裁判的一致结果,而且该案件的处理也不会导致不良的社会评价。当我们面对一般案件时,总体的裁判路径是要依循规则,但是对有争议规则的解释以及对空缺规则的补漏,则要依循原则来进行,因而这类案件的裁判,需要对原则模式进行合理的运用。

(一)裁判进路:原则模式

相比于简单案件来说,一般案件就不一定能够仅仅用法律规则做简单的涵摄,因为法律条文的表述比较抽象,在面对不是那么典型的案件事实时,是否能够涵摄到相应法条,就容易产生分歧。法律条文是由文字性概念、命题所组成的,因此,对法律条文的理解,至少需要经过解释、价值填充等环节,才可将其最终转化为恰当的个案裁判规范。法律裁判规范的获得意味着大前提建构的实现。法律文本规范在与案件事

---

〔1〕 参见王亚新:《日本的民事裁判文书:说理的形式和方法》,载《人民法治》2015 年第 10 期。

实不断设证、不断试错的过程中将法律条文的含义具体化。因此对法律条文的理解有争议，在案件裁判时意味着对于待判案件的事实能否涵摄于某个法律条文中是有争议的。

面对这些争议时，法律原则进行裁判就是以法律原则为指引，补充确认法律条文的具体含义，从而确认待判案件事实能否涵摄于某个法律条文之中。例如，《刑法》第358条第1款之规定。[1] 这个条款中卖淫的“他人”在很长的时间里，一直被认为是女性，而“卖淫”则被认为是女性为男性提供性服务。但是随着人们生活形态和观念的变迁，男性提供性服务的行为越来越多，这种理解逐渐难以适应司法实践的需要。最终，司法实践通过“李宁组织卖淫案”推动了组织卖淫罪中相关法律概念的演变，并重新塑造法律实践的相关认识，现在，“他人”的外延扩展了，不仅包括女性，也包括男性，与之相随，“卖淫”不仅包括提供异性性服务，也包括提供同性性服务。[2] 这个案件就是以法律面前人人平等原则为指引，对“他人”的含义进行了扩大解释。

原则裁判模式所遭受的最大批判就是不确定，如果要适用法律原则进行裁判，首先要注意的是对法律原则予以识别与区分。在我国的法律规定当中，有的法律条款仅具有价值引导或者价值宣示作用，并不具有司法适用的前提，也不符合法律原则的特点，因而不具有可适用性。比如《宪法》对我国政体形式的规定，就难以具有司法适用的意义。所以笔者认为，可以适用的法律原则指的是在实在法中明文规定或者

---

〔1〕《刑法》第358条第1款规定：“组织、强迫他人卖淫的，处五年以上十年以下有期徒刑，并处罚金；情节严重的，处十年以上有期徒刑或者无期徒刑，并处罚金或者没收财产。”

〔2〕参见张明楷：《刑法学》，法律出版社2011年版，第1021页。

可以通过实在法明确推论出来的原理。[1] 其次,无论在哪种情形下得以适用,法律原则都必须得到具体化和充分的论证。就法律原则具体化的方式,现在还尚无定论。有学者认为,具体化可以分步骤进行。[2] 也有学者认为,具体化须借助一定媒介。如胡玉鸿教授就认为,裁判者需要借助“比附”、“还原”或“类型化”的方式把法律原则的内涵与社会生活的实际需求相联系。[3]

(二)文书结构:基本范本

司法实践中,大量的一般案件采取的是裁判文书的基本范本即为程序化裁判文书。程序化的裁判文书以内容、文本、结构的格式化为主要特点,并且我国目前裁判文书样式的主流仍是这种格式化特征明显的裁判文书。这种文书应用范围具有广泛性,涵盖多个审判阶段,以适用普通程序审理的案件为主。程序化裁判文书具有结构格式化、语言规范化、全预先制定或半预先制定的标准化表达模式。[4] 对于基本范本的法律文书制作必须做到:格式统一,合法实用;结构严谨,层次分明,繁简得当;内容明确,要素齐全;逻辑严密,文字通顺,用语准确。[5] 而范本则应起到“标尺”性作用,为裁判文书提供可视化、明确化的指引与检验。

---

〔1〕 有的学者认为只要被实在法接受,无论是明文规定,还是默认,就都成为法律原则。被实定法明确规定的则是实定法原则,不被实定法明文规定的则为非实定法原则,参见舒国滢《法律原则适用中的难题何在》,载《苏州大学学报》2004 年第 6 期。笔者认为这种划分,不容易区分非实定法原则和法律原理,从而在适用中也容易产生混乱,因而为了讨论的便利,本书仅将实定法明文规定或可以明确推论出来的法律原理作为法律原则。

〔2〕 参见舒国滢:《法律原则适用中的难题何在》,载《苏州大学学报》2004 年第 6 期。

〔3〕 参见胡玉鸿:《法律原则适用的时机、中介及方式》,载《苏州大学学报》2004 年第 6 期。

〔4〕 参见邱富民、赵金玲:《程式化的裁判文书制作与个性化的裁判文书制作——论程式化的裁判文书与个性化的裁判文书的舍与得》,载宋北平、孙长江等:《裁判文书的语言、逻辑和理由研究》,人民法院出版社 2017 年版,第 181 页。

〔5〕 参见张泗汉主编:《法律文书教程》(第 3 版),法律出版社 2017 年版,第 34 页。

（三）说理要求：适度说理

法律规则与原则是彼此相对应的两个概念，法律原则是法律精神的外在体现，具体由宪法所规定的原则和部门法所规定的原则两部分所组成，在适用上，法律原则具备道德妥当感与制度化的双重属性〔1〕，与其他自由裁量权的行使方式相比较而言，更具有优势。这一观点在最高人民法院的司法解释中也有明确的说明。〔2〕

当对法律条文的具体含义有争议时，法官需要根据法律原则和精神对条文的具体含义进行自我的补充，即行使自由裁量权。随之而来的问题是，行使自由裁量权若没有任何的标准可以依据，很容易造成司法腐败。从对域外的考察来看，大陆法系国家侧重限制自由裁量权行使的具体方式和实体内容，英美法系国家更注重于限制程序。自由裁量权的行使，应当明确使用环节和方法，努力实现行使的标准化和客观化。〔3〕 正因如此，具体化是法律原则作为裁判依据的第一步，“需要将法律原则转变为法律规范，借助特定的典型事实将法律原则予以具体的规范化，并且据此将其确认为客观实在的有效法律”，其具体化的过程是需要在裁判文书中予以说明的。〔4〕 其次是类型化思维，对于常见案件的归纳总结，体现典型观念，也可作为法官适用法律原则的基础。〔5〕

---

〔1〕 参见陈景辉：《实践理由与法律推理》，北京大学出版社 2011 年版，第 107 页。

〔2〕 《最高人民法院关于在审判执行工作中切实规范自由裁量权行使保障法律统一适用的指导意见》中规定：“自由裁量权是人民法院在审理案件过程中，根据法律规定和立法精神，秉持正确司法理念，运用科学方法，对案件事实认定、法律适用以及程序处理等问题进行分析和判断，并最终作出依法有据、公平公正、合情合理裁判的权力。”

〔3〕 参见宋晓明、雷继平、林海权：《自由裁量权的行使及其规制》，载《人民法院报》2012 年 5 月 16 日。

〔4〕 参见[德]汉斯·J. 沃尔夫等：《行政法》（第 1 卷），高家伟译，商务印书馆 2002 年版，第 353 页。

〔5〕 参见[德]卡尔·拉伦茨：《法学方法论》，陈爱娥译，商务印书馆 2005 年版，第 340 页。

因而法官在审理一般案件时，对裁判文书的说理要做到恰当适度，需要体现最基本的要素。民事案件中的表现主要为原告的诉讼请求的必要体现，德国民事诉讼的建构是以请求权为基础，法官在举证、取证、质证等环节之后，形成对事实的取舍和确信，并按照请求权的基础要件以确定诉讼请求是否成立。[1] 在刑事案件的审判过程中，司法机关也应保障被告人的基本诉讼权利，即程序知悉、选择和辩护权三项。[2]

可见，在一般案件中，法官在裁判文书的事实认定中，要恰当地论述证据的合法性、证据与事实的关联性从而展现事实认定的过程。对于法律规定中复杂的条文或含义比较模糊的条文，当事人双方对法条有不同的理解的情况下，法官应应当对法条做出准确的解释并且进行说理。如果存在法条竞合的情况，需要说明选择的理由。德国判决书在此就要求必须进行对“选此弃彼”的理由进行说明。[3] 在民事案件中，法律没有明确规定的情况下，法官需要对用法律解释方法进行明确法律含义的理由进行说明；法律解释方法不能解决的问题，法官应当说明根据习惯、法律原则进行裁判的理由。

三、疑难案件的裁判模式及文书制作

从上文所述可以看出，本章所涉及的疑难案件有三种类型，事实疑难、法律适用疑难和社会评价疑难。当然这三种类型的案件可能会有交叉、包含关系。总而言之，只要在事实认定、法律适用、社会评价三个因素中有一个因素处于不能达成共识的状态，就是本章所提到的疑难

---

〔1〕 参见张陈果：《德国民事判决书的说理：格式、内容与方法》，载《人民法治》2015 年第 10 期。

〔2〕 参见高一飞：《不能简化的权利——评刑事简易程序中的国际人权标准》，载《现代法学》2002 年第 8 期。

〔3〕 参见孙智慧：《优秀民商事裁判文书标准研究》，中国法制出版社 2015 年版，第 46 页。

案件。对于这些疑难案件，仅仅运用规则模式或者原则模式，仍然难以得出合理的裁判结果，更妄谈制作出具有可接受性的裁判文书，此时则需要运用商谈模式来综合考量。

（一）裁判进路：商谈模式

商谈模式是一种全新的裁判过程和方法，即在既定的法律制度框架下，遵循法律程序，使多个法律主体在相互平等的基础上参与对案件相关问题的沟通与商谈，对多样化的价值取向进行考量，权衡不同的利益诉求，致力于消除分歧，最终在主体间达成共识，并据此提出可被大多数法律受众所接受的裁判结果。针对司法实践中疑难的案件处理，要同时注重司法的形式合理性和实质合理性。而商谈模式可以保证法律的合理正确运用，具有消除因法律漏洞、法律不确定性等自身缺陷所招致的民意对立问题的功能。运用商谈模式在公共领域进行广阔的商谈，加入不同法律主体对事实和法律规范的商议判断，通过交往和对话解决案件争议，从而获得合理的结果，实现形式正义和实质正义的统一，达到法律和社会效果的统一。

（二）文书结构：基本范本与个性处理

我们对待判案件进行分类，不同类型的案件适用不同的裁判模式，不同的裁判流程，不同的说理要求和不同的文书范本。这样做一方面能够提高审判的效率，节约简单案件的处理时间，同时对复杂疑难案件判决文书的制作提出了更高和更为细致的要求，从而提高疑难案件判决的合理性和可接受性。裁判文书的“繁者更繁”则主要适用疑难案件或者新类型、具有指导意义的案件。

目前，我国对于疑难案件仍采取程序化裁判文书范本，与一般案件无异，但标准的裁判文书范本也早已不能适应疑难案件裁判文书释法说理的需要，所以对疑难案件裁判文书的范本可以允许有创新和个性化的处理。具体而言可以从两个方面着手，一是整体范本的创新。即超出基本范本的格式要求，针对案件的特殊性予以撰写。二是法官在依循基本模式的前提下，在法官后语等部分充分阐释案件裁判的理由和考量因素。前者比较适合法律适用和事实争议非常复杂，难以达成共识的案件；而后者比较适合纯正的社会评价疑难案件。

（三）说理要求：充分说理

在复杂的疑难案件中，案件事实和法律规则存在争议，需要通过论述进行进一步的证立，疑难案件可以说是一个"社会命题"，机械的三段论已经不完全可行，需要一套新的证立规则将事实涵摄于法律之下。卡尔·拉伦茨认为："没有人再能够严肃地宣称法律规则的应用只不过是在抽象表达的大前提之下的逻辑涵摄。"[1]

在目前的法律裁判中，法官必须依据法律才能做出裁判，但并不代表法官的说理仅限于对法律规定进行说明，由于我国的法律裁判文书长期没有对裁判依据和说理依据进行有效的区分，法官往往受限于裁判依据。在这里，有学者认为，应该坚持有效区分裁判依据和说理依据，情理、学者观点等虽然不是裁判依据，但是可以作为说理依据，从而实现从"引用与说理的一元化"到"引用与说理的二元化"。[2] 类似的做法在其他地区也经常存在。例如，我国香港特别行政区允许在裁判文书中援用国际法和外国司法判例，但只能作为说理依据，不能作为裁判依据，如《香港特别行政区基本法》第84条之规定。[3]

当然，作为说理依据的素材不同，其说理的规则也不同，因而需要根据素材的特点进行具体讨论。当遇到疑难案件时，我们不仅要将法

---

〔1〕［德］罗伯特·阿列克西：《法律论证理论——作为法律证立理论的理性论辩理论》，舒国滢译，法律出版社2000年版，第183页。

〔2〕夏锦文、徐英荣：《裁判文书法理依据蓄积深藏之缘由——以民事疑难案件的裁判为分析对象》，载《法学》2012年第10期。

〔3〕《香港特别行政区基本法》第84条规定："香港特别行政区法院依照本法第十八条所规定的适用于香港特别行政区的法律审判案件，其他普通法适用地区的司法判例可作参考。"

律规则和法律原则在裁判文书说理中进行充分的说理，还可以扩大说理的依据，比如可以把情理、生效裁判、学者观点、规范性文件、司法性文件、政策等其他素材运用到疑难案件裁判说理当中，做到天理、国法、人情的三位一体，鼓励疑难案件充分说理，一定程度上免除法官依法说理的责任追究，进一步完善裁判文书说理的制作机制，保障疑难案件得到公平正义的解决。

在社会评价疑难案件中，观点众口不调，案件无法通过单线的逻辑演绎出裁判结论，争讼当事人出于不同的立场往往会做出不同甚至截然相反的价值判断，这部分根源于他们彼此利益的不同一，同时也由于整个社会很难有一个价值共识存在。法律是社会大系统中的一套具有价值和规范的系统，道德同样也是其中一套系统，在一定的时期内，我们虽然可以达成法律价值的共识或者道德价值的共识，但有时也会发生法律与道德相冲突的局面，两个不同的价值评价发生冲突，此时如果偏向法律，可能会做出合法但不合理的裁判结果。[1] 所以对于社会评价复杂的案件，在裁判文书的说理过程应该更要注意对背景因素、情感因素、道德因素等各个方面的综合考量和充分论证。

第四节　小　结

目前司法案件数量成几何倍数增长，要求在每个案件都遵循同样的文书体例、说理模式，显然不符合客观规律。案件分流制度成为当前节约司法资源以及合理配置司法资源的重要改革方向。裁判案件需根

---

〔1〕 参见孙海波：《案件为何疑难？——疑难案件的成因再探》，载《兰州学刊》2012 年第 11 期。

据不同案件情况和审判程序，制作不同格式和内容要求的裁判文书，克服裁判文书格式和内容同质化的现象。案件分流制度所发挥的有利作用、效能是通过司法再造来简约法律程序以构造新的裁判方法，具体体现为助力裁判内容撰写的主次区分、促进裁判焦点的明确提炼、助推审判程序的繁简区分、引导文书范本的多样化发展四个方面。

现有的对待判案件的分流标准主要有审判程序、标的额以及案由。以审判程序和标的额作为分流标准，则容易忽略了待判案件本身的性质差异。以案件争议点或者案由来进行分流的方法，虽然较前两种标准更符合案件本身的性质，但是由于争议点形态各异，案由也是较为模糊的标准，因而在实践中具体划分标准不够明确。综合案件本身的性质和裁判文书制作的特点，案件分流应该综合考量事实认定、法律适用和社会评价三种因素，将案件区分为简单案件、一般案件和疑难案件。案情是否复杂，证据认定是否明确，法律关系是否清晰是简单案件的最直接确定方式。一般案件指的是在庭审之初，案件事实或者法律适用存在争议，但是在庭审过程中，通过举证质证、通过对法律适用的多方阐释，最终能在事实认定和法律适用上达成共识的案件。只要在事实认定、法律适用、社会评价三个因素中有一个因素处于不能达成共识的状态，就是本章所认定的疑难案件。

对待判案件进行分类的目的是对这些案件进行区别对待，不同类型的案件适用不同的裁判模式，不同的裁判流程，不同的说理要求和不同的文书范本。具体而言，简单案件采取简易程序审理，用规则模式予以裁判即可。法官可以对简单案件的裁判文书简单说理或者不说理，裁判文书的范本也可采用简式模本。一般案件则采用一般程序予以审理，需要结合运用原则模式予以裁判，裁判文书的范本则采取基本模本，其说理要做到适度合理。而疑难案件的审理可能需要提交审判委员会，而且需要运用商谈模式予以裁判，裁判文书的范本可以允许个性化处理,其说理应该充分。通过分流制度,对待判案件予以类型化处理,既能够提高审判的效率,节约简单案件的处理时间,同时也对复杂疑难案件判决文书的制作提出了更高和更为细致的要求,从而提高疑难案件判决的合理性和可接受性。

第四章　裁判文书范本制度

工具的变革是时代更替的象征。“一个社会发达程度的标志，不在于生产什么，而在于用什么工具生产。”[1]对于裁判文书逻辑体系而言，分流制度是裁判文书制度体系化构造的逻辑起点，经由分流制度，待判案件分为简单案件、一般案件、疑难案件三种类型。每种类型案件的裁判文书都会体现范本制度与说理制度的“一体两面”的内涵。裁判文书的范本制度以要素化、制度化、程序化的方式构建了司法公正的形式特征，裁判文书的说理制度则是司法公正的实质内涵。如果说裁判文书范本制度是以“看得见的方式”实现正义的话，说理制度便是以“说得出的方式”实现正义。[2] 对于司法公正而言，两者缺一不可。对于裁判文书的制作而言，范本制度的缺失不仅会带来司法效率的丧失，更重要的是，范本制度的程序性要素划分了法治与恣意的人治的界限，只具有说理论证而不具备形式要素的裁判文书，有道德论证与法律论证错位的危险，更严重的可能导致法律适用的“无土之木，无源之水”，以致偏离法治国的道路。而只具有文本规范而不具备说理内容的裁判文书，无

〔1〕 傅郁林：《追求价值、功能与技术逻辑自洽的比较民事诉讼法学》，载《法学研究》2012 年第 5 期。

〔2〕 参见雷磊：《从“看得见的正义”到“说得出的正义”——基于最高人民法院〈关于加强和规范裁判文书释法说理的指导意见〉的解读与反思》，载《法学》2019 年第 1 期。

异于以法律文件的方式定罪量刑，从而造成裁判文书合理性与可接受性的“搁浅”，最终导致裁判文书的虚无化。

第一节　裁判文书范本制度的功能与价值

一、裁判文书范本制度的发展脉络

裁判文书作为司法公正的最终载体，既是司法程序的“终点站”，又是裁判文书的法律效果同社会效果相结合的“起点站”。裁判文书是一国法治程度与法官法律职业素质的体现，在承担“把动态的刑事司法过程转化为静态的书面文字”[1]的任务的同时，也是司法改革中的重中之重。因此，构建裁判文书范本制度的意义便在于，为司法工作者提供具有科学性、规范性、高效性的文本框架，使司法工作者在制作裁判文书的过程中有基本的遵循，也勾勒出法治国家司法图景的基本蓝本。

（一）裁判文书范本制度的探索时期

新中国成立后至60年代，审判机构的设置处于探索时期，与其相对应的，判决书的内容及文书样式也呈现粗糙到逐渐精细的特点。中华人民共和国成立初期，随着《六法全书》的废除，新的裁判文书格式也开始建立。此时的裁判文书格式沿用的是陕甘宁边区的文书样式，其判决书除了首部和尾部外，正文是主文、事实、理由的三段论式。此时由于中华人民共和国成立初期，法制建设百废待兴，司法部于1951年才制定《诉讼用纸格式》，对于裁判文书的形式主要采用旧制或者学习苏联经验为主，此时我国裁判文书范本制度仍处于雏形时期，没有达到制度层面标准化、格式化的水平，具有进一步改进的空间。而“主文、事

---

〔1〕　李谦：《以释法说理的裁判文书引领社会风尚》，载《人民法院报》2017年8月6日。

实、理由”的判决书格式由从旧中国建立民国时,便沿袭清末旧制。[1]

1952—1953 年的司法改革将判决书改为事实、理由、主文的格式后,1953—1973 年的工作总结对署审判员和书记员名字明确强调。1973 年 6 月,河北省高级人民法院以文件形式明确规定:在判决书中写明:如不服本判决,自接到本判决的次日起十天内向本院提出上诉状,上诉于×××人民法院。[2] 此时,我国裁判文书的范本虽然有了现代文书的基本框架,并以法院文件的形式确定,但是没有形成标准化、规范化、统一化的格局。简言之,此时裁判文书的范本制度仍处于不断摸索的时期。

(二)裁判文书范本制度的发展时期

20 世纪 70 年代起,一些地方法院开始形成一些文书样本。司法部于 1980 年制定了 8 类 64 种《诉讼文书样式》,为各基层法院在工作中提供较为完备的文书格式。[3] 最高人民法院早于 1982 年便拟定《民事诉讼法律文书格式》,其中样式约 70 余种,随后在制作全面、统一的文书格式的理念指导下,在 1992 年通过了的《法院诉讼文书样式(试行)》(现已失效)共 14 大类 314 种法律文书,其中仅裁判文书就多达 102 种。[4] 1992 年《法院诉讼文书样式(试行)》和 1999 年《法院刑事诉讼文书样式》初步构建起了我国裁判文书范本制度的框架,裁判文书范本也朝着体系化的方向发展,我国的裁判文书范本制度基本建立。

(三)裁判文书范本制度的完善时期

随着我国建设社会主义法治国家的进程深入,裁判文书的范本制

[1] 参见宁致远主编:《法律文书学》,中国政法大学出版社 1998 年版,第 10~11 页。

[2] 参见郝丽霞:《铁肩担道义,辣手著文章——法官与判决书制作的历史思考小议》,载《河北审判》2008 年第 4 期。

[3] 参见孙青平:《法律文书基本问题研究》,中国法制出版社 2012 年版,第 8 页。

[4] 参见宁致远:《司法机关法律文书改革刍议》,载《人民司法》2007 年第 11 期。

度构建的指导理念同司法改革中增进司法的权威性、规范性的目标相结合,并且同裁判文书的说理制度改革具有同步性。1999 年 10 月 20 日,最高人民法院印发了第一个《人民法院五年改革纲要》,指出"中国共产党第十五次全国代表大会确定了依法治国的基本方略,明确提出了推进司法改革的任务。第九届全国人民代表大会第二次会议又将依法治国的基本方略载入宪法。"并提出"加快裁判文书的改革步伐,提高裁判文书的质量"使我国裁判文书论述与说理水平进一步发展。

2013 年,党的十八届三中、四中全会对裁判文书改革作出了新的部署,并将其作为全面深化改革的重点工程之一。根据会议精神,最高人民法院于 2015 年 2 月 4 日发布《四五改革纲要》,并对裁判文书的范本体系作出了指示。最高人民法院于 2018 年 6 月 1 日印发,自 2018 年 6 月 13 日起施行《最高人民法院关于加强和规范裁判文书释法说理的指导意见》,以进一步提高释法说理水平和裁判文书质量,并在第 11 条对范本制度做了统一指导。

2016 年 6 月 28 日,最高人民法院发布了修订的《民事诉讼文书样式》及《人民法院民事裁判文书制作规范》。仅从数量上看,文书样式种类就增加到了 568 种。法院诉讼文书样式修改呈现增多的趋势,同时文书样式种类也具有直观体现。[1] 从中华人民共和国成立至今,裁判文书范本的不断摸索与发展,既是追求公正这一司法永恒主题的缩影,也是数代司法人不断追求中国特色社会主义法治梦的体现。

二、裁判文书范本制度的规范功能

"一般认为,刑事判决书具有立法精神体现、裁判结果告知、诉讼程

〔1〕 参见罗书平:《刑事裁判文书改革亟待解决的六大问题》,载马宏俊主编:《法律文书的革故与鼎新》,北京大学出版社 2018 年版。

序记录、案件事实认证、裁判理由宣示、行为准则示范和司法资源管理等七个方面的功能。"[1]这体现了作为裁判文书的具体类属的文本价值,而刑事裁判文书范本当然应当具有这些功能。因为刑事判决书作为裁判文书中的一种,其制作也必须依据刑事判决书的范本制作。所以,我们也可以从刑事判决书的功能价值中考察裁判文书范本的功能价值——裁判文书作为审判活动"静"的载体的功能以及制作裁判文书范本所期望实现的法律图景。

裁判文书的范本是具体裁判文书的先行形象指导,但是我们不能认为裁判文书的范本是不含价值的,或者说是纯记述的,裁判文书范本制度在指导司法实务者如何"记述"案件事实与法律事实的同时,这种"记述"也是宏观的法治国图景的一块拼图。将裁判文书制作予以规范的范本制度本身,当然既包含裁判文书应当实现的功能,也蕴含实现司法公正的愿景。不过,裁判文书范本最为直观的功能,就是对如何撰写裁判文书提供了明确的形式规范,进而助推了裁判文书定分止争功能的实现。

裁判文书范本制度具体而言是以裁判文书制作体例为中心而形成的规范性程序,其出发点是实现裁判文书制作的标准功能、辅助功能及评价功能。首先,裁判文书范本由最高人民法院制定,为各级法院及广大法官提供标准化的具体依据。其次,裁判文书范本对于裁判文书的本身制作而言具有辅助作用,体现为提升法官制作文书的水平。一份说理充分、论证翔实的优秀裁判文书首先是符合裁判文书范本的文书。最后,裁判文书范本对于裁判文书本身具有评价作用,此种评价作用仅指对于裁判文书写作质量的评价作用,如果司法者没有按照裁判文书范本制作文书,其写作无疑是不规范的。

---

〔1〕 高键:《刑事判决书的制作现状与改进建议》,载《山东审判》2015年第4期。

裁判文书在规范裁判文书撰写格式的同时，增加了司法权威，有利于当事人之间纠纷地妥当解决。司法的本质是定分止争，司法作为解决社会纠纷的最后一道防线，其权威性即来源于其相对于纠纷解决机制的终局性。[1] 而裁判文书作为司法活动的最终载体，其最基本的作用也就是记述纠纷解决的最终结果，并成为当事人赖以行使诉讼权利的凭证。对于进入诉讼程序的案件而言，裁判文书无疑是解决纠纷的依据，裁判文书范本也无疑不起着定分止争的观念指导作用，或者说，司法实务中的具体案件的裁判文书是裁判文书范本为了更好解决纠纷，以期实现司法抽象目的的具体化。范本制度规定裁判文书应当包含的部分，以及各部分的具体内容要求，不仅在事实论述角度，还在证据运用角度都作出了规定，无疑对于发挥裁判文书的定分止争的功能具有促进作用。

三、裁判文书范本制度的治理功能

法治既"是国家治理现代化的基本表征"，也"是国家治理现代化的必由之路"。[2] 建设中国特色社会主义法治国家的道路必然是法治之路，法治的基本表征是法律之治，当然也包括其他内涵。裁判文书范本制度通过对裁判文书予以法律规范，从而有效地实现治理功能。

治理功能的实现依托于裁判文书范本制度的形成，也是裁判文书范本制度发展的最终形态。在我们国家经历了中华人民共和国成立初期裁判文书样式的"荒芜"甚至可以说是"混乱"时期，再到三大程序法发布后，我国各级法院的优秀文书学习，有意识地加强模仿阶段，再至司法部、最高人民法院发布包括裁判文书在内的法律文书的样式指导

---

〔1〕 参见陈光中、肖沛权：《关于司法权威问题之探讨》，载《政法论坛》2011 年第 1 期。

〔2〕 张文显：《法治与国家治理现代化》，载《中国法学》2014 年第 4 期。

文件,我国裁判文书范本才具有制度意义研讨的可能性与必要性。将裁判文书样式、体例或者形式予以制度化,我国历经了从1949年到1980年司法部出台《诉讼文书样式》,标志了我国裁判文书范本规则从无到有,以及1992年《法院诉讼文书样式(试行)》出台直至如今不断修订,标志了我国裁判文书范本制度的初具雏形到蔚为大观两个发展阶段。

随着我国法治建设的进步和发展,裁判文书的范本制度逐渐完善,我们的法官制度、法官思维都发生了转变。有司法实务者认为,自最高人民法院的《人民法院五年改革纲要》公布以来,裁判文书的改革一直是司法改革的中心,但却收效甚微,其深层次的原因在于"对审判思维方法都少有系统和深入的研究,又何以用科学的审判思维方法引领裁判文书的制作"。[1] 裁判文书范本制度体现了最高人民法院引导法官审视案件的路径,其具体表现为法理上三段论的演绎路径,其价值层面意义便在于对法官审理案件思维的引导。通过这些方式,法官本身的素养、思维、裁判方式都得以改变,这很大程度上也是范本制度治理功能的体现。

四、裁判文书范本制度的价值功能

裁判文书范本作为一种规范,为如何撰写裁判文书提供了依循的模本,对我国的法官体制、审判体制都能起到一定的治理作用,从而在以下三个层面实现了其价值功能。

(一)司法公正

裁判文书范本是一种形式公正的载体,更为具体地说,是一种制度

---

〔1〕 刘益:《规范出发型民事裁判文书的制作——从完善民事检察监督之基本手段的立场展开思考》,载《中国检察官》2013年第21期。

公正的蓝本。“对社会而言，裁判文书应起到定分止争、扶正祛邪的作用；对当事人而言，裁判文书应起到使之知法、明理、服判的作用；对法官而言，裁判文书则应起到促进公正司法的作用。”[1]司法公正对于不同的对象来说具有不同的表现形式，而裁判文书作为司法公正的载体也因对象的不同，具体的表现形式也不同。

程序正义在我国古代被严重忽视，但在现代法治国家却具有重要意义。程序正义告知着每一个公民，每一个诉讼参与者，每一个司法工作人员一个事实：“法院的诉讼程序是一个对当事人双方形式上完全平等的过程或手续，它能够最终权威地解决纠纷，但未必能使每一个当事人和社会成员得到他们心目中的争议和合情合理的解决。”[2]而裁判文书便是对这个程序的客观反映，范本制度便是将此种反映形式予以规范化的制度保证。

“司法公正是司法的生命和灵魂，是司法的本质要求和价值准则，也是公众对司法的期望。”[3]但公众对司法的期望还有更高层次的标准，即“正义不但要实现，而且要以人们看得见的方式实现。”因此，裁判文书作为司法活动的“最后一步”，也是整个形式是否正义的“最终审判”，而此种“审判”的主体不仅包括法院及法官本身，也包括外部的检察监督与社会监督。而裁判文书的范本制度的功能便在于在此种“判断”终局前，对此进行的事先规制，以期更大可能的达到裁判文书本身所要求的形式公正。

（二）司法效率

裁判文书范本具有双重的效率价值。表层的效率价值体现在裁判

---

〔1〕 薛峰、薛伟：《论裁判文书的表述》，载《人民司法》2005年第12期。

〔2〕 吴汉东主编：《法学通论》（第6版），北京大学出版社2012年版，第35页。

〔3〕 吴汉东主编：《法学通论》（第6版），北京大学出版社2012年版，第35页。

文书体例的标准化、程序化过程中,对裁判文书制作者工作量的减少与工作质量的提高上;深层次的效率价值体现在价值功能本身的价值构建上,即裁判文书的范本制度意义在于节约整个社会的司法资源,优化整个司法活动,进一步简化不必要的步骤与降低诉讼成本。前者是技术规范制定并广泛应用带来的"成本优势",而后者是司法改革制度本身带来的"制度成果"。

"国家治理的效率通过法治可以更好地实现。"[1] 而裁判文书的范本制度也将在实现价值功能下,减少司法工作人员工作失误的可能性,为裁判文书的制作主体树立制度的信心,从而尽可能实现更为长远的司法改革,与司法活动的可持续性。

(三)司法文明

司法文明与法治具有内在联系,"法治文明是政治文明的基本标志,司法文明又是法治文明的基本标志"。[2] 由此可见,文明不仅标示着一种社会状态的进步,而且司法文明又是司法改革具有显著成效的体现,是司法进步的标示。裁判文书范本制度的建立是我国长期以来司法改革努力的成果,在结束了各级人民法院及法官制作文书无据可依,无样可考,格式不一的局面的同时,也彰显了我国司法文明建设的一大进步。裁判文书范本制度是裁判文书制度的一个方面,以裁判文书范本制度考察裁判文书样式的沿革与规范化进程,无疑着重体现了我国司法文明程度的提升。同时,裁判文书的范本制度统一了司法实务中裁判文书制作的样式,使裁判文书作为"看得见的正义"的载体更具有实质化意义,也为司法改革的导向树立了司法文明这个参照标准。

---

〔1〕 张文显:《法治与国家治理现代化》,载《中国法学》2014 年第 4 期。

〔2〕 张文显:《司法文明新的里程碑——2012 刑事诉讼法的文明价值》,载《法制与社会发展》2013 年第 2 期。

司法文明是裁判文书改革的基本追求,司法公正是裁判文书的基本遵循,裁判效率是裁判文书的一般要求。当前,由于各级法院面临案多人少的实际困境,因此在实践中必须要将这三个价值有所选择和突出。

第二节　我国裁判文书的基本范本

一、裁判文书基本范本的内涵界定

(一)裁判文书的基本范本与基本裁判文书范本

裁判文书包括判决书与裁定书,而根据案由的不同也可进一步划分为刑事判决书、民事判决书、行政判决书等;根据诉讼程序的不同也可划分为一审程序、二审程序、再审程序及审判监督程序等对应的裁判文书。而即便是同一审判阶段,根据案件来源的不同,裁判文书的范本也有不同的划分。以《刑事诉讼法》规定的第一审程序为例,常用的几种有:第一审刑事判决书、第一审刑事附带民事判决书、第一审未成年案件刑事判决书、第一审简易程序判决书。而在民商事类型的诉讼活动中,由于专业领域的隔阂,针对每一具体的案由都有配套适用的裁判文书范本。上述便是基本裁判文书的范本。基本裁判文书的范本同裁判文书的基本范本的范围既有交叉,但又不完全涵括。

首先,基本裁判文书的范本与裁判文书的基本范本是“特定物”与“种类物”的关系。如裁判文书的基本范本一般是一审普通程序的文书格式,但审级及案由的不同,也意味着以裁判文书基本范本为参照进行演变的必要性。裁判文书的基本范本由构成要件要素组成,这些要素是由不同案由的案件结案所需制作的裁判文书的各要素中概括抽象出的最基本的要素。因此,裁判文书的基本范本相对于具体种类的裁判文书而言不具有独立特征,或者说没有实现特定化。

其次,裁判文书的基本范本与基本裁判文书的范本是一般与特殊,抽象与具体的关系。如民事、行政及刑事裁判文书是裁判文书基本范本的具体化,而裁判文书的基本范本则是类型化的裁判文书。以类型化思维研究裁判文书的意义在于“无论民事、行政和刑事诉讼的内容、程序、审级简繁初终如何变化”,均能“以其特有内容和规范路径,体现法律实际运行的制度化、规范化和程序化水平,展示现代司法文明的理念内涵和价值追求”。[1] 因此,裁判文书的基本范本是作为裁判结果客观反映的类型性的基本要素的集合体,也是指导法院制作基本的裁判文书范本的观念集合。

最后,裁判文书的基本范本与基本裁判文书的范本两者的侧重点不同。裁判文书的基本范本侧重于“表述”的载体,而基本裁判文书的范本则以“表述”为载体。裁判文书的基本范本以语言为构成要件要素,而基本裁判文书的范本以语言的规范化为核心。裁判文书的表述既要求合法的反映,又要求科学的表述。[2] 具体地说,裁判文书的基本范本要求形成规范、专业的语言,而基本裁判文书的范本要求语言形成科学的表述。两者之间是递进的关系。同时,裁判文书的基本范本与基本裁判文书的范本的关系,也正如语言与表述的关系。语言是表述的内容,但表述本身则是语言进一步提炼、排列、加工的结果。语言的效果与表述的效果也具有联系性与差异性。而表述的效果则在于,表述本身是一种主观反映客观的活动,既可以全面、客观地反映,也可以片面地反映。[3] 而对于基本裁判文书的表述而言,科学的表述是裁判

---

〔1〕 最高人民法院2015年度审判理论课题组:《裁判文书的构成要素及其规范论纲》,载《盛京法律评论》2016年第2期。

〔2〕 参见薛峰、薛伟:《论裁判文书的表述》,载《人民司法》2005年第12期。

〔3〕 参见薛峰、薛伟:《论裁判文书的表述》,载《人民司法》2005年第12期。

文书的最终价值取向之一。

（二）裁判文书基本范本的结构

裁判文书的基本范本分为“首部、正文、尾部”，正文部分则根据案件类型的不同，有不同的表现形式。如刑事一审普通程序判决书样式包括首部、事实、理由、判决结果和尾部五个部分组成。[1] 此外，2016年发布的《人民法院民事裁判文书制作规范》将民事裁判文书框架进行了调整与规定：一、基本要素；二、标题；三、正文；四、落款；五、数字用法；六、标点符号用法；七、引用规范；八、印刷标准；九、其他也架设了具体裁判文书制作的框架。“基本要素”是裁判文书的基本格式，内容为：“标题、正文、落款”，正文包括：“首部、事实、理由、裁判依据、裁判主文、尾部”，其他的则是对基本格式的具体说明。总的来说，裁判文书的基本范本大致采取“标题、首部、事实、理由、裁判结果、尾部、落款”的格式。

“标题”主要是对审判机关的名称、制作的文书的名称与案号的规定。“正文部分”则是法院认定的事实与适用的法律的说明。“尾部”一般来说包括裁判文书生效时间与权利告知事项，民事裁判文书的“权利告知”是诉讼费用的承担与诉讼权利救济途径，刑事裁判文书中则包括上诉权的告知。“落款”则是审判员、书记员的署名。

二、裁判文书基本范本的构成要素

裁判文书的基本范本是反映法院审判活动所需的一切程序性、实体性要件的集合，而其构成要素必须能充分表述案件事实与法理基础。目前理论界与实务界对于裁判文书的基本范本的构成要素并没有形成统一的意见，有的没有立足于裁判文书的基本范本制度，有的只是针对

---

〔1〕 参见鲍雷、刘玉民主编：《法院诉讼文书格式样本》，人民出版社2009年版，第5页。

裁判文书的范本的形式特征，大致有如下几种处理意见：(1)裁判文书的构成要素是语言、逻辑、理由；[1] (2)(具有说服力的)裁判文书的形式构成是涵盖、主题、一贯性、可信性、法律架构、说明责任、适应性、简单、共通性和柔性；[2] (3)裁判文书以涵摄模式为逻辑进路，以客观性观念为制作理念；[3] (4)裁判文书采取规范与事实的关联观念为逻辑依据，以恰当性观念为制作理念；[4] (5)以诉讼法的基本原则或法的根本价值为依据决定裁判文书的类型、风格，以程序性法律关系构建内容。[5] (6)法律文书的结构要素包括主旨、材料、结构。结构则包含首部、正文、尾部。[6]

第一种意见着重强调了裁判文书制作中的基本载体——语言，并且对作为裁判文书的语言也做了具体的论述。除此之外，还强调了在裁判文书语言形成过程中起整理、组织、领导作用的逻辑。而理由则是裁判文书的支撑。但裁判文书的要素是语言、逻辑、理由，并不能表示裁判文书的基本范本等于这些要素。语言是法律的要素之一，也为司法者运用法律所得出的文书所必需。但裁判文书的基本范本本身就是语言规范化要求的产物，因此，裁判文书的基本范本是构成裁判文书的一些特定要素的产物。第二种意见主要是从裁判文书的效果进行的论证，以结果论证为中心。第三种意见与第四种意见都是以裁判文书的逻辑及制作理念为中心，第四种意见实质上是对第三种意见的反驳。第五种意见也是从裁判文书的内容、结构进行分析，但采取一种整体性

---

〔1〕 参见最高人民法院2015年度审判理论课题组：《裁判文书的构成要素及其规范论纲》，载《盛京法律评论》2016年第2期。

〔2〕 参见葛文：《具有说服力裁判文书的形式构成》，载《人民司法(应用)》2016年第22期。

〔3〕 参见张真理：《裁判文书写作的误区》，载《国家检察官学院学报》2009年第2期。

〔4〕 参见张真理：《裁判文书写作的误区》，载《国家检察官学院学报》2009年第2期。

〔5〕 参见傅郁林：《民事裁判文书的功能与风格》，载《中国社会科学》2000年第4期。

〔6〕 参见张泗汉主编：《法律文书教程》(第3版)，法律出版社2017年版，第12～19页。

导向的立场。但其实，无论是涵摄性模式，还是规范与事实相关联的理念，都没有超出事实认定与规范判断的场域。客观性与恰当性也并不天然对立，无论是法律适用还是裁判文书的制作，都是一个主观认识客观的过程，主观反映客观的活动。最后一种意见虽然是法律文书的结构要素，但以法律文书与裁判文书之间的类属关系而言，仍具有极大的借鉴意义，但该要素只关注了客观方面，具有忽视裁判文书范本主观逻辑的嫌疑。同时，类型性的思维也没有进一步体现。

"就法院的裁判而言，一般有两个阶段，一是发现裁判的结论；二是形成裁判的理由。"[1]而裁判文书既承担记述裁判的过程，也包含陈述裁判的理由。如笔者在上文所说，裁判文书的基本范本是语言规范化的要求，也是记述的必然要求。但裁判文书的基本范本也并不是与裁判理由完全无关，或者说，裁判文书的基本范本是裁判文书信服力的特征之一。因此，笔者认为裁判文书的基本范本应包含如下几个要素：

（一）记述性要素

记述性要素是针对裁判文书基本范本对于具体裁判文书制作的定型作用而言的，法院可以直接根据基本范本制作文本。换言之，这个过程具有价值无涉性，不需要价值概念的介入。如《人民法院民事裁判文书制作规范》中的"标题、落款、数字用法、标点符号用法、引用规范、印刷标准"。而最基本的记述性要素包括：首部、正文、尾部。

记述性要素保证了裁判文书的统一性与规范性。人民法院依据裁判文书基本范本制作的文书，在文书抬头及结尾，数字、标点及文书形式将保持一致性，并且引用的规范性也有利于力证说理的可信性。

（二）规范性要素

裁判文书需要反映法院裁判的过程与结论，对于价值关系介入或

[1] 葛文：《具有说服力裁判文书的形式构成》，载《人民司法（应用）》2016年第22期。

者需要评价的部分,则体现为裁判文书基本范本中的规范性要素。规范性要素指导裁判文书制作中需要价值评价部分的规范化、程序化过程。如《人民法院民事裁判文书制作规范》中正文部分对于诉讼主体、诉讼客体等的记载,便是涉及法律关系的评价。

除了法律关系的规范性表达外,裁判文书的基本范本的规范性要素也起到裁判文书类型的观念指导形象的作用,亦即裁判文书范本中的规范性要素决定了裁判文书的内容及结构。这主要依靠规范性要素的内容来实现,而诉讼法的基本原则、基本制度及法的一般性原则构筑了规范性要素的内涵。民事裁判中的诉讼标的宣示了法院与当事人之间的审判与争诉关系,一审、二审程序中诉讼标的与诉讼客体的变化,产生了裁判文书格式转变的需要。裁判文书的内容由诉讼中具体法律关系所决定,实际诉讼活动也是法律关系变化的动态展现。[1] 更为直观的表现是,《民事诉讼法》对判决书内容的规定限定了基本范本的格式结构。因此,诉讼中的基本法律关系对于裁判文书不仅是内容指导与类型设定的依据,也是一个抽象与具体的交互式印证的过程。

对于其他裁判文书而言,也离不开具体诉讼法基本原则的制约。如刑事判决书中原先的事实首先变成了控辩双方主张的事实,而民事判决书中的事实部分则是一个由原告到被告交互举证、质证的顺序。这是一个法律观念指引与法律构成要件指导下,由法律精神起决定性作用的过程。[2]

裁判文书是司法机关公正司法的"最终载体",包括程序正义与实体正义两个基本内涵。同时由于案件案情不确定性与法律适用不确定

---

〔1〕 参见傅郁林:《民事裁判文书的功能与风格》,载《中国社会科学》2000 年第 4 期。
〔2〕 参见赵朝琴:《多向度的法律文书学方法论研究》,载马宏俊主编:《法律文书探索与创新》,北京大学出版社 2017 年版。

性,程序正义相较于实体正义更具有明确性,所以在诉讼活动中应坚持程序优先的理念。[1] 在裁判文书基本范本的形成上,则凸显出了程序法基本原则及基本理念的主导作用。但裁判文书的说理是裁判文书的灵魂,并且也是面向当事人、面向社会的一个窗口,因此需要把握法的一般价值对于裁判文书的基本范本的方向引导。

(三)逻辑性要素

语言与逻辑是裁判文书构成要素之一,也是裁判文书的形式表征与实质内核。[2] 裁判文书的基本范本中的记述性要素与规范性要素,对裁判文书语言规范化与裁判文书内容妥当性进行了引导。仅有语言难以构成文本,正是逻辑的串联构成了语言的有机集合。而逻辑性要素也贯穿裁判文书的基本范本的结构部署与效果优化的全过程。

早期对裁判文书文本的研究以对裁判文书的体例或者裁判文书的规范结构研究为主,一般认为裁判文书的范本具有工具主义的色彩,对裁判文书范本的研究多以法律文书写作为主要方向。但是需要指出的是,裁判文书范本也具有逻辑性。首先,从部分来看,基本范本中的"正文"部分是逻辑推理的结果。现行司法活动中,仍采取三段论的推理方法,而"正文"部分则反映了法律关系与法律事实在逻辑推导下,得出裁判结果的过程。这个活动是法律逻辑演绎的展现,而其反映载体也是合乎逻辑规则的。其次,以结果为导向,基本范本采取的"标题、正文、落款"结构,在整体上是合乎现行司法逻辑的体系。最后,裁判文书展示了裁判结论得出过程,范本对裁判结论的发现与论证具有指引作用,

---

[1] 参见万毅:《程序法与实体法关系考辨——兼论程序优先理论》,载《政法论坛》2003 年第 6 期。

[2] 参见最高人民法院 2015 年度审判理论课题组:《裁判文书的构成要素及其规范论纲》,载《盛京法律评论》2016 年第 2 期。

这种指引是有迹可循、合乎理性的。

对裁判文书基本范本中逻辑性要素的把握，不仅“吹散”了裁判文书范本唯工具主义色彩，还为以后的司法文书改革指明了方向。仅仅对裁判文书的样式进行精益求精、事无巨细的规定是难以实现裁判文书质量的巨大提高的，应当重视在裁判文书范本中有意识地凸显争议法律关系，将裁判文书作为法官逻辑思维的表征，建构裁判文书范本的内在逻辑体系。这也启示裁判文书的叙事与说理机制，也可借鉴裁判文书的内在规范逻辑。

三、裁判文书基本范本的内在要求

裁判文书基本范本的内在要求也是裁判文书的文本结构的基本要求，“法律文书的结构分为内容结构和形式结构两部分”。[1] 因此，在裁判文书基本范本的内在构成上不仅应兼顾形式的统一性、逻辑性，也应注重对裁判文书各部分内容排列的科学性。

（一）主旨的鲜明性

法律文书主旨，是指法律文书制作者依据案件事实材料，正确适用法律文书所形成的核心观点。[2] 主旨根据文本制作者的目的与文本的中心意思而形成，任何法律文书都要求具有主旨，这是由法律文书的实用主义需要出发的。法律文书范本不同于其他文本之处在于具有应用的目的性，而表现在裁判文书范本中的主旨，则以反映审判过程为要义。反映不同于记录，也不是单纯的陈述，而是有目的性的展示，否则没有范本存在的意义。裁判文书范本的意义是为了更好地帮助法官反映审判过程与表述裁判结论。以刑事判决书为例，刑事判决书以对相

〔1〕 孙青平：《法律文书基本问题研究》，中国法制出版社 2012 年版，第 12 页。
〔2〕 参见孙青平：《法律文书基本问题研究》，中国法制出版社 2012 年版，第 15 页。

关人员科处刑罚为目的,就必须写清案情事实,明确案件性质、刑事责任归属以及裁判的理由与依据。这样一来,在裁判文书的范本结构中就有了“首部、事实、理由、裁判依据、裁判主文、尾部”的编排。

(二)形式的规范性

形式的规范性是裁判文书范本的重要特征之一,也是裁判文书范本提供形式指导的要求之一。形式的程序性一方面使裁判文书达成了形式的统一性,也对内容具有规定性作用;另一方面形式的规范性对裁判文书制作也具有逻辑限定作用,使裁判文书制作更好地体现程序性与主旨的鲜明性。

1. 样式格式化

裁判文书范本是格式化裁判文书样式的集合,而范本则是裁判文书样式格式化的表征。样式格式化是裁判文书范本的印发样式的最终要求,也是制作裁判文书范本时应当追求的基本要求。这并不具有矛盾性,而是源于范本较之模板的更高位阶的体系性要求,这要求裁判文书范本做到“内容要素立项简明,格式固定,层次清楚,标准统一”。[1]

2. 结构固定化

固定化的结构是裁判文书行文模式程序性的保证,裁判文书的范本结构一般为首部、正文、尾部。首部是文书的开头部分。正文则是裁判文书的核心部分,由提出问题、分析问题和解决问题三部分构成正文的主体内容。尾部则是裁判文书结尾部分,要求程式严格,用语简短、固定。[2]

3. 用语规范化

用语规范化的要求具有双重规范性地位。首先,语言是裁判文书

---

〔1〕 张泗汉主编:《法律文书教程》(第3版),法律出版社2017年版,第4页。
〔2〕 参见张泗汉主编:《法律文书教程》(第3版),法律出版社2017年版,第16~18页。

的构成要素,也是裁判文书范本的要素之一,这是由语言的双重构成地位所决定的。其次,双重规范属性意味着一方面裁判文书中的法律专业术语符合法律规定外,结构要素用语也要标准化。[1] 另一方面裁判文书范本是对结构要素用语,如文书承继转合之处的用语予以统一规定。因此,裁判文书范本既是用语规范化的参照,也以用语规范化、统一化为己任。最后,实践是检验真理的唯一标准。裁判文书在司法实务中遭遇的现实困境,也使范本对语言有了更加严苛的规定。司法实务中裁判文书语言问题主要体现在以下几个方面:(1)语言空洞;(2)用语失范;(3)语言准确性不足;(4)语言法律专业化欠缺。[2] 而对于裁判文书范本而言,语言规范化要求更主要体现在第二点上,这又可以分为:一是对最高人民法院裁判文书制作相关规范文件确定的程序用语使用不当;二是法律引用、适用不规范;三是标点符号使用不规范;四是证据名称表述不准确。[3] 而对于其中程序用语失范的问题,是裁判文书范本用语规范性要求应着力解决的。

4. 形式标准化

形式的标准化同时代背景下,各种科学技术及相应技术规范的普及与同步具有一致性。裁判文书范本形式的标准化有利于形成司法公正的最大公约数,并且也是对裁判文书范本的技术性规范色彩的体现。

裁判文书范本形式的标准化特点同各法律部门的关系及各法律部门内部的关系具有一致性。从宏观来说,法律文书的样式的多样性同文书制作的部门与制作的目的的多样式相一致。但作为法律活动的产

[1] 参见张泗汉主编:《法律文书教程》(第3版),法律出版社2017年版,第4页。

[2] 参见最高人民法院2015年度审判理论课题组:《裁判文书的构成要素及其规范论纲》,载《盛京法律评论》2016年第2期。

[3] 参见最高人民法院2015年度审判理论课题组:《裁判文书的构成要素及其规范论纲》,载《盛京法律评论》2016年第2期。

物,法律文书的标准需要具有一致性,做到基本标准与要求统一。这是裁判文书范本形式标准化的宏观性要求。

从微观来说,最高人民法院及全国各级人民法院根据诉讼法的基本原则、基本原理及裁判活动制作裁判文书的需要制作裁判文书范本,格式、结构及要素整合上,也需逐渐规范化、标准化,以适应新时代下"互联网+"与审判活动的结合。

第三节　简式范本的产生及选择

一、我国裁判文书简式范本的产生

传统裁判文书的基本范本往往采取"首部、正文、尾部"的格式,具体表现为程序化裁判文书。程序化裁判文书具有适用主体、性质、程序上的跨度性,如第一审刑事判决书既适用于公诉案件,也适用于自诉案件;既适用于有罪判决,也适用于无罪判决。[1]

但在裁判文书司法改革趋势下[2],最高人民法院指出在现有裁判文书繁简不分与原有裁判文书样式难以满足新的诉讼制度的背景下,有必要在一般案件与疑难案件之外的简易案件中摸索出与其案件情况、法律适用情况相配套的简式裁判文书范本。同时,地方法院也不断配合试点摸索新式的裁判文书范本。因此,我国裁判文书范本已经在基本范本之外,产生了多种类型的简式范本。

---

〔1〕参见张泗汉主编:《法律文书教程》(第3版),法律出版社2017年版,第96页。

〔2〕如2014年12月,最高人民法院发布《最高人民法院关于进一步加强新形势下人民法庭工作的若干意见》,要求"探索在小额诉讼和其他适宜的简易案件中,使用表格式、令状式、要素式等简易文书,加快审理进程。"

二、简式范本的具体类型

(一)令状式裁判文书

令状式裁判文书,是指只包含诉讼参与人称谓和法院裁判主文,不记载当事人诉辩主张和裁判理由的法律文书。[1] 令状式文书目前适用于民事诉讼中的小额诉讼程序,小额诉讼程序具有降低诉讼成本,节约司法资源,提高诉讼效率的司法价值。而令状式裁判文书相当于程序化裁判文书的正文部分,令状式文书形式的简化,以前期的审查、筛选工作为保障。[2] 也就是说,令状式文书的推出在满足了小额诉讼程序当庭审理、当庭宣判、当庭出具裁判文书、一审终审的程序性要求的同时,也要求法院根据案件的分流制度对案件进行鉴别。

选择适用令状式裁判文书必须满足以下条件:(1)事实没有争议或争议不大;(2)适用简易程序(包含小额诉讼程序);(3)当庭宣判;(4)庭审过程全程录音或者录像。[3] 2013 年,广东省高级人民法院制定的《关于推行民事裁判文书改革促进办案标准化和庭审规范化的实施意见》(以下简称《广东省改革意见》)采取列举及兜底条款的方式规定了适用令状式裁判文书的案件类型。[4]

小额诉讼程序实行一审终审,同时由于令状式裁判文书简化了文

---

〔1〕 参见黄振东、邱碧媛:《"繁简分流"的深圳探索——以裁判文书和庭审方式改革为重点》,载《人民法治》2016 年第 10 期。

〔2〕 参见杨凯:《论民事诉讼文书样式体系与结构续造》,载《法治论坛》2018 年第 4 期。

〔3〕 参见黄振东、邱碧媛:《"繁简分流"的深圳探索——以裁判文书和庭审方式改革为重点》,载《人民法治》2016 年第 10 期。

〔4〕《广东省改革意见》第 11 条规定:"以下类型案件可以选择适用令状式裁判文书:(1)信用卡透支纠纷;(2)按揭欠款纠纷;(3)拖欠物业服务费、水电费纠纷;(4)拖欠房屋租金纠纷;(5)工伤保险待遇纠纷;(6)被告仅以缺乏还款能力进行抗辩的民间借贷纠纷;(7)其他适宜用令状式裁判文书裁决的案件。缺席判决的案件不得适用令状式裁判文书。"

书的论述及理由部分，为了更好保障当事人权利，也要求从令状式裁判文书的制度层面与实践层面完善相应的权利保障措施。制度设定上，《广东省改革意见》明确缺席判决的案件不能适用令状式裁判文书。司法实务中，深圳市中级人民法院为了更好实现司法公正与权利保障，规定了庭审过程中录音录像及申请答疑等措施。

（二）要素式裁判文书

根据浙江省高级人民法院于2014年12月3日印发的《关于民商事案件简式裁判文书制作指引》（以下简称《江苏省文书制作指引》）第4条之规定[1]，要素式裁判文书是指对于一些能够概括出固定要素的案件，不再根据基本范本规定的板块，而是根据案件要素，对双方当事人的意见、证据及裁判结果等要素进行记载的法律文书。

此外，《民事诉讼文书样式》以劳动争议案件为例，提供了一份要素式的裁判文书样本，要素式文书与要素表、要素庭审相结合。要素表需在庭前审理程序完成，对当事人和法院具有诉讼指引的作用。

要素式文书可适用于简易程序、小额诉讼程序以及无实质争议的案件。就要素式文书的结构体例而言，无实质争议是核心性标准，对无实质性争议的要素予以简略，以双方当事人所争议的要素为中心，陈述当事人双方的意见及证据和法院认定的事实理由，做到"简易优先，繁简结合"。"该简则简，简繁得当"的撰写策略更体现在对要素式文书范本结构的调整上，正文部分以基本范本的正文为基础，主要对"事实、理由"部分予以简化，只需保留"查明的事实"和"原告的诉请"两大必备板块，"被告的辩称""本院认为"等部分均属可酌情处理的自选板块，以

〔1〕《江苏省文书制作指引》第4条规定："要素式裁判文书是指对于一些能够概括出固定要素的案件，在撰写裁判文书时不再分别阐述原告诉称、被告辩称、经审理查明和本院认为部分，而是根据案件要素，载明原、被告意见、证据和法院认定的理由、依据及裁判结果的法律文书。"

合理释放法官发挥审判权的空间。[1] 同时“简繁得当”的理念也包含当简则简的直接肯定,与不当简则不能简的反语。对于要素式文书而言,不具有实质争议的部分可以简化,但是法律规范等记述性规范要素则应与裁判文书基本范本保持一致,即严格遵守《人民法院民事裁判文书制作规范》的制作规范要求。

要素表在要素式审判程序中起到总领之作用,要素表需要确认何者为要素式文书中的固定要素,而要素表本身是类型性的案件的基本要素的有机整体。类型性的案件是要素表制作的基础,而此种类型性的案件的整理也恰好回答了要素式审判适用范围以及要素式裁判文书的选择问题,即哪些案件需要适用要素式裁判文书。《广东省改革意见》与《江苏省文书制作指引》规定的可适用要素式裁判文书的案件的范围大多交叉[2],主要包括劳动争议、交通事故、房屋买卖、婚姻家事等案件。

(三)表格式裁判文书

表格式裁判文书,是指用表格列举的方法陈述当事人诉辩主张、法院查明的事实、裁判理由和裁判主文的简易法律文书及以附表列举金钱给付项目的裁判文书。表格式裁判文书包括纯表格型的裁判文书和附表格型的裁判文书。[3]

---

〔1〕 参见梁爽:《详解要素式民事裁判文书撰写要点》,载江苏检察网 2018 年 9 月 11 日,http://www.jsjc.gov.cn/qingfengyuan/201809/t20180911_633769.shtml。

〔2〕 《广东省改革意见》第 4 条规定:“以下类型案件可以选择适用要素式裁判文书:(1)劳动争议案件;(2)交通事故案件;(3)延期交房、延期办证案件;(4)涉及抚养费、赡养费、履行离婚协议等婚姻家事案件;(5)其他适宜用要素式裁判文书裁判的民事案件。”《江苏省文书制作指引》第 5 条规定:“以下类型案件可以选择适用要素式裁判文书:1. 劳动争议案件;2. 机动车交通事故责任纠纷案件;3. 房屋买卖合同案件;4. 涉及抚养费、赡养费、履行离婚协议等婚姻家事案件;5. 其他适宜用要素式裁判文书裁决的民商事案件。”

〔3〕 参见胡志光、涂超群、黄振东:《繁简分流在裁判文书和庭审方式改革中的体现》,载《法制日报》2016 年 11 月 23 日。

表格式裁判文书与要素式裁判文书的范本具有相似性，只是一些要素更适合以表格展示出来。民事裁判中，适用表格式裁判文书应当满足以下条件：(1)案件事实简单，双方对事实及责任没有争议；(2)案件所涉金钱给付项目适宜用表格式的方式列明。表格式裁判文书主要适用以下案件类型：简单交通事故案件；事实清楚、责任明确的其他人身损害赔偿案件；其他事实清楚责任明确，适宜用表格方式裁决的民事案件。[1]

而表格式裁判文书也可助力刑事裁判文书繁简分流的实现，刑事简易程序与速裁程序可选择适用表格式裁判文书。2014 年 6 月 27 日全国人大常委会发布《全国人民代表大会常务委员会关于授权最高人民法院、最高人民检察院在部分地区开展刑事案件速裁程序试点工作的决定》以及 2014 年 8 月 22 日最高人民法院、最高人民检察院、公安部、司法部发布《最高人民法院、最高人民检察院、公安部、司法部关于在部分地区开展刑事案件速裁程序试点工作的办法》，在各地推广刑事速裁程序的同时，也明确规定"人民法院适用速裁程序审理的案件，应当当庭宣判，使用格式裁判文书。"

刑事速裁程序中的格式裁判文书一般为纯表格式裁判文书，根据《最高人民法院、最高人民检察院、公安部、司法部关于在部分地区开展刑事案件速裁程序试点工作的办法》第 1 条之规定[2]，在刑事速裁程

---

〔1〕 参见黄振东、邱碧媛：《"繁简分流"的深圳探索——以裁判文书和庭审方式改革为重点》，载《人民法治》2016 年第 10 期。

〔2〕 该办法第 1 条规定："对危险驾驶、交通肇事、盗窃、诈骗、抢夺、伤害、寻衅滋事、非法拘禁、毒品犯罪、行贿犯罪、在公共场所实施的扰乱公共秩序犯罪情节较轻、依法可能判处一年以下有期徒刑、拘役、管制的案件，或者依法单处罚金的案件，符合下列条件的，可以适用速裁程序：(一)案件事实清楚、证据充分的；(二)犯罪嫌疑人、被告人承认自己所犯罪行，对指控的犯罪事实没有异议的；(三)当事人对适用法律没有争议，犯罪嫌疑人、被告人同意人民检察院提出的量刑建议的；(四)犯罪嫌疑人、被告人同意适用速裁程序的。"

序中可适用格式裁判文书的案件包括犯罪情节较轻,依法可能判处一年以下有期徒刑、拘役、管制的特定罪名的案件以及依法单处罚金的案件。

总的来说,正如笔者在上文所述,程序化裁判文书范本是一般案件与疑难案件的标准文书结构。对于简单案件而言,除了令状式、要素式、表格式裁判文书等简式裁判文书之外,也有不出具裁判文书的可能性。笔者将结合待判案件分流机制与范本机制在下文着重论述。

三、基本范本的进退与取舍

(一)程序式裁判文书(基本范本)的适用现状

根据《最高人民法院关于进一步推进案件繁简分流优化司法资源配置的若干意见》第15条的规定[1],可以概括出我国对裁判文书范本选择的大体思路:(1)先对案件进行分类,分为新类型、具有指导意义的简单案件与一般性简单案件。前者适用程序化裁判文书,后者适用令状式、要素式、表格式等简式裁判文书。(2)当庭宣判的案件,如小额程序,可以适当简化。(3)一些特定的民事案件,可以不出具裁判文书。(4)该意见并没有指明的案件,仍适用原来的裁判文书范本。

虽然《最高人民法院关于进一步推进案件繁简分流优化司法资源配置的若干意见》基于案件类型对案件进行分流的范本适用进行了详细规定,但对于简式裁判文书范本与程序化裁判文书范本仍有不足之

---

〔1〕《最高人民法院关于进一步推进案件繁简分流优化司法资源配置的若干意见》第15条规定:"推行裁判文书繁简分流。根据法院审级、案件类型、庭审情况等对裁判文书的体例结构及说理进行繁简分流。复杂案件的裁判文书应当围绕争议焦点进行有针对性的说理。新类型、具有指导意义的简单案件,加强说理;其他简单案件可以使用令状式、要素式、表格式等简式裁判文书,简化说理。当庭宣判的案件,裁判文书可以适当简化。当庭即时履行的民事案件,经征得各方当事人同意,可以在法庭笔录中记录相关情况后不再出具裁判文书。"

处。程序化裁判文书范本适用于较为复杂的一般案件，如适用第一审普通程序、第二审程序、再审程序等程序审理的案件，但简单案件也有适用程序化裁判文书范本的可能性。也就是说，简单案件既能适用程序化裁判文书，也能适用要素式、令状式、表格式等简式裁判文书范本。裁判文书的繁简分流要解决的现实困境是，裁判文书的千篇一面，无论繁简，都适用程序化裁判文书。如今，简单案件中具有适用范本选择的可能性。但在复杂案件中，仍只有适用程序化裁判文书一个选择。

（二）程序式裁判文书（基本范本）的适用困境

在较为复杂的一般案件中运用程序化裁判文书范本，既没有解决传统裁判文书范本格式固化，没有选择的余地的问题〔1〕，也没有超出传统裁判文书的领域，因此造成两难的境地，其中表现最为突出的为刑事领域裁判文书的选择。

《四五改革纲要》对裁判文书的繁简分流进行进一步规定〔2〕，由于《四五改革纲要》的总领性、全局性，对于刑事裁判文书的指导地位不言而喻。从《四五改革纲要》的相关规定来看，以下案件仍适用裁判文书的基本范式，但应加强说理：(1)二审案件；(2)再审案件；(3)审判委员会讨论决定案件；(4)当事人争议较大、法律关系复杂、社会关注度较高的一审案件。而事实清楚、权利义务关系明确、当事人争议不大的一审民商事案件和事实清楚、证据确实充分、被告人认罪的一审轻微刑事案件则可适用简式裁判文书。

〔1〕参见黄振东、邱碧媛：《“繁简分流”的深圳探索——以裁判文书和庭审方式改革为重点》，载《人民法治》2016年第10期。

〔2〕《四五改革纲要》第34段规定：“根据不同审级和案件类型，实现裁判文书的繁简分流。加强对当事人争议大、法律关系复杂、社会关注度较高的一审案件，以及所有的二审案件、再审案件、审判委员会讨论决定案件的说理性。对事实清楚、权利义务关系明确、当事人争议不大的一审民商事案件和事实清楚、证据确实充分、被告人认罪的一审轻微刑事案件，使用简化的裁判文书，通过填充要素、简化格式，提高裁判效率。”

刑事裁判文书范本在繁简分流的改革势头下，具有保守之处。首先，《人民法院民事裁判文书制作规范》与《民事诉讼文书样式》就民事案件适用的程序，规定了要素式、令状式、表格式裁判文书，但刑事诉讼文书并没有出台统一的范本。刑事速裁程序在采取类型化思维的基础上，也推出格式裁判文书，配合裁判文书的繁简分流的改革势头。但总体上规定的范本是不足以支撑范本选择的多样性的构建。

其次，我国现有的刑事裁判文书范本及司法实务的运用呈现同质化的趋势，这也是我国程序式裁判文书固有的一个缺陷，虽然案件不同，体例不同，但格式上具有同质化的倾向。最高人民法院先后发布的法院刑事诉讼文书样式（样本）共有9种一审判决书，这些判决书虽然适用于不同的一审案件，但都具有固定的要素，格式与公诉案件适用普通程序审理的案件文书别无二致。[1] 刑事裁判文书范本及司法实践运用的同质化趋势，也表明了需要对传统的程序化的裁判文书范本进行改革的必要性，以及加强在刑事诉讼程序中类型化、要素化思维运用的重要性。

在民事裁判文书繁简分流的措施中，有无实质性争议是划分数量众多的民事裁判文书的"分水岭"。[2] 而在刑事裁判文书中的繁简分流若拘泥于《四五改革纲要》，以"审级与案件类型"进行划分，则难以体现案件类型的不同与审级的划分，更与刑事诉讼的体系构造难以自恰。因此，有学者提出应结合刑事诉讼争议之核心，转而以"控辩双方在审判中的对抗程度"取代。[3] 以把审判阶段的刑事案件划分为控辩双方就控诉事项达成"合意"的案件和达不成"合意"的案件。"要式裁判文

---

〔1〕 参见王新清：《刑事裁判文书繁简分流问题研究》，载《法学家》2017年第5期。

〔2〕 参见杨凯：《论民事诉讼文书样式体系与结构续造》，载《法治论坛》2018年第4期。

〔3〕 参见王新清：《刑事裁判文书繁简分流问题研究》，载《法学家》2017年第5期。

书”适用于“对抗式审判程序”，“简式裁判文书”适用于“合意式审判程序”，只将有关事项，特别是对“认罪认罚”“控辩协议”等事情进行真实的记载。[1]

总的来说，在该学者对刑事裁判文书繁简分流的构思下，范本选择的问题与《四五改革纲要》的大致思路是一致的。二审案件、再审案件、审判委员会讨论决定案件以及当事人争议较大、法律关系复杂、社会关注度较高的一审案件适用要式裁判文书。而事实清楚、权利义务关系明确、当事人争议不大的一审民商事案件和事实清楚、证据确实充分、被告人认罪的一审轻微刑事案件则可适用简式裁判文书。具体区分一方面表现在案件的划分上，前者由于对抗性程度高，双方当事人合意程度低，所以被划分为“对抗性审判程序”。而“合意式审判程序”除了《四五改革纲要》列举的例子外，还包括一审普通程序中被告人自由、客观认罪的案件，如自首、坦白及二审程序中被告人放弃上诉的案件。另一方面表现在适用的范本也有不同。《四五改革纲要》中可供选择的范本为基本裁判范本与简式裁判文书范本，而构思的体系中，可供选择的范本为要式裁判文书范本与简式裁判文书范本。两者最主要的区分在于裁判文书的基本范本与裁判文书的要式范本上。可以说，裁判文书的要式范本是在裁判文书的基本范本的蓝本上构筑的，但以要素齐全、格式规范为要求，可以理解为改进版的基本范本。[2]

四、简单案件与疑难案件裁判文书范本的新出路

上文所述的程序化裁判文书与简式裁判文书分别对应一般案件、疑难案件的裁判文书标准范本与简单案件的裁判文书简式范本。在最

---

〔1〕 参见王新清：《刑事裁判文书繁简分流问题研究》，载《法学家》2017 年第 5 期。
〔2〕 参见王新清：《刑事裁判文书繁简分流问题研究》，载《法学家》2017 年第 5 期。

高人民法院裁判文书繁简分流的改革趋势下,“简案快审,繁案精审”的改革要求,也意味着要实现简单案件与疑难案件的裁判模式差异性,相对应的,在裁判文书制作上,也应做到“简者更简,繁者更繁”,裁判文书范本也有了更多选择的可能性。根据待判案件分流制度与范本制度,裁判文书的“简者更简”主要是对采取简式裁判文书审理的简单案件,根据案情、法律关系及履行程度等情况,进一步开发其他样式的简式裁判文书或者直接宣判,法官不制作裁判文书。

简式裁判文书的新探索在上文有所论述,主要是采取中央的理论指导与基层的实践摸索相结合的模式展开。而在司法实务中不制作裁判文书的情况,也必须符合当庭能即时履行、经由双方当事人一致同意等条件。

目前,我国对于疑难案件仍采取程序化裁判文书范本,与一般案件无异,但基本的裁判文书范本也早已不能适应裁判文书释法说理的需要,有进一步在基本框架下深化的必要性。北京知识产权法院在司法实务中探索加强说理裁判文书范本,形成应对新类型、高难度、需要法官自由裁量的知识产权案件的要旨式裁判文书范本与点论式裁判文书范本。要旨式裁判文书体现在对各核心要素的归纳的强化上,它改变现有裁判文书“事实—理由—结论”的撰写模式,在文书前面附案件裁判审理要点并公布裁判主文的撰写体例,在要旨式裁判文书中,其核心内容是对各方争议焦点归纳、要点评述及裁判结果,而点论式裁判文书则采取“一点一论”的范式。[1] 点论式裁判文书的撰写应适用“确定争议焦点—结合相关事实论述法律意见”的模式,具体是围绕每一个争议

---

〔1〕 参见罗灿:《司法改革背景下裁判文书说理繁简分流研究》,法律出版社 2018 年版,第 82～84 页。

焦点,查明事实、论证说理,然后在下一个焦点再重复这一过程。[1] 这是法院在程序化裁判文书范本的基础上的一次有益尝试,也为疑难案件在裁判文书基本范本的共性之中开发出个性范本的延伸提供有益的借鉴。

第四节 裁判文书的个性处理:附带

裁判文书的个性处理是指针对疑难案件裁判文书的制作,如何在形式上促进裁判文书说理的效果。裁判文书范本的个性处理有两种方式,一种方式是结构创新,另一种方式则体现为在基本范本之外增加附带即法官后语。由于结构创新太具有个殊性,适合针对具体个案特殊化处理,所以很难形成范本要求。所以本书仅仅就在基本范本之外增加法官后语的方式进行讨论。法官后语是指“附署于裁判文书规范化格式之后的一段对当事人给予有关法律、伦理教育或个案启示的简短文字”。[2] 法官后语一方面属于“附设”,在裁判文书体系结构之外;另一方面裁判文书附带的推出符合时代特征,其形式多样性在某种程度上也表明法官在司法活动的体系化语境下思考的深入。[3]

一、附带(法官后语)的基本面向

法官后语的特征可以概括为:(1)制作主体是法官或者合议庭,简

---

〔1〕 参见罗灿:《司法改革背景下裁判文书说理繁简分流研究》,法律出版社2018年版,第85页。

〔2〕 上海市第二中级人民法院研究室:《裁决文书附设“法官后语”的思考 我国裁判文书格式和风格的延续与创新》,载《法律适用》2002年第7期。

〔3〕 参见刘星:《判决书“附带”:以中国基层司法“法官后语”实践为主线》,载《中国法学》2013年第1期。

言之,是案件的审判主体;(2)从效力上来说,不具有法律约束力;(3)语言特点上来说,多采用抒情、描写的表达方法,以达到道德教化的作用;(4)从结构上看,法官后语置于裁判文书尾部之后,是裁判文书的组成部分之一。也就是说,法官后语置于裁判文书结构中时,是结构的一部分,但并不为所有裁判文书所必需。裁判文书的基本范本中的结构要素为必要语步,而法官后语系可选语步。[1]

法官后语是我国审判实践中摸索出的特有模式,起源于上海市第二中级人民法院的审判活动,后来逐渐为全国各地其他法院借鉴并运用。上海市第二中级人民法院于1996年6月在一份人身损害赔偿纠纷上诉案的第二审民事判决书中首次尝试在判决书后设置"后语",然后逐步有选择地在一些民事、刑事案件裁判文书中试行,并将"后语"改为"法官后语"。[2] 法官后语被视为情与法交融的产物,"不仅做到以理服人,以法服人,而且做到以情感人,以情服人"。[3] 在这一点上,同我国古代判词具有异曲同工之妙。我国古代判词是古代司法官员听诉断狱所形成的法律文书,源起先秦,现今发现的最早的判词可追溯至西周晚期[4];形成于秦汉时期,儒家经义成为断案依据;盛于唐宋,至清末时受到西方法律思想影响呈现现代化的特征。[5] 总的来说,古代判词被视为天理、国法、人情的统一,并将德法并举内置化。因此,现有的学者也出现了将法官后语内置化的主张,即将法官后语吸收进裁判文书的理由部分。[6]

在英美法系的判决书中,裁判文书判决的理由除了"决定理由"外,

---

[1] 参见程乐:《判后语之体裁分析》,载《浙江工商大学学报》2006年第1期。
[2] 参见周道鸾:《情与法的交融 裁判文书改革的新的尝试》,载《法律适用》2002年第7期。
[3] 周道鸾:《情与法的交融 裁判文书改革的新的尝试》,载《法律适用》2002年第7期。
[4] 参见张泗汉主编:《法律文书教程》(第3版),法律出版社2017年版,第5页。
[5] 参见孙青平:《法律文书基本问题研究》,中国法制出版社2012年版,第7页。
[6] 参见聂圣:《法官后语的反思与重构》,载《知与行》2018年第1期。

还有"附带意见"。[1] "决定理由"同我国裁判文书中的"理由"部分相似,即只有"决定理由"部分具有法律约束力,法官需充分详尽论述判决理由。但与我国不同的是,由于英美法系国家的判例法传统,"决定理由"部分不仅成为判决书的一部分,而且也成为先例,对今后的法院判决具有约束力。而"附带意见"则由法官个人决定,是法官个人信仰或个人见解、劝解的体现。

在大陆法系国家"逻辑至上"或者说"形式至上"的理念下,则难以在裁判文书中见到规范之外的"附带"。法国是典型的大陆法系国家,"法国法院,尤其是最高人民法院想方设法使判决书的内容缜密而紧凑,附带性论述一概排除;当判决基于某一理由应予撤销,其他理由便弃之不顾"。[2] 我国虽然有借鉴大陆法系法治成果之处,但也有自己的法制史传承,法官后语既有英美法系裁判文书"附带意见"之形,也要植根于中国司法实践"土壤",立足于中国法治语境。

二、裁判文书附带与裁判文书附件的区分

裁判文书附带与裁判文书附件都不属于裁判文书的基本范本,也就是说,裁判文书附带与裁判文书附件都不在裁判文书格式要求之内。就两者的功能来说,两者都是为了更好地实现释法说理或者说两者都是为了促进裁判文书说理而开发出的"功能"。

但两者在本质上来说,又存在一些差异。就法律正当性而言,裁判文书附件相较于裁判文书附带更具有法律上的正当性。《最高人民法院关于加强和规范裁判文书释法说理的指导意见》第 14 条肯定了裁判

---

〔1〕 参见上海市第二中级人民法院研究室:《裁决文书附设"法官后语"的思考 我国裁判文书格式和风格的延续与创新》,载《法律适用》2002 年第 7 期。

〔2〕 [德]K. 茨威格特、H. 克茨:《比较法总论》,潘汉典、米健、高鸿钧等译,贵州人民出版社 1992 年版,第 228 页。

文书附件的形式，但裁判文书附带仍处于探索的进程中。

在两者内容上来说，裁判文书附带与裁判文书附件虽然都是为了强化裁判文书释法说理的作用，但两者的内容不同，其体系性地位也具有差异。裁判文书附带为规范性要素，裁判文书附件为记述性要素。裁判文书附件是在裁判文书说理之外起“证据”作用，裁判文书附带是在裁判文书说理之外的升华。简言之，裁判文书附件属于裁判文书的表达方法，裁判文书的附带则不属于裁判文书的表述之列。这也决定了两者的效力的不同。

在两者的类属上，裁判文书的附带主要是指法官后语或者说判后语。裁判文书的附件根据《最高人民法院关于加强和规范裁判文书释法说理的指导意见》第 14 条规定包括：(1)裁判要点，主要适用于案情复杂的案件；(2)附表，主要适用于案件事实或数额计算复杂的案件；(3)附图，主要适用于附图的方式能更容易表述清楚的；(4)附录，主要适用于证据材料众多，需要构建证据链的案件；(5)其他附件。其他附件为兜底事项，包括引用的法律条文的全文及特定名词的解释等。[1]

三、裁判文书附带的理论争议

法官后语作为法官创设的裁判文书附带，是裁判文书个性的体现，与裁判文书范本的共性存在对立之处。首先，裁判文书的范本没有规定法官后语的形式，法官后语可视为法官审判权的延伸。其次，法官后语作为“说理的补充”，也不是为所有的裁判文书所需要。最后，法官后语与裁判文书的附件不同，裁判文书的附件具有补充说理的功能，属于

---

〔1〕参见胡仕浩、刘树德：《裁判文书释法说理：规范支撑与技术增效——〈关于加强和规范裁判文书释法说理的指导意见〉的理解与适用(下)》，载《人民司法(应用)》2018 年第 31 期。

规范性措施,而法官后语则在规范性要求之外。除了形式与制度上的对立及有无外,理论界与实务界对法官后语存在肯定说和否定说两种不同的态度。

肯定说充分肯定司法实践中,法院在裁判文书中探索与实行法官后语的举措。支持的理由大致有以下几种:(1)法官后语是以对当事人进行劝谕、倡导、教育、警醒、告诫为主要内容 ,体现人文关怀的现代司法理念,是裁判文书改革谱写的新篇章。[1] (2)法官后语虽然是法定程序之外的特殊产品,但实现了传统裁判文书之外的功能,具有"刚柔并济"的效果。[2] (3)法官后语是法官自发改革的产物,在裁判文书中加入法官后语,有利于实现裁判文书的法理、情理的融合。[3]

否定说则认为"法官后语是说理的补充,而非补充的说理"。[4] 法官后语以道德教化为主要内容,不涉及法律规范判断,裁判文书的释法说理在理由部分就已完成,对于需要由裁判文书说理的,本身就应纳入正文部分详细论述,这既是裁判文书的体例安排,也是加强裁判文书释法说理的司法改革要求。而法官后语则以教化为主要任务,对于案件事实认定、规范判断并不涉及,因此也不适合加入裁判文书的正文部分。

否定说还从司法实践效果着手,认为法官后语难以实现法理与情理的贯通。否定的理由大致有如下几种:(1)判决书是国家司法活动的产物,具有强制性、稳定性与权威性,而法官后语是对裁判文书权威性的消抵。[5] (2)裁判文书为"法理""事理""情理"预留了空间,应将法

〔1〕 参见玉梅:《试论"法官后语"》,载《广西政法管理干部学院学报》2005年第6期。

〔2〕 参见李新亮:《"法官寄语"体现"刚柔并济"》,载《人民法院报》2011年11月6日。

〔3〕 参见杨依:《法官后语与古代判词之比较》,载《人民司法》2010年第13期。

〔4〕 聂圣:《法官后语的反思与重构》,载《知与行》2018年第1期。

〔5〕 参见樊崇义:《沉默永远是一种选择——对"法官后语"说不》,载《法制日报》2003年6月5日。

官后语中的情理融入裁判文书的说理中去。同时,在社会道德及道德评价多元的时代,法官后语的设置有使法官逾越法律与道德“藩篱”,违反道德自主的危险。[1] (3)法官后语使道德与法律相互渗透,但无法保证法官个人素质与素养,因此其在造成司法判决不规范的同时,也具有与法治国家理念相背离的危险。[2]

四、裁判文书附带的诠解与重申

对法官后语持肯定态度者,大多以法官的自我改革以及裁判文书的情理融合为出发点,但不能逃避也无法逃避的是,如何正视法官后语的道德泛化与裁判文书的权威性的关系,否则也正如持谨慎意见者所言,法官后语与我国的法治改革是背道相驰的。笔者认为,应当对法官后语持理性的态度,上文也曾谈及法官后语具有“论证与道德话语的错位”的危险,但是我们需要解决的是如何正视法官后语,如何纠正此种裁判方法上的偏差,而不是仅仅给出精心论证的理由,便又囿于方法论与逻辑论辩的“陷阱”。

(一)法官后语与基层法官话语权

有学者以对法官后语目前运用的司法实例进行分析,概括出了法官后语目前适用的样本类型,大多为伦理支撑法律、伦理补充法律、法律内容的生活化理解三类。[3] 与法官后语样本的多样性对应的是基层法官角色的丰富性,以及诉讼上互动的微观需求。持谨慎态度的人大多忽视了法官感性需求以及司法实践中这种感性需求的普遍存在,在

---

[1] 参见张志铭:《“法官后语”与“情法交融”》,载《人民法院报》2002 年 11 月 22 日。

[2] 参见米健:《司法改革的创新与统一——“法官后语”可否缓行》,载《法制日报》2003 年 3 月 13 日。

[3] 参见刘星:《判决书“附带”:以中国基层司法“法官后语”实践为主线》,载《中国法学》2013 年第 1 期。

裁判文书正文部分依法制作、依理制作的前提下，法官出于实践需要而附设的法官后语，并不会有损法官的公正力与信服力。而支持法官后语的人往往只发现了法官后语对当事人的人本情怀，忽视了司法工作者本身人文关怀的需要。

法官具有自然人、社会人、政治人、司法者多重角色，每一种角色都具有各自权利与义务的边界，而法官在行使与承担一个角色的社会职能与义务的同时，也是作为其他角色存在与被反映。法官存在于规范与事实之间，法官的多重角色也应在法律、个人、社会生活三者中融合。[1] 因此，也应当注意到在要求塑造司法公正、独立的法官形象时，忽视法官个人因素的影响，反而会放纵个人因素对司法过程的不正当介入。[2]

在基层法官公正合法地按照裁判文书基本范本制作了判决书后，基于对基层法官诉讼上互通的需求的尊重，由此衍生的法官后语正是基层法官话语权实现的产物。因此可以说，正是这种诉讼上反映的需求推动了法官后语的产生。总的来说，"'法官后语'既是判决书制作者的主动预期，又是社会各类阅读者感受和期待的结果"。[3] 法官的多重角色性与司法机关的权威性也不会有所损减。

(二)法官后语的道德"泥潭"与功能主义出路

我国正处于社会转型期，国家面对高速发展、日新月异的社会，一方面需要不断完善法律，来维护社会运作的秩序；另一方面也需倾听公民的诉求，实现对公民权利的保障。社会经济的高速发展与社会经济

[1] 参见唐志容：《法官如何判决——论司法过程中的法官个人因素》，载《法律方法》2005年第0期。

[2] 参见唐志容：《法官如何判决——论司法过程中的法官个人因素》，载《法律方法》2005年第0期。

[3] 刘星：《判决书"附带"：以中国基层司法"法官后语"实践为主线》，载《中国法学》2013年第1期。

活动的转型,也反映在社会道德及道德评价标准的多元化上。持谨慎态度者的担忧是有时代依据与社会意义的。在他们看来,法官后语虽然只是起道德教育的作用,但道德评价本来就是自治且多元的。其次,也有法官逾越法律“藩篱”,违反管理道德的危险性。最后,法官个人素质也是难以统一的。[1]

笔者认为,持谨慎意见者的担忧是值得肯定的,但如果过于放大,则难以窥见事物之全貌。笔者认为,以法官预设法官后语的作用及法官后语本身作用的功能主义出发,可以妥当化解法官后语有违“依法治国与以德治国”的嫌疑。首先,对法官后语的功能定位,应当明确化与限定化。司法活动对于纠纷解决与制作维护具有终局性的作用,但司法的过多倚重也容易造成司法功能解读的多样化,最后导致司法的“功能紊乱”,或司法功能泛化。[2] 因此,需要在法官后语中也树立司法功能有限主义,明确法官后语的辅助作用。以功能主义出发的方法论,也纠正了法官在运用法官后语中可能出现的论证与道德话语的错位的说理方法偏差。其次,从法官后语的功能主义出发,法官后语只能发挥以伦理说明法律、以伦理支撑法律以及解析案件的作用,不能超出功能主义的限度,以避免道德的泛化与法律的不匹配。最后,当以功能主义限定了法官后语的内容与范围时,我们也要从功能主义出发审视法官后语本身。法官后语使得裁判文书不仅明确权利义务,解决纠纷,也“使裁判文书成为向社会公众展示司法公正的载体,进行法制教育的生动教材”。就这个角度而言,笔者认为法官后语与裁判文书司法改革是不相违背的。

---

〔1〕 参见张志铭:《“法官后语”与“情法交融”》,载《人民法院报》2002 年 11 月 22 日。

〔2〕 参见孙笑侠:《论司法多元功能的逻辑关系——兼论司法功能有限主义》,载《清华法学》2016 年第 6 期。

(三)裁判文书附带的未来走向

有学者考察了西方历史上,裁判文书附带的变迁,指出了附带主旨的时代性特征以及附带作为裁判文书本身延伸的可能性。[1] 换言之,历史上,裁判文书的附带本身就是时代的产物,随着社会历史的变迁,反而成为裁判文书的一部分。笔者认为,从历史运动及司法实践的角度考察,法官后语作为裁判文书的附带的未来走向是规范化。

首先,最高人民法院可将法官后语与裁判文书的繁简分流相结合。对于需要加强说理的案件,可设置法官后语进行“说理的补充”。其次,最高人民法院应当限定可运用法官后语的案件范围,虽然司法实践中,法官后语的运用没有违背社会公序良俗之处,但将其规范化更加符合我国法治的道路。最后,法官后语的用语也需要规范化。虽然法官后语只是对裁判文书说理的补充,但是也应当注重语言的合理使用,过于口语化的用语也不适合出现在裁判文书中。

第五节　小　结

本章对裁判文书范本制度的功能、基本范本、个殊性要求进行了论述。第一节以裁判文书范本制度的从无到有、从粗糙到精细的发展历程,展示了我国法治建设不断进取的缩影。范本制度的基本功能是实现技术规范的效果,使法官在制作裁判文书时,具有统一、可参照的标准,提高裁判文书的制作水平和效率。裁判文书的根本功能同法治的进路具有一致性,可以起到有效治理的功能。对制度建设、程序规范的

[1] 参见刘星:《判决书“附带”:以中国基层司法“法官后语”实践为主线》,载《中国法学》2013年第1期。

不断完善,使裁判文书范本制度能以“看得见的方式”实现正义,同时设计范本制度的初衷也是为了实现司法效率的提高,从这个意义上来说,范本制度正是法治国程序正义与司法效率的统一的象征。

本章第二节、第三节对裁判文书基本范本的要素、范本要求、简式范本及其选择进行了论述。对裁判文书基本范本的要素归纳采取类型化的思维方式,力图克服概念化思维的局限性,使法官在运用的过程中具有理解适用的空间。裁判文书范本是法律文书范本的一种,两者之间是一般与具体、抽象与特殊的关系。对裁判文书范本要求的把握,总的来说,是一种技术规范制作上的理解,既需要消解在法律文书范本的一般性要求中,也需要突出裁判文书范本的特殊要求。此种要求同裁判文书范本的程序性、规范性特征具有一致性。

裁判文书的范本选择也是分流制度的必然后果,对于简单案件,一般可适用简式裁判文书范本,对于一般案件与疑难案件则适用程序化裁判文书范本。范本选择的可能性既依赖分流制度对案件实体的划分,也与裁判文书的繁简分流的改革措施相配套。但是对简单案件而言,虽然具有不出具裁判文书的法律依据,也有域外的司法实践经验为参照,但仍应注意“繁简得当”,以“经各方当事人的同意”即“意思自治”为实质性要件,否则,过度的简化等同于以程序的方式预先排斥诉讼当事人的权利,以效率之名损公正之实。

本章第四节论述了裁判文书的个性处理。裁判文书的个性处理是针对疑难案件裁判文书的制作中,如何在形式上促进裁判文书说理的效果。裁判文书范本的个性处理有两种方式,一种方式是结构创新,另一种方式则体现为在基本范本之外增加附带即法官后语。由于结构创新太具有个殊性,适合针对具体个案特殊化处理,很难形成范本要求,所以本章仅就在基本范本之外增加法官后语的方式进行了探讨。通过对法官后语的考虑,笔者认为,从历史运动及司法实践的角度考察,法官后语作为裁判文书的附带的未来走向是规范化。

范本制度的本质是技术规范，但是此种技术规范并不是唯“工具主义”，或者只具有单一的价值取向。从宏观上来说，裁判文书的价值体系与制度体系具有多元性，不同价值标准与逻辑联系在不同的部分具有不同的分配，如何实现各个部分的价值标准取决于各自内容与方法论进路。裁判文书的范本制度如果仅定位为实现效率价值或工具价值，则会造成范本制度本身的价值“失联”，从而丧失了讨论其价值实现的现实基础。换言之，仅认为裁判文书范本制度具有工具价值或效率价值的想法，不仅不具有价值体系下讨论的语境，并且这种做法本身也是对“工具”或者“效率”的抽象理解而导致的方法论上的偏差。从微观来说，裁判文书的范本制度具有公正、效率、文明等多元价值，并且也存在共性与个性、一般与特殊、繁芜与简约的多元价值的对立。具体对简式裁判文书范本而言，如何在诉讼当事人最低程序限度的权利保障的基础上〔1〕，实现司法的公正，甚至会引发公正与效率本身的价值失衡的讨论。无限度的简化裁判文书范本或者仅仅根据案件事实、法律适用填充范本的做法，忽视了范本制度本身的价值语境与制度功能，以致法律效果上的差强人意。因此，范本制度的研究需要纠正宏观、抽象的价值偏差，超越脱离价值语境与制度功能，甚至背离裁判文书范本制度的功能主义的做法，进而朝着价值、逻辑、规范一体化的方向迈进。

〔1〕 参见傅郁林：《繁简分流与程序保障》，载《法学研究》2003 年第 1 期。

第五章　裁判文书说理制度

正如前文所述,我国裁判文书制度的重构应该依循二元体系的思路,其构造包含逻辑层面和价值层面两方面。在制度的逻辑层面,通过裁判文书的分流制度进行繁简分流后,就要根据案件的性质及繁简程度进行类型化的范本制度设计,并根据不同类型的案件提出不同的说理要求,从而提高司法效率,增强裁判文书的科学性和合理性。裁判文书范本是裁判文书内容的载体,其从形式上指引法官进行有效说理;而裁判文书说理制度则是直接指向说理的实质内容,全面指导促进法官对裁判文书进行充分、合理的说理,从而全面实现裁判文书制度的价值体系:合理性、可接受性和效率性。因而本章在厘清裁判文书说理的历史演进的基础上,对文书说理的功能、内容、方法进行了全面分析和论述,最后落脚到如何从制度上来规范指引法官的说理行为。

第一节　裁判文书说理制度的演进及功能

裁判文书的说理在“事—理—断”中处于核心地位,是裁判文书的灵魂,说理的恰当与否直接影响了裁判文书的整体质量的优劣和办案的成败。那么究竟什么是裁判文书的说理呢？从字面意义上讲，说理主要有两种含义：一是指阐明道理，二是指讲求是非曲直，不霸道，因此说理就是指对客观事物进行分析评价，阐述道理，论证是非曲直的表达方法。[1] 裁判文书的说理实质上就是法官通过归纳演绎等逻辑思维方式阐明认定的事实和适用的法律，并揭示裁判进程中的程序问题，使当事人和其他普通民众能够从内心接受裁判结果。司法在本质上是一种判断权，而司法裁判不仅要说明当事人和其他社会公众对于特定案件所作出的判断究竟是什么，而且还要对给出这一判断的理由进行说明。[2] 增强裁判文书的说理性是实现程序正义的必经之路，也是我国社会主义法治建设进程中的必然选择，在裁判文书中进行充分的说理绝不仅仅意味着对裁判文书形式的改良或创新，其背后蕴含了对诉讼当事人权利重视程度的不断深化和对法治现代化的追求。

一、裁判文书说理制度的发展轨迹

裁判文书必须说理，是古今中外人们随着物质生活条件的改善和社会的发展进步所达成的共识，随着时间长河的持续推移，裁判文书必须说理在当下已经成为人类社会具有公理性的规则，其也是作为法律职业工作者之一的法官所必须履行的职业义务。

（一）我国裁判文书说理制度的发展

我国裁判文书制度随着中华文明的发展不断演进。中国古代的判词就是当时的裁判文书，其范围既包括当代意义上的“裁判文书”，也包括士人为科举考试提前练习所作和考试时所作答的“判词”。我国裁判

[1] 参见张泗汉主编：《法律文书教程》（第3版），法律出版社2017年版，第24页。
[2] 参见雷磊：《从“看得见的正义”到“说得出的正义”——基于最高人民法院〈关于加强和规范裁判文书释法说理的指导意见〉的解读与反思》，载《法学》2019年第1期。

文书说理历史悠久，源远流长，在先秦时期就产生了“判词”，1975 年出土于陕西省岐山县的西周晚期《亻朕匜》铭文是目前考古所发现的最早最完整的判词材料。该判词说理尽管简洁，但事实充分，有理有据，体现了夏商周时期璀璨的说理文化。秦汉时期建立了中国古代的语言科学，汉朝时期以儒家经义为依据断案，推动了判词说理的进一步发展。到唐宋时期，中国古代的法律体系逐渐完备，判词的说理对于案件事实的认定与分析的重视程度不断增加，在判词的说理上采取朴实易懂的语言表达方式，增强了判词的实用性。而到了明清时期，中国古代的判词发展日趋成熟，其地位得到了空前的提高，并产生了判词研究的专门著作，如清朝樊山所作的《新编樊山公牍精华》。

清朝末年鸦片战争打开了中国长期封闭的国门，中国开始进入半殖民地半封建时期，甲午战争失败后，清末修律对裁判文书的判决理由进行了一系列的规定，如 1907 年公布的《各级审判厅试办章程》对民事判决书的格式进行了规定。而对于刑事案件的判决书也作出了特殊的要求。[1] 民国时期裁判文书的说理则体现了中西合流的特点，一方面对清末裁判文书的说理内容进行了进一步的继承和发展，另一方面则深受大陆法系国家法律文书格式的影响，裁判理由在裁判文书中的地位更加突出。

新中国成立后，开始逐步建立社会主义法制体系，1950 年中央人民政府法制委员会草拟的《诉讼程序试行通则（草案）》第 49 条就规定了在对判决进行宣告时要对理由进行讲述。1978 年改革开放后，我国先后制定了刑法、刑事诉讼法、民法、民事诉讼法等一系列法律，其中 1982 年 3 月发布的《民事诉讼法（试行）》第 120 条就明确规定判决书应当写

〔1〕 参见孙华璞、王利明、马来客主编：《裁判文书如何说理——以判决说理促司法公开、公正和公信》，北京大学出版社 2016 年版，第 31 页。

明判决认定的事实、理由和适用的法律。[1] 1991 年通过的《民事诉讼法》第 138 条也明确规定了判决书中必须写明判决理由。1992 年 6 月,《法院诉讼文书样式(试行)》正式下发,其突破了先前裁判文书的说理模式,强调要在裁判文书中列明事实、证据、理由和处理结果之间环环相扣的内在逻辑关系。1999 年 10 月,最高人民法院在《人民法院五年改革纲要》中就明确提出"加强对质证中有争议证据的分析、认证,增强判决的说理性",这也明确了裁判文书说理改革的基本方向和思路。裁判文书说理开始注重对控方和辩方意见的解释和回应,强调对事实和证据的分析和推理,以提高审判的透明度。2006 年 6 月 27 日,最高人民法院下发《最高人民法院关于加强民事裁判文书制作工作的通知》(法〔2006〕145 号),明确指出"有的裁判文书说理缺乏针对性,没有围绕诉争焦点展开",并对增强民事判案的说理性提出明确要求。2009 年 3 月,最高人民法院在《人民法院第三个五年改革纲要(2009—2013)》直接表示其对于裁判文书说理的重视程度,明确要求增强裁判文书的说理性,提高司法的透明度。在 2013 年 11 月和 2014 年 10 月党的十八届三中全会和四中全会两次中央会议也都分别对法律文书的释法说理进行了强调,裁判文书的说理改革被提升到重要高度。为进一步贯彻会议精神和中央的要求,2015 年 2 月,《最高人民法院关于全面深化人民法院改革的意见》对裁判文书的说理改革进行了更为强化和细致的规定,并提出要完善裁判文书说理的刚性约束机制和激励机制,将其作为法官工作评价的重要指标,提高了法官对于裁判文书的说理性,为裁判文书的说理改革夯实了基础。2015 年 4 月和2016 年 6 月,最高人民

---

〔1〕 1982 年《中华人民共和国民事诉讼法(试行)》第 120 条规定:"判决书应当写明:(一)案由、诉讼请求、争议的事实和理由;(二)判决认定的事实、理由和适用的法律;(三)判决结果和诉讼费用的负担;(四)上诉期限和上诉审法院。判决书由审判人员、书记员署名,加盖人民法院印章。"

法院发布了《行政诉讼文书样式(试行)》和《人民法院民事裁判文书制作规范》、《民事诉讼文书样式》,在对裁判文书的制作进行规范的同时,加强了对裁判文书说理的规定,并注重繁简得当。2018 年 6 月,《最高人民法院关于加强和规范裁判文书释法说理的指导意见》对裁判文书说理的各个方面都予以较为全面的规范。

近年来,裁判文书的说理制度已经得到了进一步的重视和发展,但仍存在不足,如何充分挖掘深埋历史之土壤的宝贵经验,以济现时之用,是我们需要认真对待思考的问题。纵观古今,我国历代判词的发展之所以成果斐然,就是因为各个朝代对判词制作的重视,把制作判词作为选拔官吏的重要标准之一,因此,我们应加强裁判文书说理的考察和激励机制,将裁判文书的说理作为裁判文书质量考察的重要因素,并作为法官工作评价和晋升的重要依据。此外,我国古代的判词重视情理分析,说理通透,往往具有巨大的说服力,而在依法治国的当下,关于裁判文书的说理则要在保证以法服人和以理服人的基础上,让裁判文书的说理富有"文采",以实现"以情感人"之效果,增强裁判文书的可接受性和说服力。

(二)西方国家裁判文书说理制度的历史发展

西方国家关于裁判文书说理的历史可谓源远流长,早在罗马时代,裁判的说理已经在欧洲大陆呈现出了萌芽状态,在当时的审判中出现了由执法官制作的书面训示以列明案件事实和当事人的诉讼请求。到了中世纪时期,宗教成为西方文化的核心,教会法盛行一时,法学的发展处于衰落时期,并不重视对判决的解释说明。文艺复兴后,西方法学开始蓬勃发展,这时对判决理由的说明开始逐步有了明确的要求。到 19 世纪后,在裁判文书中进行说理成为欧洲大陆国家普遍规定的法官义务。由于在英美法系与大陆法系中法官的地位和诉讼程序的不同,其对于裁判的说理要求也有所不同。英美法系的法官可以创设和解释法律,采取“当事人主义”的诉讼程序,因而英美法系历来就对裁判文书的说理具有很高的重视程度。早在11世纪的英国,法官在审判的过程中创建了衡平法,以“正义、良心和公正”为原则调整社会关系,因此在裁判时就必须明确且充分地说明实行法律原则的理由。相较之下,大陆法系对裁判文书说理的重视程度则远不及英美法系国家。到了“二战”以后,裁判文书说理的重要性无论在大陆法系还是英美法系都得到了高度的认同,并充分体现在各国国内法的规定当中。例如,《德国刑事诉讼法》第267条、《法国民事诉讼法》第455条都对判决理由进行了规定。

尽管无论是英美法系还是大陆法系都对裁判文书说理的重要性进行了高度肯定,但是两大法系关于裁判文书说理的特点各有不同。大陆法系以罗马法为基础、侧重于成文法,法官不能创制法律,其在裁判时必须严格按照成文法的规定进行,因此裁判文书的说理强调文书的格式化和整体性,通常以专业的法律术语进行表达,为了达到简洁清晰的目的,对于参照的书状等资料应在自成一体的情况下尽可能精要[1],在语言的运用上具有准确、严谨、概括性强的特点,但由于大陆法系的固有特点,导致裁判文书的制作存在说理性不强的倾向。相较于大陆法系国家裁判文书的“短小精悍”,英美法系国家的判决意见往往洋洋洒洒数万言[2],由于英美法系以判例法为主,法官能够创设法律并对法律进行解释,因此其裁判文书的说理具有说理充分、论证全面的特点,在语言的表达上注重文学修辞并广泛采取相关数据对自身判决进行论证。由于英美法系的诉讼程序以当事人为重心,因而其裁判文书的说

---

〔1〕 参见曹志勋:《对民事判决书结构与说理的重塑》,载《中国法学》2015年第4期。

〔2〕 参见李滇、樊华中:《刚弱两需分野下我国判决说理模式新探——以S市F区法院判决书为样本的研究》,载《法制与社会发展》2015年第3期。

理上也体现出了对话式和开放型的特征。尽管英美法系的裁判文书说理较为充分，语言表述生动，但同时也存在裁判文书篇幅过长、内容分散及法官自我表演的倾向。

（三）我国裁判文书说理制度的发展方向

正所谓“天下同归而殊途，一致而百虑”，对西方国家裁判文书说理的历史发展进程以及两大法系在裁判文书说理方面所体现的不同特点进行考察，可以为我国裁判文书说理制度的理论和实践提供极有价值的经验。但是我们不能单纯地采取“拿来主义”，而是应该立足我国的实际情况，对国外裁判文书的说理进行充分思考论证、辩证看待，不断促进我国裁判文书说理的发展和完善。当前，我国裁判说理制度存在问题。表现在几个方面：形式重于内容，表现为事实论证说理不充分、裁判论证说理不到位、结论替代推理现象突出；裁判说理用语不规范；裁判说理同质化明显；说理的逻辑性不明晰；等等。〔1〕 我们需要从以下几个方面着手来应对这些问题。

1. 增强裁判文书说理的整体性和严谨性

我国作为成文法国家，在立法特色和司法传统上与大陆法系联系较为紧密，存在很多相似之处。因而裁判文书的制作也与大陆法系国家风格较为一致，在裁判文书的说理上也应该更多地向大陆法系靠近。因此在裁判文书的说理上要讲究逻辑推理，增强裁判文书的整体性和严谨性，对复杂案件的裁判文书说理应更多地参考和借鉴德国、日本等国的经验，采取复杂涵摄模式。〔2〕 首先，通过对案件的事实进行基本的逻辑分析后，将欲适用的法律规定分解为各个不同的要件；其次，应将

---

〔1〕 参见薛扬：《论裁判文书说理改革配套制度之完善》，载《人民司法（应用）》2018 年第 10 期；黄野松：《法律文书说理的路径选择》，载《人民司法》2014 年第 11 期。

〔2〕 参见孙华璞、王利明、马来客主编：《裁判文书如何说理——以判决说理促司法公开、公正和公信》，北京大学出版社 2016 年版，第 17 页。

通过采纳的证据所证明的案件事实精练为要件事实;最后将精炼的要件事实和分解的法律要件进行一一对应,假若所精练的要件事实能满足全部的法律要件,那么才能裁判适用法律所规定的相应法律后果。为了保证法律规定的要件与查明的案件事实高度吻合,作为裁判者的法官就要"往返"于案件事实与法律规范之间,保证归纳和演绎的正确运用,在保证裁判文书说理整体性的基础上增强其说理的严谨性。

2. 充分发挥判例在整个司法运作体系中的作用

"长期以来,加强裁判文书说理一直在强调,但没有形成有效的刚性约束机制,导致对说理不充分、不透彻的法官缺乏有效的约束机制。"[1] 裁判者在制作裁判文书时,不仅应该思考和关注个案本身的判决是否符合公平正义,同时应兼顾个案的判决对未来司法的意义。近年来,先前优质案例对未来司法实践的指导作用得到了充分重视,为充分加强、规范和促进案例指导工作,发挥指导性案例对审判工作的指导作用,2015 年 5 月 13 日最高人民法院颁布了《〈最高人民法院关于案例指导工作的规定〉实施细则》,体现了中国特色案例指导制度的不断发展完善。截至 2019 年 6 月,最高人民法院已发布了 21 批 112 件指导性案例,当前指导性案例对司法实践仅具有"指导性"意义,并未像英美法系那样作为判例法成为正式法源,但对于今后类似案件的审判工作具有很强的"方向性"意义。

裁判文书的裁判要旨对审判工作具有最为重要的指导意义,通过对最高人民法院发布的指导性案例进行分析得知,裁判要旨主要在说理部分进行说明论证,因而其在编排上也十分重视裁判理由的说明。裁判文书的说理部分得到了最高人民法院的重视和强调,有利于制定

---

〔1〕 薛扬:《论裁判文书说理改革配套制度之完善》,载《人民司法(应用)》2018 年第 10 期。

法体系的查缺补漏、统一法律适用标准,从而规范执法司法行为。[1]

3.落实裁判文书说理繁简分流改革

繁简分流机制改革无论在中央部署的改革方案还是最高人民法院提出的改革纲要中均是一项重要的机制性改革。[2] 当前,面对法院"案多人少"矛盾突出的客观实际,根据案件的类型和难易程度的不同推进落实裁判文书说理的繁简分流改革既符合司法实践的要求,也有利于降低司法成本,提高司法效率。因此,对于案件事实复杂,争议较大的案件,可学习借鉴英美法系裁判文书的说理的方式,加强裁判文书的说理性,针对当事人的争议焦点进行全面回应,在保证针对性的同时充分阐明裁判理由,而对于无需充分说理的简单案件,可借鉴大陆法系对于裁判文书的说理,对说理进行简化以突出其说理简洁的特点。

二、裁判文书说理之法律解释功能

裁判文书的说理是贯彻司法公开、促进司法公正、提升司法公信力的重要机制。[3] 无论是对于裁判文书说理的全球视角考察,还是关于裁判文书历史演进研究,无不反映了裁判文书说理的重要意义。裁判文书的说理是裁判的灵魂,裁判文书说理是否正确充分是评价裁判文书质量的重要标准,而说理是否充分以案件的复杂程度为依据,标准也有所不同,可以说其追求的功能目标越宏大,说理是否充分的标准就应该越高。[4] 由于语言本身的多样化特点,对同一法律条文的理解适用

---

〔1〕 参见张骐:《立足价值追求 彰显案例指导功能》,载《检察日报》2019 年第 3 期。

〔2〕 参见李少平:《新时代裁判文书释法说理改革的功能定位及重点聚焦》,载《人民法院报》2018 年 6 月 13 日。

〔3〕 参见雷小政:《论死刑案件裁判文书中的程序性说理》,载《暨南学报(哲学社会科学版)》2018 年第 7 期。

〔4〕 参见孙海龙:《"充分说理"如何得以实现——以行政裁判文书说理为考察对象》,载《法律适用》2018 年第 21 期。

可能会产生不同的看法,通过裁判文书的说理,可以解决法条冲突和法律理解有分歧的情形,以实现法律的稳定性。法官在对裁判文书进行说理的同时,既加强了对当事人的说服教育,也积累了司法实践经验,提升了其语言表达、推理方法及法律适用的能力,从而提高司法公信力,树立司法权威。

强化裁判文书的说理是一个系统工程,不仅要对说理结构和说理内容进行优化,还要提升法官在裁判文书说理时对所适用的法律条文进行解释说明的能力。我们的时代是解释的时代,有大量数据显示,解释成为这个时代最重要的研究主题。[1] 因为世界上所存在的万物都需要被认识和理解,法律条文亦是如此。法律规范是字面上的彼岸世界,没有很好的说理进行沟通,则彼岸只是自在之物。[2] 在法官裁判案件时,必须对所适用的法律进行准确理解,并通过一套统一的法律解释和论证方法在裁判文书中进行充分的说理解释,从而作出公正合理的裁判,有利于实现司法裁判的可预期性,从而提高裁判文书的权威。

(一)有助于受众理解接受法律

法律是由国家强制力保证实施的,是维护国家稳定、促进经济社会文化繁荣发展、保护人民利益最有力的方式和手段,具有崇高的社会地位。法官在制作裁判文书时,对所适用的法律进行充分解释,有利于案件当事人和其他社会大众更充分地认可和接受立法,有利于维护法律地位的崇高性。如果法官在裁判案件时仅以法律文本的字面意思和对具体法条的直观感受作为依据,未对案件事实和法律适用进行充分的理解和解释,那么实际上就是回避了对案件事实和法律适用的论证和

---

〔1〕 参见[美]帕森特:《法律与真理》,陈锐译,中国法制出版社 2007 年版,序言。

〔2〕 参见孙万怀:《公开固然重要,说理更显公正——"公开三大平台"中刑事裁判文书公开之局限》,载《现代法学》2014 年第 2 期。

评判，未能充分履行法官通过裁判文书的说理让公众理解法律的职责，这样不仅影响了裁判结果的正当性，也不利于维护法律在社会公众内心的地位和尊严。

（二）有利于探究立法的目的和宗旨

法官对案件进行裁判的过程实际上也是一个探求立法目的和宗旨的过程，在裁判文书中进行充分的说理也有利于防止司法实践机械地进行。在我国司法实践中，僵化、机械地适用法律导致裁判结果与公众最朴素的法律情感相违背是当前的一个突出问题，这种问题出现的根本原因就是忽略了立法的目的和宗旨。以刑法中对于正当防卫的规定为例，其立法目的是在国家、公共利益、本人或者他人的人身、财产和其他权利正在遭受不法侵害时，被侵害者在无法及时寻求公权力保护的情况下而赋予其自我救济的权利。在陈炳廷故意伤害案中〔1〕，陈炳廷作为商店的经营者在正常营业过程中，被害人借故挑事，纠集众人先动手挑衅、损毁陈炳廷经营店铺内的设施及货物，并欲殴打陈炳廷，陈炳廷为了保护个人安全和店内财产而发起反击用酒瓶砸向吴某，导致吴某头部受伤并医治无效死亡。笔者认为，法官在进行裁判时应综合案件事实和立法者对正当防卫的立法目的进行说理和解释认定为正当防卫，而不是仅根据致人重伤或死亡的结果就直接认定为行为人属于防卫过当，构成故意伤害罪。因此，对于裁判文书中法律解释的说理也是法官探寻立法者的立法目的和宗旨的过程。

（三）促进法律的发展完善

任何法律规定都不是完美无缺的，由于法律必须具有普适性和稳定性，其本身也固有滞后性、模糊性和概括性等缺陷，这迫使必须为法官预留自由裁量的空间。人们之所以可以有秩序的生活，对自己的行

〔1〕 广东省广州市第一中级人民法院（2016）粤01号刑终621号刑事判决书。

为后果具有明确的预知,其原因就在于法律的稳定性。同时,由于社会是不断变化发展着的,因此法律规定与其所调整的社会秩序也不可避免地存在矛盾之处。关于法律的稳定性与变化着的社会之间的平衡问题,就需要具有丰富司法实践经验的法官在裁判案件时对具有滞后性的法律进行适当的说理和解释,以实现法律的稳定性和滞后性之间的平衡。尽管法律必须具有稳定性,但同时也必须随着社会的发展而不断变化,就法律的发展和完善而言,许多学者将目光更多地放在法律制定和法律修改上,常常忽视法律解释对于发展和完善法律的重要意义。裁判文书的说理解释是法官通过个案的具体情形和社会的发展变化趋势来适用法律,其促进了法律条文内涵的与时俱进,加快了法律发展完善的步伐。

(四)推进法律适用的统一性

正如上文提到的,为了使人们能够对自己的行为结果有较为准确的预估,法律需要具有普适性和稳定性。法律解释是法律适用过程中不可缺少的环节,在裁判文书的说理部分都需要通过法律解释以论证法律适用的合理性,这就需要在说理时采取规范的法律解释方法,以保障法律适用的统一性。当前随着裁判文书公开制度的不断发展完善,社会各界通过浏览网页可以直接获取各级法院所作出的相似案情的裁判文书,使法官的裁判工作直接置于公众的监督之下,有利于倒逼法官加强裁判文书的说理。此外,各地各级法院之间往往会相互学习其他法官所作的优秀裁判文书,了解其通过裁判文书说理所展现出的严密逻辑思维方式以及“法官心证”的整个过程,以借鉴其他法院对于相似案件的裁判经验,这也在一定程度上促进了法律适用的统一性,进一步推进“同案同判”的进程。

三、裁判文书说理之加强司法公信功能

裁判文书说理，关系到审判权的规范行使，关系到司法责任制的贯彻落实，关系到裁判文书定分止争功能的发挥，关系到司法公信力的持续增强。[1] 作为司法公正集中体现的裁判文书，其全面充分的说理对于加强司法公信具有重要意义，主要表现为以下几个方面：

（一）防止法官自由裁量权的滥用

由于法律规定的概括性和案件事实的多样性，法官就不可避免地拥有自由裁量权的空间，如果对法官的自由裁量权不加以约束，就可能会出现法官专断、判决结果不公正等严重损害社会公平正义的现象。对于案件证据的采用、案件事实的认定、法律的适用、程序性的问题以及"法官心证"的整个过程，法官都应在裁判文书的说理中有所表达和体现。由于司法公开工作的不断推进落实，裁判文书逐渐置于全社会的监督之下，法官只有通过对整个判决过程以及所作出的判决结果进行充分的剖析说理，才能获得当事人及其他社会公众的信服和认可，从而有利于对其裁判工作进行监督，规范和限制自由裁量权，防止法官自由裁量权的滥用。如果法官在裁判文书中没有充分说理，对于不具备专业法律知识的当事人及社会公众来说，仅依据判决结果往往不能对于法官判决结果的公正性与否有较为明确的认知，从而极易滋生司法腐败，损害社会公平正义和司法机关的公信力。

（二）有利于培养高素质的法官队伍

法官通过法律所特有的概念语言以及理念方法对其审判活动进行

---

〔1〕 参见李少平：《新时代裁判文书释法说理改革的功能定位及重点聚焦》，载《人民法院报》2018年6月13日。

规范，体现了情感和意识上的归属感，是法官对法律职业身份的自我认同。[1] 正如上文提到的，随着司法公开进程的不断推进，裁判文书不再是仅供司法系统内部进行查阅学习的资料，而是完全置于广大社会公众的视野当中，裁判文书不仅要得到司法系统的内部认同，同时也要得到整个社会的认同。当前，国家已明确提出要加强裁判文书说理，对裁判文书说理的内容和质量有了更高的要求，并将裁判文书说理的质量纳入法官的考核标准中。因此，法官在努力做到对群众负责，让人民满意的同时，考虑到职业荣誉和个人工作晋升问题，也必须加强裁判文书说理，以实现定分止争，案结事了。法官在加强裁判文书说理的同时，也有利于提高其逻辑思维能力、语言表达能力及准确适用法律的能力，提升了法官的司法能力，实现法官队伍综合素质的提高，从而进一步提高公众对司法机关的认可，加强司法公信力。

(三)有助于抵制不当干预，促进司法公正

我国采取"一府一委两院"的政治体制，行政、司法机关均由人大产生，对其负责、受其监督。从理论上讲，司法机关与行政机关是完全相互独立的两个部门，行政机关不得对司法机关独立行使司法权进行不当干预。司法机关独立行使司法权是国际社会的通行做法，也是构建法治国家的必然选择，然而在实际的司法实践中，行政机关对法官裁判案件进行不当干预时有发生，这严重破坏了司法的独立性和社会公平正义。当前加强裁判文书说理成为人民法院改革的重要内容，裁判文书说理的刚性机制评价体系在不断推进和发展完善，并逐步成为法官工作评价、晋升的重要因素之一。法官在制作裁判文书时，都要对当事人的争议焦点、质证的证据、案件事实、法律适用及判决结果等内容进行充分的说理并向社会公众宣告，为了保证对裁判文书的充分说理以

〔1〕 参见于晓青：《法官的法理认同及裁判说理》，载《法学》2012年第8期。

达到社会认同、公众满意的效果，法官只能选择排除行政机关的不当干预以降低职业风险，从而保证司法公正，维护司法权威，增强司法公信力。

(四)展示法官的裁判智慧与风格

法律的规定具有稳定性，往往是不轻易变动的，然而每一个个案却各有不同。以固定的法律条文去应对纷繁复杂的法律案件就需要法官充分运用其裁判智慧。而裁判文书既是整个裁判过程的文字载体，也是展示法官人格魅力的“亮丽名片”，裁判文书的说理可谓是法官裁判智慧的集大成，既包括了法官内心对采纳的证据、认定的事实以及适用的法律的演绎推理，也充分展示了法官的理论功底和裁判智慧。加强裁判文书说理不仅展示了司法机关为司法公正所作出的不懈努力，也充分展现了法官对公正裁判结果的产生所起的重要作用，一份内容完整，说理充分的裁判文书能够充分体现法官的世界观、价值观、敬业精神和良好的学识修养，从而逐步提升社会公众对整个法官队伍的认可，加强司法公信。

四、裁判文书说理之社会秩序构建功能

裁判文书说理是维护社会公平正义，构建良好社会秩序的应有之义，裁判的过程主要反映的是法官对案件的主观认识过程，而裁判文书的内容是案件当事人及其他社会公众知晓裁判过程、了解案件事实最主要的途径，如果裁判文书不充分说理或者不说理，就难免会导致司法不公，不利于公正社会秩序的构建，因此，加强裁判文书说理对社会秩序的构建具有重要意义，主要体现为以下几个方面：

(一)实现定分止争，维护稳定的社会环境

司法的基本功能在于辨明是非、化解矛盾、定分止争。[1] 当事人选

〔1〕 参见白泉民:《关于加强裁判文书说理的几点思考》，载《山东审判》2015 年第 1 期。

择由法院处理其双方或多方之间的纠纷,原因在于其相信法院能够站在中立的角度上处理双方的争议内容,从而使自己的合法权益得到公权力的保护,这体现了当事人对法院及法官工作的高度信任,其自然也期待司法的公正。裁判文书是裁判活动的文字载体,裁判文书的说理浓缩了整个裁判过程的精髓和法官的裁判智慧,展示了法官对于案件的内心判断,也承载着对社会公众的说服教育功能。因此,裁判文书必须加强裁判说理,让当事人清楚地知晓证据是如何被采纳的,案件事实是怎样通过证据链被证明的,适用的法律条文和案件事实是如何一一对应,以及裁判结果是如何根据案件事实和适用的法律所作出的。只有这样当事人才能清楚地认识到自己为何胜诉以及为何败诉,才能从内心信服裁判结果,在案件中感受到公平正义,从而发挥裁判文书说理定分止争,维护稳定的社会环境的功能。如果一份裁判文书没有对证据采纳、案件事实及法律适用等内容进行充分通透的说理或根本就未曾说理,比如只是简单地罗列出当事人提交和质证的证据,未说明哪些证据予以采纳或不予以采纳,就直接认定案件事实并据以得出裁判结果,并对当事人提出的请求不予说理或根本不回应,这样必然不能够实现当事人息诉服判,反而会导致当事人不断上诉,在当事人寻求法院救济无果的情况下,更甚者可能会采取暴力伤害等更为激进的方式去维护自身利益,从而影响社会稳定,破坏良好的社会秩序。

(二)弘扬法治思想,营造良好的法治环境

公正的裁判有利于实现良好的社会效果和法律效果的统一,其不仅可以解决民事、行政纠纷,惩罚犯罪,维护国家、集体利益和人民群众的合法权益,还有利于加强对社会公众的法治宣传教育。一份说理充分的裁判文书,不仅可以使当事人和其他社会公众学习与案件相关的法律知识,而且能够促进社会公众自觉遵守法律规定,指引人们正确行为,更好的生活。当前一些社会关注度较高的疑难案件往往涉及情与

法的冲突问题,通过对相关疑难案件的充分说理,有利于化解情与法的冲突,维护公序良俗,弘扬社会主义核心价值观,使人们从内心建立起对法律的信仰,欣然接受法律的约束,从而使已成立的法律获得普遍的服从,营造良好的法治环境。

(三)推进民主政治,创造良好的政治环境

正如上文提到的,裁判文书说理的效能是多方面的,对法律本身而言,裁判文书的充分说理有利于加强对法律的解释,促进法律的发展完善;对司法机关而言,裁判文书的充分说理有利于提高法官的裁判能力,维护司法权威;而对社会而言则有利于定分止争,维护良好的社会秩序。因此裁判文书的说理不仅是形式问题,更与制度和民主息息相关。在司法实践中,仍然存在许多法官在制作裁判文书时不充分说理甚至不说理的情形,如果裁判文书没有进行说理,那么所谓人们权利的保障将毫无实质内容。裁判文书的说理,实质上就是法官对于当事人或诉辩双方所争议的内容进行裁定并说明如此裁定的理由和依据。这个过程是法官和当事人双方三方交流的过程,同样也是法律与道德相互作用的过程,法官在保持中立的情形下通过充分的说理使当事人从内心认可判决结果,体现了对当事人权利的保护和民主政治的法治理念。裁判文书说理所体现的民主性一方面排除了行政机关对司法机关独立行使司法权的不当干预,另一方面也指引国家机关在行使人民所赋予的权力时应尊重人权、依法进行,从而推进民主政治,创造良好的政治环境。

第二节　裁判文书说理内容的具体化

裁判文书是当事人争议的“法定宣言”,假若裁判文书的范本样式是其血肉的话,那么裁判文书的说理就是其灵魂。裁判文书说理研究是当代法学研究的重要领域,它是实践导向开放的问题域。[1] 正如上文所说,裁判文书作为"法官心证"的文字载体,其核心功能就是全面、准确地对争议焦点进行释法析理,进而对当事人的权利义务依法判定,使得当事人及其他社会公众对于判决结果"心悦诚服"。[2] 为了充分发挥裁判文书说理的功能,裁判文书的说理制度就应包括内部规范和外部规范两方面,尊重说理的规律是说理改革的基础和前提。[3] 裁判文书的说理是以文字形式论证裁判活动的合理性,既要论证裁判活动的实体合理性,又要论证裁判活动的程序合理性,因此在一份说理充分的裁判文书中,说理部分应包括实体部分和程序部分两方面的内容,其中实体性内容主要包括对于案件事实认定和法律适用的说理,而程序性内容则主要包括与当事人利益相关的诉讼权利等方面的说理。

尽管裁判文书的说理中应包括实体和程序两方面的内容,但其说理的内容是有主次和详略之分的。法官所作出的裁判结果必须符合逻辑,必须是经过演绎归纳推理等一系列逻辑思维方式所得出的。刑事判决的说服力主要由充分说理的合逻辑性所决定,因此实体性内容是判决说理的主要内容。[4] 但这并不意味着否认裁判文书说理中程序内容的重要性,程序性内容给案件事实的"真相"提供了探寻的管道和途径,程序正义是能够直观地展现在社会公众面前的正义,因此裁判文书中程序性内容的说理必不可少。

---

〔1〕 参见黄现清:《裁判文书说理的法理分析》,载《政法论丛》2016 年第 1 期。

〔2〕 参见王继学:《裁判文书中的法理 事理 情理》,载《人民法院报》2019 年 5 月 10 日。

〔3〕 参见马宏俊:《法律文书革故与鼎新》,载《政法论坛》2018 年第 6 期。

〔4〕 参见唐世齐:《刑事判决说理制度研究》,吉林大学 2012 年博士学位论文,第 50 页。

一、裁判文书说理的实体性内容

裁判文书说理的实体性内容是法官对当事人(或诉辩双方)提出的证据进行查证的过程及对结果的阐明,要求全面透彻、轻重有别、有理有据。沿着案件事实认定的思路来讲,根据“谁主张谁举证”原则,当事人在提出自己所主张的事实后,必须对所主张的事实进行举证,提交相应的证据。在认定了所举证质证的证据后,才能进一步对当事人关于案件的争议进行讨论,查明案件事实。在查明案件事实、因果关系后对适用的法律进行说理从而使当事人及其他社会公众信服。

(一)证据认定说理

在法官进行裁判时,所有的案件事实实际上已经发生,其在认定案件事实时必须依靠已经合法取得并且经过质证的证据为依据。证据不仅是事实认定的依据,也是法官进行裁判的重要基础。上法庭就要靠证据,这不仅是社会公众最普遍的认知,也是司法机关审理经验的最朴素总结。在我国的司法实践中,无论是民事、刑事还是行政案件,都是以证据主义为裁判原则的。证据是诉讼和判决的基础性要件,同时由于证据的证明力大小不一,不经分析说理就容易导致“暗箱操作”的情况发生,进而有违公正公开的原则。[1] 因此,在裁判文书的说理中只有对证据进行充分的说理才是公正的。在裁判文书中对证据认定进行说理时,要充分说明证据自身的情况以及对其进行的质证和确认的过程。对于证据自身情况的说明主要包括对证据的来源、种类、证明力、主要内容以及需要证据进行证明的对象事实和举证责任。

证据来源作为一种客观事实,在通常情况下,裁判文书中关于证据来源的说理并不需要裁判者进行主观的评价和论证,只要简单进行客

〔1〕 参见姚显森:《疑罪从无处理的程序法规制》,载《现代法学》2014 年第 5 期。

观说明即可。但如果在案件审理过程中当事人一方所提出的证据来源被另一方所质疑时,法官则需要在客观说明之外进行评判和论证说理。需要指出的是,在当前的司法实践中关于刑事案件的证据存在一种普遍的错误倾向,即某些法官和检察官会不自觉地在主观上产生一种意识,认为代表控方的侦查机关和检察机关所提出的证据相较于被告方提出的证据来讲更具有真实性和可靠性,因此在控方和辩方所提出的证据不一致而产生对立时,有部分法官会直接根据证据的来源而选择采纳控方提出的证据。这种主观上对于证据的提前认定是极其错误的做法,证据的来源只是一种客观事实,对其进行说理是为了增强司法过程的透明度,以体现司法公平、公正、公开,但是证据的来源与证据的证明力大小并没有直接联系,证据的来源在裁判文书说理中并不是重点内容,仅需简要客观说明即可。假若在刑事案件的审理过程中出现证据对立,有部分检察官以证据来源为根据认为其自身所提出的证据要优于辩方所提出的,并主张法官应直接采纳其证据,法官在裁判文书的说理中就应进行全面透彻的批判说明,以改变此种错误倾向的蔓延趋势。

证据的种类是由我国诉讼法进行明确规定的,不属于法律明确规定的证据种类不能作为证据使用。对证据进行分类,有利于司法机关掌握不同种类证据的运用规则,有利于提高整个司法系统的办案效率,在节约司法资源的同时最大限度的实现司法公正。我国《民事诉讼法》第63条对证据的种类进行了明确的规定,规定证据包括当事人的陈述、物证、电子数据、证人证言等八种不同的类型。[1] 证据的种类与来

---

〔1〕《民事诉讼法》第63条规定:"证据包括:(一)当事人的陈述;(二)书证;(三)物证;(四)视听资料;(五)电子数据;(六)证人证言;(七)鉴定意见;(八)勘验笔录。证据必须查证属实,才能作为认定事实的根据。"

源相同,作为一种客观事实仅需在裁判文书的说理中进行简单客观说明即可。

在裁判文书的说理中对证据的证明力及内容进行评价时,要严格按照证据规则,同时考虑证据的三性,即真实性、合法性和关联性。关于证据的客观性,有学者指出证据的客观性有以下两方面的含义,一是证据必须是客观存在和被人所感知的,二是证据必须真实并以客观存在为依据。[1] 在案件审理过程中,双方当事人(控辩双方)提出的证据必然是客观存在和能够被人所感知的,假若证据不是客观存在并不能被人所感知则该证据也不能进入案件审理的程序当中。而证据的真实性则是需要当事人进行举证和质证的,并需要在裁判文书的说理中进行充分的论证说明,《最高人民法院关于严格执行公开审判制度的若干规定》第5条第2款就对证据公开举证质证的必要性进行了明确规定。[2] 证据的合法性是有效证据的特征之一,其是指被采纳的用以证明案件事实的证据的取得必须符合法律的规定,没有违反禁止性规则。当事人双方(控辩双方)在法庭上所提出的证据并不必然具有合法性,例如通过侵犯他人隐私而获得的录音录像,因此,被据以认定案件事实的证据取得必须符合诉讼规则以确保其合法性,并在裁判文书的说理中对于被质疑其合法性的证据予以充分说明。证据的关联性是裁判文书关于证据"三性"的说理中最重要的部分,裁判文书的说理应对证据的关联性进行充分的论证说理,即要在说理中对证据的内容与待证案件事实之间的相关性进行说明论证。在当前的司法审判实践中,关于裁判文书的说理中常常出现进行简单的证据罗列后直接得出所认定的

[1] 参见樊崇义主编:《证据法学》,法律出版社2009年版,第132~133页。

[2] 《最高人民法院关于严格执行公开审判制度的若干规定》第5条第2款规定:"证明案件事实的证据未在法庭公开举证、质证,不能进行认证,但无需举证的事实除外。缺席审理的案件,法庭可以结合其他事实和证据进行认证。"

案件事实的情形,此种做法会大大降低裁判文书的质量和说服力,更甚者会直接影响裁判的公正。因此,法官在以证据认定案件事实时,必须对证据的“三性”尤其是关联性进行充分论证说明,且通过说理所表达的认定过程必须符合人类的思维逻辑,形成完整的证据链条。

在裁判文书中关于是否采纳证据的说理,必须明确双方的举证责任,明确当事人所提出的诉讼主张,根据实际情况严格界分提出主张的当事人的举证责任、人民法院的举证责任以及举证责任倒置等不同的情形。在确定所采取的举证规则后,要根据当事人的举证质证过程判断当事人所提出证据的内容是否存在,在审慎思考后对证据进行取舍。

由于证据具有似真性,因此在裁判文书关于证据的说理中,要注意语言表达与证据证明力的相互对应,如证据证明力较强时,可使用“完全认定”的表述,而证据可被采纳但证明力相对较弱时可使用“基本认定”的表述,若证据未被采纳时则需要在裁判文书的说理中使用否定性的表述方式。

(二)案件事实说理

在对证据进行认定后,需要对与案件有关的案件事实进行说理。案件事实并非完全指客观上实际发生的事实,而是指经过法定的程序依法查证属实的事实。由证据到事实的转化,需要在证据理论的指导下,运用证据法、程序法来证明和推导。[1] 客观上实际发生的事实与经过法定程序依法查证的案件事实并不一定完全一致。客观上实际发生的事实在未经法定程序依法查证之前不能被认定为案件事实,其属性完全是客观的,并且会随着时间的推移而逐渐模糊不清,更多强调的是一种事实的“存在”。而经过法定程序依法查证的事实更多强调的是一种“判断”,即经过举证质证后根据有关证据判断客观事实为“真”,从而

---

〔1〕 参见王新清:《刑事裁判文书繁简分流问题研究》,载《法学家》2017 年第 5 期。

成为案件事实。

对案件事实的说理论证就是对判断案件事实为“真”的理由说明，尽管由于技术和道德伦理等原因而导致证据获取的局限性从而使案件事实并不一定与事实真相完美契合，但在通常情形下，只要在程序正义的前提下使裁判结果忠于案件事实，做到了法律上的真实，那么裁判就是公正的。根据案件事实是否需要证据证明可分为需要证据证明的事实和免证事实。这两种事实都属于裁判文书说理的内容，但为了节约司法资源，提高司法效率，对于众所周知的事实及已为人民法院发生效力的裁判所证立的事实等免证事实的说理仅需简单的说明即可，无需进行复杂论证，此种做法也符合当前对于裁判文书繁简分流改革的实践要求。但是，假若当事人一方提出了证据对该免证事实进行了证伪，则需要对该证据是否采纳及免证事实进行充分质证说理，否则就会出现公平和效率之间的严重失衡现象。对于需要用证据证明的事实，则是裁判文书说理中需要重点论证的内容，不仅需要在语言表达上做好采信证据与证立事实之间的衔接，对认定事实的理由进行充分论证，还要对当事人双方（控辩双方）提出的事实运用说明、论证等多种说理方法进行充分的评价分析，既包括客观说明，也包括主观逻辑论证。

因果关系是判断行为人之间是否具有法律关系和是否应承担法律责任的重要因素之一，因果关系的有无不仅影响行为的性质，也涉及行为后果的严重与否，因此法官在裁判文书的说理中应将案件事实中的因果关系说明清楚。无论是民事案件、刑事案件还是行政案件，当事人对结果负法律责任都要求行为人的行为与结果具有因果关系。对因果关系如何认定，则需要法官运用其扎实的法学理论和丰富的实践经验进行分析，通过案件事实搜寻行为与结果之间的内在联系。

案件事实的说理并没有统一的模式，法官应根据案件类型的不同对案件事实的相关内容进行轻重有别的说理。例如，民事案件的事实主要围绕纠纷的起因、过程、结果及双方的争议意见等内容进行说理，行政案件的事实说理则主要围绕着具体行为的合法性审查几个方面进行说明，而刑事案件的事实说理则主要围绕着行为人犯罪的时间、地点、手段方式及主观罪过等内容。而这一系列事实说理都必须以证据的充分说理为前提。

（三）争议焦点说理

当事人的争议焦点有的属于案件事实的说理内容，有的属于法律适用的说理内容，由于裁判文书中关于争议焦点的说理可谓裁判文书实体性内容说理的关键所在，因此该部分必须具体明确地清楚论证，而且有必要单独列出一一回应。2018 年 6 月《最高人民法院关于加强和规范裁判文书释法说理的指导意见》第 3 条明确指出要针对诉讼主张和诉讼争点、结合庭审情况进行说理，做到有的放矢。在当前刑事案件的审理过程中，在经过法庭调查、检察机关发表公诉意见、被告方发表完辩护词以后，审判长通常就会对案件的争议焦点进行总结并由控辩双方围绕争议焦点进行举证质证，一般来讲，只要控辩双方切实履行职责，法官在经历庭审和阅卷后便能在主观上产生确信并得出结论。[1]因此，在裁判文书中关于争议焦点的说理阐述应当针对双方当事人所提出的主张是否认可、答辩意见是否采信等内容进行逐一的展开说明和评价。在说理过程中，要以案件事实为基础、以法律条文为依据，兼顾情理分析说明，正确运用归纳演绎等逻辑思维方法进行充分论证，达到论证充分，说理性强的目的。

（四）法律适用的说理

法律适用说理是指对裁判所依据的具体法律条文进行解释说明，

---

〔1〕 参见王恩海：《裁判文书应围绕争议焦点展开说理》，载腾讯网 2018 年 9 月 14 日，https://new.qq.com/omn/20180914/20180914G0NGKH.html。

是将案件事实与法律条文要件一一对应进行合法性判断的过程。法律适用是法官进行裁判的必要组成部分,因此裁判文书的说理中必然包含对于法律适用的说理,卡尔·拉伦茨曾说:对法律判断是否具有意义,取决于可能适用案件事实的法条。[1] 这句话简明扼要地指出法律适用对裁判结果的重要意义。我国是成文法国家,在法律体系上更多的偏向于大陆法系国家,不存在法官造法的情形,法官只能根据法律的具体规定进行判决,而不能对法律进行创造,因此裁判文书中关于法律的说理主要就是法律适用的说理。

裁判文书说理的基础依赖法律思维,以法律的价值观决定裁判事由的价值取向,无论是根本观点还是反驳事由都应当有相应的法律依据,不能以法官个人的其他思想理论来取代法律。[2] 随着中国特色社会主义法律体系的不断完善,当前绝大多数的案件争议都可以依据法律条文的明确规定进行裁判说理,但是有的民事案件需要同时依靠法律条文、风俗习惯等依据进行说理,这种法律规定以外的依据被称为"法外补充"部分。[3] 至于是否需要展示复杂的涵摄过程,笔者认为,如果当事人对法律适用不存在争议的话,则不必展示复杂的涵摄过程,仅说明所引用法条的条款号及其所属的法律文件名称即可,而在当事人对法律适用存在争议的情况下,则需要进行充分说理,说明规范要件与事实要件之间的联系。[4] 法官在进行适用法律的说理时可以充分运用其丰富的法学知识,借助法学理论对法律适用进行说明论证以增加

---

〔1〕 参见[德]卡尔·拉伦茨:《法学方法论》,陈爱娥译,商务印书馆2003年版,第162页。

〔2〕 参见孙华璞、王利明、马来客主编:《裁判文书如何说理——以判决说理促司法公开、公正和公信》,北京大学出版社2016年版,第67页。

〔3〕 参见庄绪龙:《裁判文书"说理难"的现实语境与制度理性》,载《法律适用》2015年第33期。

〔4〕 参见杨翔、奉鑫庭:《中国民事裁判说理:路径选择与实现方式》,载《湘潭大学学报(哲学社会科学版)》2017年第5期。

裁判文书的说服力。

法官在选定某一法律条文作为具体案件的裁判依据前,必然要对该法律条文进行解释,以说明法律适用的理由。因此,在对法律适用进行裁判说理时,法官要以查明的案件事实为基础,从法律条文文义上所体现的公正价值和法律条文背后所蕴含的法理两方面对适用的法律进行充分的论证,以增强裁判文书说理的质量。裁判文书关于法律适用的解释说理是个案解释,本质上是法官在案件审理过程中对所选择适用的法律的个人理解和阐释,其作用是为法律适用提供令人信服之理由,该法律适用解释与具有普遍约束力的司法解释是不同的。

二、裁判文书说理的程序性内容

正如上文提到的,程序正义是一种"看得见的正义",在裁判文书中对程序性内容进行说理是实现程序正义的必然选择。在当代社会,公平正义的价值通常内含于诉讼程序当中,因此只要诉讼活动符合程序法的规定,那么就可以推定其符合程序正义的要求,因此在裁判文书中需要对程序性内容进行说理以体现案件审理的公正性。

程序性内容的说理贯通于整个裁判文书当中,与实体性内容的说理存在部分交叉融合,一般情况下,我们推定进入法定程序的诉讼是合程序的。基于此,在裁判文书的说理中并不必要对所有的诉讼程序进行合程序的分析说理,例如立案、开庭时间、侦查的时间长短等程序性事项。但是推定并不等于必然,应允许当事人双方(控辩双方)对程序性问题提出质疑和反驳。当其中一方当事人对某些程序性事项提出质疑或者请求,裁判文书应针对该质疑进行详细的回复性说理,而对于某些请求则需要说明准许或不准许并详细说明理由。

当前,许多裁判文书中关于程序性内容的说理存在不够充分甚至对当事人(控辩双方)提出的程序性事项不予回应的情形,特别需要指出的是,有些程序性内容例如管辖权异议的说理具有独立性,与案件事实的具体认定无关,但在某些情形下,当事人提出的某些程序性请求则与案件的事实认定紧密相连。例如,当事人申请重新补充鉴定或者重新鉴定,在此种情形下裁判文书的说理中除了说明准许或不准许的决定外,还需要以案件事实为基础对准许或不准许的原因及相关法律依据进行充分说明论证。当前,在程序事项中,容易产生争议的主要有管辖权和回避异议、鉴定意见或勘验笔录争议、庭审笔录异议。

(一)管辖权和回避异议

管辖权与回避问题的正确处理是当事人争议得以解决的前提,其既是程序正义的必然要求,也是保障人权和实现司法独立的重要手段。法律赋予当事人提出管辖权和回避异议的权利,是为了从程序方面保护当事人的合法权利免受侵害,推动审判独立,通过程序正义的实现来保障实体正义。由于管辖权和回避问题与裁判的公正性密切相关,因此管辖权异议和申请回避的提出也是司法实践中当事人双方(控辩双方)提出争议较多的程序性问题,当事人(控辩双方)提出管辖权异议或者申请案件的审理法官回避时,就是在对裁判的公正性提出质疑,因此在裁判文书的说理中必须对这些程序性的申请和异议进行回应和解释。具体来讲,在说明是否准许后,还要阐述按照相关法律规定,法院是否具备管辖权,是否成立法律规定的需要回避的情形以及与异议成立与否相关的其他事项和理由。在裁判文书中对管辖权和回避异议问题进行充分的说理,有利于当事人对司法程序和裁判结果的认可,有利于提高司法公信力。

(二)鉴定意见或勘验笔录争议

我国《刑事诉讼法》第 197 条以及《最高人民法院关于行政诉讼证据若干问题的规定》第 29 条、第 34 条规定了当事人的申请调查取证权,规定当事人(控辩双方)对鉴定或勘验结果有异议的有权申请重新鉴定或者勘验[1],为当事人申请重新鉴定或者勘验提供了法律保障。在诉讼过程中特别是刑事诉讼过程中,鉴定意见及勘验笔录常常对于案件真相的发现具有决定性的意义,甚至可能决定整个案件的走向。因此,在当事人提出申请重新鉴定或者勘验时,要在充分考虑事实情形和法律规定后,作出是否同意其申请的决定。而在裁判文书中关于申请重新鉴定或者勘验的说理中,应对是否同意当事人的申请进行充分地解释说明,说理要以法律规定为依据,结合原来的鉴定意见和勘验笔录的内容针对当事人所提出的申请理由进行正面回应说理,提高说理的质量和说服力,避免出现"直接驳回申请式"和"法条简单列举式"的回应方式。

(三)庭审笔录异议

庭审笔录又称法庭笔录或审判笔录,是法庭审理过程中不可缺少的书面材料,它不仅记录了整个庭审过程,也记录了双方当事人(控辩双方)在法庭审理过程中的陈述内容。在现代诉讼制度中,直接言辞原则的地位不断提升,该原则的充分贯彻不仅有利于人民法院查明案情,提高司法效率,也在一定程度上保证了司法公正。我国《最高人民法院关于适用〈中华人民共和国刑事诉讼法〉的解释》(2020 年修订)第 293 条的规定赋予了当事人在认为记录有遗漏或者差错的,可以请求补充

---

[1] 《刑事诉讼法》第 197 条规定:"法庭审理过程中,当事人和辩护人、诉讼代理人有权申请通知新的证人到庭,调取新的物证,申请重新鉴定或者勘验……法庭对于上述申请,应当作出是否同意的决定。"《最高人民法院关于行政诉讼证据若干问题的规定》第 29 条规定:"原告或者第三人有证据或者有正当理由表明被告据以认定案件事实的鉴定结论可能有错误,在举证期限内书面申请重新鉴定的,人民法院应予准许。"第 34 条规定:"审判人员应当制作勘验笔录,记载勘验的时间、地点、勘验人、在场人、勘验的经过和结果,由勘验人、当事人、在场人签名。勘验现场时绘制的现场图,应当注明绘制的时间、方位、绘制人姓名和身份等内容。当事人对勘验结论有异议的,可以在举证期限内申请重新勘验,是否准许由人民法院决定。"

或者改正的权利，但不得申请改变庭审中的陈述。[1] 如果当事人对庭审笔录提出异议，认为庭审笔录对其陈述的内容有错记或者漏记的，如若经查证后发现未对当事人的陈述进行错记或者漏记，在裁判文书的说理中应该对相关情形予以说明，必要时附上庭审的录音或录像进行说理论证，如若当事人申请改变庭审过程中的陈述，裁判文书中应以我国诉讼法的规定为依据对其进行驳斥和说理，以强调诉讼活动的严肃性和公正性。当前，在司法实务中存在对庭审笔录不重视的情况，认为事后按照相关书面材料进行补充即可，也存在案件的当事人对庭审中陈述不谨慎，认为庭后提交书面意见就可以的情况，严重影响了庭审的严肃性和公正性。

第三节　裁判文书说理形式的规范化

裁判文书说理的内在构成规范将裁判文书说理的范围予以了确定和规范，但是应该以什么样的形式呈现这些内容，仍然需要相关的制度或者理论予以明确。裁判文书范本划定了裁判文书的外部边界，设计了具体裁判文书的写作结构与写作次序[2]，从而为同类案件的裁判文书说理提供了可以依循的平台，确立了总体结构规范。在此基础上，为

---

〔1〕《最高人民法院关于适用〈中华人民共和国刑事诉讼法〉的解释》第293条规定："法庭笔录应当在庭审后交由当事人、法定代理人、辩护人、诉讼代理人阅读或者向其宣读。法庭笔录中的出庭证人、鉴定人、有专门知识的人、调查人员、侦查人员或者其他人员的证言、意见部分，应当在庭审后分别交由有关人员阅读或者向其宣读。前两款所列人员认为记录有遗漏或者差错的，可以请求补充或者改正；确认无误后，应当签名；拒绝签名的，应当记录在案；要求改变庭审中陈述的，不予准许。"

〔2〕参见赵朝琴：《多向度的法律文书学方法论研究》，载马宏俊主编：《法律文书探索与创新》，北京大学出版社2017年版。

了使裁判文书说理具体化、丰富化、个性化，还需要对裁判文书的语言表述以及法律援引等方面予以规范，才能将范本制度中规定的共性和说理制度中的个性融合起来，充分展现裁判文书说理的合理性、规范性和权威性。

一、裁判文书语言表述的规范要求

裁判文书的表述〔1〕是裁判文书说理的语言承载，是直接体现说理是否充分、是否具有说服力的工具。裁判文书表述具有相对于审判活动的独立性，其具体表现有三：一是裁判文书的任务不同于审判活动的任务；二是裁判文书的顺序与审判活动顺序相对独立；三是裁判文书内容与审判活动中内容具有局部差异性。〔2〕因而对于裁判文书表述所要依循的规则也有必要予以研究。

（一）表述的方法

裁判文书表述的方法包括裁判文书表达的方式与裁判文书的章法。表达方式是文本内容的特定的表述方法与表述手段，而章法则是文本内容的字、词、行、句、段之间的呼应与切合。简言之，亦即文本的构思与布局。裁判文书的表达方式与章法，由于裁判文书表述活动的特殊性、用语字词间的专业性、规范性，因此具有独特的研究意义。

裁判文书表述的方法不同于其他文书的表达方法，裁判文书作为拟制类文书，以文字的直接叙述性为显性要件。同时，裁判文书的功能性也决定了裁判文书的表达方法不等价于写作学的表达方法。一般认为，写作学中的表达方法有叙述、议论、说明、抒情、描写，而裁判文书等

〔1〕　本书所指裁判文书的表述既包括裁判文书的记述，又包括裁判文书的论述。

〔2〕　参见薛峰、薛伟：《论裁判文书的表述》，载《人民司法》2005 年第 12 期。

法律文书一般以叙述、论证、说明为主,以抒情、描写为辅。[1] 下文主要介绍叙述、论证和说明三种表述方式。

叙述指以陈述性方式反映事物产生、发展、经过的全过程,叙述的方式主要运用在裁判文书的正文部分。叙述的方式包括时间顺序法、突出主要事件(主罪)法、突出主要当事人(主犯)法、综合归纳法、纵横交错法、总分法、罪名标题法。[2] 而叙述也要求做到要素明确、客观真实、叙事寓法、界限清晰。[3] 论证的方式适用于对材料进行分析后,揭示旨趣,辨别是非的活动。该方法主要运用于裁判文书理由部分,揭示法院对经审理查明的事实进行分析论证后,得出客观、合法结论的依据,因此力求说理的"客观、公正、充分、平实",并且由论点、论据、论证三部分组成。[4] 说明是一种对事物的物质性特征、性质、功能、种类的解释、介绍或者对事理的概念、价值的解释、介绍。在裁判文书中,说明主要适用于正文除事实与理由之外的部分。

(二)表述的章法

章法具有总领文本的构思、框架的作用。裁判文书的章法是对裁判文书的正文部分的事实、证据、理由及处理结果等事项的构思,但总的来说,裁判文书的章法又必须服从于裁判文书范本的格式要求。同样作用于裁判文书的结构领域,裁判文书的范本限定了空间的范围,章法则是在满足对结构的规范性要求的同时,对结构的具体化。一般而言,裁判文书的表示有以下几种章法。

1. 由事而理,由理而断。此种章法主要适用于裁判文书这种拟制类文书的写作,以"事—理—断"的进路可以概之。这种进路也可以总

---

〔1〕 参见孙青平:《法律文书基本问题研究》,中国法制出版社 2012 年版,第 18 页。

〔2〕 参见孙青平:《法律文书基本问题研究》,中国法制出版社 2012 年版,第 18 ~ 19 页。

〔3〕 参见张泗汉主编:《法律文书教程》(第 3 版),法律出版社 2017 年版,第 23 ~ 24 页。

〔4〕 参见张泗汉主编:《法律文书教程》(第 3 版),法律出版社 2017 年版,第 24 页。

结为:“介绍情况—叙述事实—阐述理由—判断处理”的逻辑脉络[1],此种脉络与人认识客观事物与法律规范的认识规律具有一致性。

2. 突出主要,兼顾次要。首先,在叙述方法上可在一定程度上对时间顺序法进行调整,不必拘泥于时间顺序法,即可以按照案件的主次、轻重、缓急进行排列,先主要后次要。同时也可综合运用突出主要事件法、突出主要当事人法。其次,此种章法不仅可以运用于事实部分,也可以运用于证据、理由部分。最后,此种章法主要适用于刑事案件中一人犯数罪或数人共同实施一罪的情形的刑事判决书制作,根本要求是为了满足定罪量刑的需要。[2]

3. 揭露矛盾,明确焦点。该章法主要运用于判决书的事实部分,在刑事判决书事实部分,在概述控辩双方各自意见的基础上,需分析整理出双方争议的焦点,揭示矛盾以解决矛盾。同样在民事、行政判决书中也需要在双方当事人意见的基础上,揭示矛盾,明确焦点。

4. 论辩说理,章法多样。该章法主要运用于拟制类文书的说理部分,一般而言裁判文书的范本为裁判文书制作提供了结构上的基本要求,裁判文书论述说理是高质量的裁判文书所必需的。而具体行文时,需要具体问题具体分析,充分运用说理的表达方法,结合论点、论据、论证综合分析,使论辩说理更能符合案件自身特点。

裁判文书的表达方式与章法共同服务于裁判文书的表述,裁判文书的表述既需要裁判文书范本的形式结构限定,也需裁判文书表达方法与章法的内容核心扩张。共性与个性共同廓清司法活动终极目的的外在形象与内在实质。裁判文书表达方法运用于章法的各个阶段,以

---

[1] 参见张泗汉主编:《法律文书教程》(第3版),法律出版社2017年版,第19页。

[2] 参见赵朝琴:《多向度的法律文书学方法论研究》,载马宏俊主编:《法律文书探索与创新》,北京大学出版社2017年版。

达到章法整体规划之要求作用。没有表达方法,各案件要素难以串联。没有章法,各要素难以达到统一的效果。同时,裁判文书作为法律文书的类属之一,具有工具性质,但工具性质不是裁判文书的唯一性质。在裁判文书繁简分流的司法改革趋势下,“当繁则繁,当简则简”意味着裁判文书表达方法与章法在简式裁判文书中的重要性降低,但是在需要加强说理的裁判文书部分,仍有综合运用的必要性。综合运用的必要性也意味着裁判文书不应仅仅以涵括、陈列案件各要素为唯一目标,仅仅完整、全面陈述案件要素的文书难以说是裁判文书,更难以实现裁判文书的法律效果与社会效果。因此,需要发挥裁判文书的表达方式与裁判文书章法在事由、证据、理由、结论的串联作用。总之,裁判文书的表达与章法都以实现裁判文书的精确表述为目的,具有实现裁判结论的发现与裁判结论的解释的价值内涵。

(三)裁判文书表述的重点

案件的审判作为裁判文书表述的客观实在,主要由两部分构成,其中一部分是对客观内容的记录,主要包括案件当事人的具体情况、案件来源和案由、法庭审判过程和合议庭的组成等内容,另一部分则是对法律真实内容的表述,包括证据认定、理由分析等内容。[1] 换言之,裁判文书的表述从内容上来说,可以分为客观事实记述部分与法律事实论述部分,以回溯的视角来看,裁判文书记述包括当事人情况、案件经过等客观情况,裁判文书论述包括法律真实、证据认定和理由分析部分,裁判文书论述的重点是诉辩双方争议焦点,也是裁判文书制作者着力“泼墨”之处。

在体系性地位上,裁判文书的记述部分以记述性要素偏多,裁判文书的论述部分以规范性要素与逻辑性要素偏多,而这也决定了他们在

---

〔1〕 参见薛峰、薛伟:《论裁判文书的表述》,载《人民司法》2005 年第 12 期。

方法论运用上的差异。在方法论的运用上，记述部分以叙述、说明的表达方法为主，而论述部分可采用叙述、说理的表达方法；在章法上，"事—理—断"的章法串联裁判文书记述与裁判文书论述，"揭露矛盾，明确焦点"可适用于裁判文书记述部分，而"突出主要，兼顾次要"以及"论辩说理，章法多样"可适用于裁判文书论述部分。对于裁判文书论述的重点则应做到重点把握，以客观、中立的视角，综合案情，揭示矛盾，明确焦点，这既是对事实部分材料的分析整合，也为说理的有的放矢进行铺垫。

在表述的要求上，裁判文书记述部分以事实清晰、材料真实、事实要素齐全、关键情节详细、因果关系明晰、叙述平实为要求。[1] 裁判文书论述部分要求证据运用上确实充分，分析事理，以法为主，以法为据；法律印证上，做到明确具体；章法运用上，前后呼应，统领全文。[2]

二、裁判文书引用法律的规范要求

于2018年6月1日印发的《最高人民法院关于加强和规范裁判文书释法说理的指导意见》，对裁判文书引用规范、引用依据进行了统一指导，根据第12条规定，裁判文书引用规范性法律文件应遵守《最高人民法院关于裁判文书引用法律、法规等规范性法律文件的规定》（以下简称《引用规定》）等相关规定。《引用规定》解决的是裁判文书的法律引用问题，即裁判文书引用的规范性法律文件的规范与顺序。

（一）引用范围

裁判文书可引用的规范性法律文件除了法律、行政法规、地方性法规外，还包括自治条例和单行条例、行政规章、司法解释等，但刑事裁判

---

〔1〕 参见宁致远主编：《法律文书学》，中国政法大学出版社1998年版，第24～30页。

〔2〕 参见宁致远主编：《法律文书学》，中国政法大学出版社1998年版，第31～36页。

文书、民事裁判文书、行政裁判文书可引用的规范性法律文件的范围则有所不同。[1] 首先,刑事裁判文书的引用规范范围要遵循罪刑法定原则。"法无明文规定不为罪"的基本内涵要求犯罪的认定与自由或权利的损减需要以法律为实质性界限。而可供定罪量刑的刑事法律规范,即刑法的渊源理论上包括:刑法(含刑法修正案)、单行刑法、附属刑法。[2] 全国人民代表大会及其常委会对刑法所作的立法解释与最高人民法院、最高人民检察院对刑法规定所作说明的司法解释属于有权解释,也能直接引用。刑事附带民事诉讼裁判文书引用规范性法律文件,适用民事裁判文书引用规范规定。其次,民事裁判文书应当引用法律、法律解释或者司法解释,对于应当适用的行政法规、地方性法规或者自治条例和单行条例,可以直接引用。最后,行政裁判文书应当引用法律、法律解释、行政法规或者司法解释。[3] 而在行政裁判文书中除了地方性法规、自治条例和单行条例可以直接引用外,由于行政诉讼活动的特性,对于国务院或者国务院授权的部门公布的行政法规解释或者行政规章进行适用时,可以在裁判文书的说理中直接引用。

(二)引用顺序及表述

裁判文书引用规范性法律文件需要根据各部分实际情况,具体问题具体分析,但存在需要并列引用多个规范性法律文件的情形时,其引用顺序如下:法律及立法解释、行政法规、地方性法规、自治条例或者单

---

〔1〕 参见胡仕浩、刘树德:《新时代裁判文书释法说理的制度构建与规范诠释(下)——〈关于加强和规范裁判文书释法说理的指导意见〉的理解与适用》,载《法律适用(司法案例)》2018 年第 18 期。

〔2〕 参见齐文远主编:《刑法学》(第 3 版),北京大学出版社 2011 年版,第 9 ~ 10 页。由于刑法修正案的规定一经公布和生效就已经为刑法典所吸收,所以当前我国有效力的刑法渊源实际上只有刑法典、一部单行刑法。

〔3〕 参见胡仕浩、刘树德:《新时代裁判文书释法说理的制度构建与规范诠释(下)——〈关于加强和规范裁判文书释法说理的指导意见〉的理解与适用》,载《法律适用(司法案例)》2018 年第 18 期。

行条例、司法解释。当两部以上的法律被同时引用时,较其他法律的引用而言,应保证基本法律的优先性。而从法律规定的内容方面来讲,实体法的引用优先于程序法。[1] 另外,《引用规定》对引用时的表述也作出了总的规范性要求,引用规范性文件时应当准确完整写明名称、条款序号,需要引用具体条文的,应当整条引用。

三、裁判文书辅助性论据的使用规范

《最高人民法院关于加强和规范裁判文书释法说理的指导意见》第13条的规定,人民法院在裁判文书说理时,除了引用规范性法律文件及司法解释外,还可援引最高人民法院发布的指导性案例、公理、民间规约等论据辅助论证。[2] 尽管该指导意见第13条对裁判文书的释法说理规定了广泛的论据,但以上论据所起的仅是辅助性作用,裁判文书的释法说理仍应以法律法规、司法解释的规定为准,这也是裁判文书主旨的合法性的要求,同时也是法秩序统一的保障。但是当现有的法律法规和司法解释含义不清晰或者有漏洞,难以充分地达到裁判文书说理的要求,此时可以引用辅助论据来对法律法规进行阐释或者作为裁判的理由。其中法理和指导性案例是两种非常重要的辅助论据材料。

---

[1] 根据《引用规定》第2条规定:"并列引用多个规范性法律文件的,引用顺序如下:法律及法律解释、行政法规、地方性法规、自治条例或者单行条例、司法解释。同时引用两部以上法律的,应当先引用基本法律,后引用其他法律。引用包括实体法和程序法的,先引用实体法,后引用程序法。"

[2] 根据2018年6月1日印发《〈最高人民法院关于加强和规范裁判文书释法说理的指导意见〉的通知》第13条规定:"除依据法律法规、司法解释的规定外,法官可以运用下列论据论证裁判理由,以提高裁判结论的正当性和可接受性:最高人民法院发布的指导性案例;最高人民法院发布的非司法解释类审判业务规范性文件;公理、情理、经验法则、交易惯例、民间规约、职业伦理;立法说明等立法材料;采取历史、体系、比较等法律解释方法时使用的材料;法理及通行学术观点;与法律、司法解释等规范性法律文件不相冲突的其他论据。"

(一)法理的援引要求

法理是宏观性、普适性的概念,法理体现了良法善治的社会主义核心价值观,构建了法治国家的理论侧面。[1] 裁判文书中对法理作为论据之一的强调,体现了制度构建与理论层面下21世纪中国的法治进路。援引法理作为释法说理的论据之一,不仅缘于法理对案件事实本质的脉络加以明晰,还因为法理具有对法律漏洞查漏补缺的作用。法理可以理解为法的一般原理、原则,具有填补法律规则漏洞,指引案件裁判,调和社会生活诸多利益,以达秩序统一与宣扬公正的法律效果的功用。[2] 就辅助法律法规、司法解释适法说理的作用而言,法理由于对法律规制本质的高度概括性,加之法的一般原则的普遍适用性,在具体案件的价值判断中能起到指引作用,以及对法院援引法律条文的解释作用。对于法理查漏补缺的作用而言,援引法理对案件裁判说理的前提是当前法律体系没有对应的法律规范、司法解释可以适用。如我国台湾地区"民法"第1条规定:"民事,法律所未规定者,依习惯;无习惯者,依法理。"

"案与案有不同的特点,但其法治的土壤是一样的。"[3] 援引法理作为论据的意义也在于此。就案件的裁判而言,千案各异,但在案件中所蕴含的法理或公平正义的观念是一样的。法律条文的形式各异,但在法律体系中所蕴含的社会主义法治理念,与法律规范间的逻辑体系是相通的。就国与国之间、地域与地域之间而言,即便法律体系具有差

---

[1] 参见张文显:《法理:法理学的中心主题和法学的共同关注》,载《清华法学》2017年第4期。

[2] 参见胡仕浩、刘树德:《新时代裁判文书释法说理的制度构建与规范诠释(下)——〈关于加强和规范裁判文书释法说理的指导意见〉的理解与适用》,载《法律适用(司法案例)》2018年第18期。

[3] 周庆华:《"裁判文书说理的技巧与规则"研讨会发言摘登》,载《人民司法(应用)》2016年第25期。

异性,法理具有地域性,但法理背后所蕴含的人类对公正的永恒追求是相通的。对法理在司法活动中的重视,既是一国对自身法律建设的融会贯通,也是全球化背景下国际化视角的借鉴。

在司法判决中,法官依据法理进行判决的案例非常多,在这些判决中,法官也很少论及法理是什么,我国的法律规则中,也从来没有正式确认法理的法源地位。张文显教授在《法理:法理学的中心主题和法学的共同关注》一文中指出,法理具有八种含义。[1] 张教授对法理的本质作出了宏观全面的阐述,根据他的总结,学说、原则、法条之理论等都属于法理,在司法裁判中,对学说和原则的援引是最为普遍的。作为学理性质的法理和作为原则性质的法理两者的功能有着显著的区别。学理性质的法理只能用于解释规则,而原则性质的法理在解释规则和创造规则上都可以适用。因而,在规则或条款的含义有争议时,法官们可以用学理来对规则或条款予以解释;但是在规则有漏洞时,法官们只能用原则来予以补充,不能用学理来予以补充规则;在规则不合理时,是否用法理来否定规则的适用,最高人民法院采取模糊的态度,司法实务界有用原则来予以否认的实例,但是没有用学理来予以否认规则的先例。

"法理"一词有丰富的意蕴和理论内涵,具有很深的学术探索意义,而且对司法实践也具有很强的指导作用,但是由于法理内涵过于丰富,还没有形成统一的表达,因而就我国司法现状而言,不太适合直接出现在裁判文书的写作中。法官们可以依据多样的法理来予以裁判,但是在判决书的说理论证时,应该具体化地阐明法理的内涵,并且根据当时解释法条、论证法条的具体依据,用通说、立法目的、法律之本意、法律

---

〔1〕 参见张文显:《法理:法理学的中心主题和法学的共同关注》,载《清华法学》2017 年第 4 期。

原则等词语进行分别阐释,以实现裁判文书用语的严谨和准确。[1]

(二)指导性案例的援引要求

指导性案例应该以何种方式被援引,是案例指导制度是否具有生命力的外在体现。由于我国指导性案例存在多种类型[2],为了全面实现指导性案例的功能,在指导性案例的援引方式上,也应该分别对待。

针对造法型指导性案例,法官可以直接将该指导性案例的裁判要点作为裁判依据直接援引。首先,从理论上而言,将指导性案例直接作为裁判依据予以援引并不存在障碍。我国学术界和实务界普遍反对将指导性案例作为裁判依据加以援引[3],《〈最高人民法院关于案例指导工作的规定〉实施细则》第 10 条也明确规定了指导性案例只能作为裁判理由而不能作为裁判依据进行引用。这些论点的主要论据就是:我国是大陆法系传统,先例不具有正式的法律渊源的效力,不能如同判例法系国家那般直接作为法律依据予以援引。[4] 但是我国的法律体制以及法官的权限和大陆法系国家并不完全一致。我国最高人民法院虽然不是立法机关,但实际上最高人民法院颁布的很多司法解释都具有了立法的性质,而且法官在裁决案件时也将司法解释作为裁判依据予以引用。而司法解释的形式中还包括最高人民法院对个案予以指导的“批复”,因此将指导性案例的效力等同于司法解释,在我国的理论上和

---

〔1〕 关于法理的援引及适用的具体论述请参见资琳:《我国契约法理体系的构成:来源、原则与教义》,载《法制与社会发展》2019 年第 2 期。

〔2〕 对于指导性案例的分类请参见资琳:《我国指导性案例同质化处理的困境与突破》,载《法学》2017 年第 1 期。

〔3〕 参见于同志:《论指导性案例的参照适用》,载《人民司法》2013 年第 7 期;雷鸿:《民事指导性案例研究——一个方法论的视角》,法律出版社 2013 年版,第 309 ~ 310 页。

〔4〕 参见胡云腾主编:《最高人民法院指导性案例参照与适用》,人民法院出版社 2012 年版,第 292 页。

实践中并不存在“瓶颈”。[1]

其次，从司法实践的层面看，将造法型指导性案例直接作为裁判依据予以引用，有利于明确指导性案例的作用，增强判决的可接受性。造法型指导性案例的颁布，其目的就是在规则空缺或不明确时，填补法律空白，以统一裁判尺度。最高人民法院在编写造法型指导性案例的过程中，将裁判过程中填补空白的事实或技术总结为裁判要点，这些裁判要点基本具备了法律规则的要素，相当于可以适用的法律规范。例如，指导性案例6号，其对必须举行听证程序的行政处罚行为进行了补充，其裁判要点规定得非常明确。[2] 这为将裁判要点作为裁判依据加以援引提供了现实可能性。如果后案中不将其作为裁判依据予以引用，而是作为裁判理由，实际意味着承认后案法官依据各种理由对法律的补漏，这更有违我国立法体制，而且判决的权威性也明显削弱。所以针对造法型的指导性案例，法官可以将其作为裁判依据予以援引，在裁判依据中仅需要标出被援引指导性案例的案号和裁判要点。而在裁判理由部分，法官应该参照指导性案例的判决理由对待决案件所涉的漏洞、与指导性案例的相似性予以充分说明。

而对于释法型指导性案例，其援引方式则有所不同。首先法官只能在判决理由中予以援引。释法型指导性案例的颁布，其主要目的是结合案件中的具体事实，示范应该如何适用法律，因此该指导性案例并不存在法律空缺的情形。后案法官可以参照指导性案例来确定待决案件所涉法律的具体含义，但是裁判依据仍然是待决案件所涉法律条文，

---

〔1〕 具体论述参见陆幸福:《最高人民法院指导性案例效力之证成》，载《法学》2014年第9期。

〔2〕 裁判要点的内容为：行政机关作出没收较大数额涉案财产的行政处罚决定时，未告知当事人有要求举行听证的权利或者未依法举行听证的，人民法院应当依法认定该行政处罚违反法定程序。

而不是指导性案例。法官在审判这类案件时的关键不在于是否援引指导性案例,而在于说明如何解释法律,如何理解生活事实,在说明的过程中指导性案例的思路可以作为论证的理由。因而这种情形下,指导性案例只是帮助法官论证其适用法律、判断事实的理由,并不构成裁判依据。在司法实践中,多数法官也赞同这类指导性案例在"裁判说理部分"援引的做法。[1] 其次,释法型指导性案例的援引可以是隐性、间接的。对释法型指导性案例而言,法官没有主动援引的义务,如果当事人没有要求适用该类指导性案例,法官即使参照了指导性案例的判案思路和方法来裁判后案,也并不需要直接援引该指导性案例。

第四节 小 结

裁判文书的说理实质上就是法官通过归纳演绎等逻辑思维方式阐明认定的事实和适用的法律,并揭示裁判进程中的程序问题,使当事人和其他普通民众能够从内心接受裁判结果。增强裁判文书的说理性是实现程序正义的必经之路,也是促进司法公正和提升司法公信的必然选择,对推进我国社会主义法治建设进程具有重要意义。在裁判文书中进行充分的说理绝不仅意味着对裁判文书形式的改良或创新,其背后蕴含了对诉讼当事人权利重视程度的不断深化和对法治现代化的追求。

针对我国说理制度存在的问题,我们应进一步提高对裁判文书说理的重视程度,加强裁判文书说理的考评和激励机制。为了实现此目

[1] 具体论述参见四川省高级人民法院、四川大学联合课题组:《中国特色案例指导制度的发展与完善》,载《中国法学》2013 年第 3 期。

的,我们可以从以下几个方面借鉴其他国家的先进经验。首先,要借鉴大陆法系的说理特色,增强裁判文书说理的整体性和严谨性。其次,要分析英美法系判例法的优势,充分发挥判例在整个司法运作体系中的作用。最后,要吸收两大法系说理制度的不同优势,落实裁判文书说理繁简分流改革。

裁判文书的说理是裁判的灵魂,裁判文书说理是否正确充分是评价裁判文书质量的重要标准,由于语言本身的多样化特点,对同一法律条文的理解适用可能会产生不同的看法,通过裁判文书的说理,可以解决法条冲突和法律理解有分歧的情形,以实现法律的稳定性。法官在对裁判文书进行说理的同时,既加强了对当事人的说服教育,也积累了司法实践经验,提升了其语言表达、推理方法及法律适用的能力,从而提高司法公信力,树立司法权威。

裁判文书说理的内容包括实体和程序两方面,其中实体性内容主要包括对案件事实认定和法律适用的说理,程序性内容则主要包括与当事人利益相关的诉讼权利等方面的说理。裁判文书说理还需要遵循一些基本的形式要求。首先,裁判文书的说理结构要遵循文书范本的要求;其次,裁判文书的说理在语言表述、法律援引、辅助论据的引用等方面都应该遵循一定的规范。只有将裁判文书说理的实质内容与形式要求融合在一起,才能充分展现裁判文书说理的合理性、规范性和权威性。

第六章　裁判文书公开制度

如前文论述，通过对裁判文书说理内在构成和外在形式两方面共同进行规范，可以促使裁判文书说理的规范化；通过对裁判文书各种说理方法的详细阐述，可以帮助法官进行有效、恰当的说理。两者相结合，共同促进法官从内在素养和外在约束两方面来对判决结果予以充分的说理，以期达到裁判文书的合理性和可接受性。裁判文书说理制度的建设并不是裁判文书制度的最后一步，还需要将裁判文书公之于众以监督法官说理的行为、增强判决的合理性和可接受性。但是如果毫无限制地对裁判文书予以公开，则可能损害到司法公正和公民的隐私权，为了平衡其中的利益冲突，我们必须构建融贯合理的裁判文书公开制度。本章首先厘清了裁判文书公开制度的基本现状，并探讨了该制度所具有的基本功能，在此基础上就裁判文书公开的范围、公开的流程等制度建设提供了一些建议。

第一节　裁判文书公开制度的发展轨迹及功能导向

司法公开在现代法治国家中是体现司法文明的重要标志，是宪法原则在司法层面的具体体现，也是保障公民权利的重要路径。在司法改革以前，司法因其自身的专业性和秘密性，较长时间遭受诟病，因而司法改革的一个重要的内容就是司法公开。[1] 自从18世纪的刑法学家贝卡利亚提出审判公开原则之后[2]，现代法治国家基本都将审判公开确立为司法制度的基本原则。而裁判文书作为审判活动的最终书面载体，其公开自然也是审判公开的题中之义。[3] 人民法院经过刑事、民事或者行政诉讼之后，针对在诉讼过程中所认定的实体或程序问题进行处理而制作的裁判文书，是各级人民法院依法行使审判权的体现，即将具体案件的庭审过程以另一种方式呈现在社会公众的面前，以达到保证司法公正和维护法律权威的目的。因此，裁判文书公开具有不可替代的重要作用，裁判文书的公开与否，一定程度上代表着法院能否守好社会公平正义的最后一道防线。作为司法公正载体的裁判文书承担了公示社会规范、保障当事人权利的重要作用。那么裁判文书的公开，则是体现了司法公开、实现司法公正的重要作用。正如丹宁勋爵所说："正义不仅要实现，而且要以人们看得见的方式实现。"[4] 裁判文书公开是目前最高人民法院改革的主要举措之一。要在司法改革的大情势下来研究裁判文书公开制度如何完善，首先需要明晰裁判文书公开制度在我们国家经过了怎样的发展，然后归纳得出裁判文书公开制度在我国要承担何种功能。

---

〔1〕 参见田禾、吕艳滨：《司法公开：由朦胧到透明的中国法院：浙江法院阳光司法第三方评估》，中国社会科学出版社2017年版，第2页。

〔2〕 参见[意]切萨雷·贝卡利亚：《论犯罪与刑罚》，黄风译，中国法制出版社2005年版，第25页。

〔3〕 参见王梦宇：《基于程序正义的裁判文书公开研究》，中国政法大学出版社2018年版，第1页。

〔4〕 [英]丹宁勋爵：《法律的正当程序》，李克强、杨百揆、刘墉安译，法律出版社2011年版，第23页。

一、裁判文书公开制度的发展轨迹

(一)发展历程

裁判文书上网经历了三大步骤:初步策划、逐渐探索与全方面公开。在初步策划的过程中,在整个中国仅仅有极少数的法院进行文书上网公开的工作。1999 年 10 月 20 日,《人民法院五年改革纲要(1999—2003)》对于如何全面落实公开审判制度做出了部署。人民法院开庭审判的案件,应当逐步提高当庭宣判率。在 2006 年后,司法公开的力度逐渐加强,在最高人民法院颁布的数个法律文件中均规定了裁判文书上网制度,促使地方司法机关文书上网的发展。而在 2013 年之后,基本上实现了裁判文书上网。[1] 2013 年 11 月 12 日通过的《中共中央关于全面深化改革若干重大问题的决定》中指出在司法判决书中应当增强法律文书说理性,推动公开法院生效裁判文书,由此可知,裁判文书公开是推动法治中国建设的重要内容,是全面深化改革的重要实现方式。2013 年 11 月 21 日,最高人民法院颁布的《最高人民法院关于推进司法公开三大平台建设的若干意见》中提出,建设司法公开平台主要包括审判流程的公开、裁判文书的公开和执行信息的公开三个方面,之所以提倡裁判文书平台的设立是为了呼应信息化时代的到来,同时也符合公民对司法公开的期望。法院全方面促进裁判文书公开平台的设立需要以有利于社会的公平与正义、增加人民福祉为基础,使人民群众在司法判例中都能体会到正义与公平。2014 年党的十八届四中全会通过的《中共中央关于全面推进依法治国若干重大问题的决定》进一

---

[1] 参见高一飞等:《阳光下的审判:司法公开实施机制研究》,法律出版社 2016 年版,第 175 页。

步指明了如何确保司法的公正性，提升司法公信力。[1]

与2013年颁布的《最高人民法院关于人民法院在互联网公布裁判文书的规定》进行比较，2016年最高人民法院对该规定进行了修正。总结来说有九大创新，即夯实全面上网原则；扩大上网文书范围；一审文书全面公开；完善不公开例外情形；不上网公开说明理由；细化公开的处理规则；明确必须保留的信息；切实减轻法官工作负担；明确运行维护的部门。[2]

（二）发展方向

有学者从裁判文书上网的范畴、对个人隐私权的保障、平台与主体的范围、救济与审查的程序、检索查询功能五大板块出发，与美国等国家相对比以及结合我国台湾地区的裁判文书上网实践，提出了完善国内裁判文书上网的五点建议。一是制定法律，为裁判文书上网提供立法保障；二是确定上网范围，平衡公众知情权与个人隐私权的保护；三是运用现代科技手段，提高裁判文书上网的实际价值；四是尽可能动员社会的力量，拓展裁判文书上网的法律和社会功能；五是建立以裁判文书上网为主、其他方式公开为辅的司法公开机制。[3] 另有观点认为，要对网上裁判文书公开进行完善需要利用多种途径提升裁判文书的上网率，分层次有区别公开，建立多元追责与监督机制、公开反馈机制等方面的制度建设。[4]

---

〔1〕 具体内容为构建开放、动态、透明、便民的阳光司法机制，推进审判公开、检务公开、警务公开、狱务公开，依法及时公开司法依据、程序、流程、结果和生效法律文书，杜绝暗箱操作。加强法律文书释法说理，建立生效法律文书统一上网和公开查询制度。

〔2〕 参见高一飞等：《阳光下的审判：司法公开实施机制研究》，法律出版社2016年版，第176～179页。

〔3〕 参见龙飞：《域外法院裁判文书上网制度比较研究》，载《人民司法》2014年第17期。

〔4〕 参见徐骏：《裁判文书网络公开的制度功能与技术完善》，载《内蒙古社会科学（汉文版）》2011年第2期。

自从修订于2016年的《最高人民法院关于人民法院在互联网公布裁判文书的规定》公布后，我国的裁判文书公开工作已有飞速进展，也有"无讼案例"等社会机构以数据库的形式对裁判文书加以整理。但是仍需在以下两个方面予以改进。首先在媒介上，要积极运用前沿的科学技术，并协调好其与如何转化传统思维观念、如何提升司法能力的关系。高端的信息技术是促成公开司法的重要途径与主要保障。地方各级的法院都应当适应网络技术革命的大背景，努力运用最先进的科学技术。此外也能够提升法官网上公开司法的认知并自觉地运用，使司法公开的水平和能力逐步加强。[1]

二、裁判监督功能的全面展开

裁判文书公开体现了宪法上审判公开原则的要求。众所周知，裁判文书是人民法院经过刑事、民事或者行政诉讼之后，针对在诉讼过程中所认定的实体或程序问题进行处理而制作的诉讼文书，无论是刑事案件、民事案件、行政案件还是赔偿案件，所有审判活动的最终结果都会以裁判文书的形式呈现出来。从这个角度来说，裁判文书是人民法院诉讼活动结果的载体，记载着审理过程和裁判结果，裁判文书内容涵盖着案件事实证据、适用法律结果，是对当事人权利享有和义务承担进行分配的强有力的凭证。因此，裁判文书的公开与庭审的公开的地位相当，都发挥着无法替换的重要功能。裁判文书公开，从一定程度上说，可以让当事人和社会公众监督法院能否守好社会公平正义的最后一道防线。[2] 因而，在裁判文书公开制度的发展中，我们促使文书公开

---

〔1〕 参见周强：《最高人民法院关于深化司法公开、促进司法公正情况的报告》，载中华人民共和国最高人民法院网2016年11月9日，http://www.court.gov.cn/zixun-xiangqing-8025.html。

〔2〕 参见李友根：《裁判文书公开与当事人隐私权保护》，载《法学》2010年第5期。

的监督功能全方位、多角度地展开，具体体现为以下几个方面。

（一）助力于提高法官素养，全面提升文书质量

对裁判文书的网络公开应当进行外部监督，在要求法院进行内部监督的同时，还需要吸纳从上而下的外部监督和从下而上的外部监督两种方式：一方面，文书的网络公开需要人民代表大会的审议与表决。另一方面，也需要虚心采纳人民群众合理的意见和批判，并进行修正。[1] 裁判文书的公开使监督的质与量大幅度提升，能够发挥倒逼的功能。尽管裁判文书的网络公开对于法官来说有相当程度的挑战，但确实能够提升法官在司法上的素质，促使法官改进裁判文书中的不规范之处，提高法官的逻辑思维能力和业务审批水平。孟德斯鸠指出："任何有权力的人都极易滥用权力，直到遇到界限，有权力的人们方可休止。"[2]裁判文书公开能够督促司法工作人员提高自身司法能力和水平，当事人和社会公众的外部监督能实现对法官的合理约束。

司法公开的目的是以公开促公正、以透明保廉洁。那么公开裁判文书则是保证司法公正的重要方式之一。裁判文书的公开为审判公开的延展，有助于增强司法的公信力，对司法权威的维护发挥着重大的作用。如果无法进行裁判文书的公开，即便审判的另外环节进行得再完美，也很难说服案件的当事人与社会公众。例如，刑事裁判文书的公开可以确保人民群众明晰刑事司法权的运作过程，使正义看得见、摸得着，因此对司法判决的结果予以认可，这也增强了司法的权威，使司法公信力进一步提升。[3] 凭借裁判文书的公开，能够保障案件当事人与

---

〔1〕 参见徐骏：《裁判文书网络公开的制度功能与技术完善》，载《内蒙古社会科学（汉文版）》2011 年第 2 期。

〔2〕 ［法］孟德斯鸠：《论法的精神》（上册），张雁深译，商务印书馆 1982 年版，第 154 页。

〔3〕 参见高一飞等：《阳光下的审判：司法公开实施机制研究》，法律出版社 2016 年版，第 173 页。

社会公众享有充分的参与权与知情权,逐步形成外部监督的局面。

裁判文书的公开可以推动法律实践的发展。新一轮的司法改革掀起,促成裁判文书的全面公开,每一个裁判文书都面临社会各界人士的审查与检视。此种全方位的监督,在广度、深度与适时性上都优于法院的内部监督。这也促使每一位法官主动地且持续地增强司法的业务素养,防止自己所做出的裁判文书被社会各界批判。[1] 此外,公开裁判文书能够使法官学习优秀裁判文书如何认定事实,学习其逻辑思路和裁判理由等各方面的内容。这必将有助于提升法官这个职业群体的职业素养和法律职业素质,如何统一裁判尺度这一难题也会在不久的将来自然破解。法官代表国家行使审判权,在诉讼活动中依法实现实体和程序的有机统一,最终制作了裁判文书,因而裁判文书具有法律效力,从中也能看出法官的职业素养和专业能力。[2] 裁判文书上网公开后,对社会公众查阅裁判文书和相关人士开展司法领域的研究都是极大的便利,并且也对法官施以一定的压力,从另一个方面会督促法官提升自己的专业素养,提高文书的质量,进而整体拉高司法水平。

(二)促进个案正义,最大程度实现"同案同判"

裁判文书公开后会接受来自当事人和社会公众的全方位的监督,这在一定程度上会对法官施以压力,由外部监督来逼法官提高自身的专业水平。有些裁判文书说理不强,语病错漏,文字功底不强,但掩盖不会使错误消失,公开反而能督促审判人员改进。裁判文书公开即将法官审理案件后制作的裁判文书向社会公开,让社会公众得以接触法院的司法裁判,评价裁判文书,从而实现社会公众的监督。这一方面让

[1] 参见孙华璞、王利明、马来客主编:《裁判文书如何说理:以裁判说理促进司法公开、公正和公信》,北京大学出版社 2016 年版,第 2 页。

[2] 参见田禾、吕艳滨:《司法公开:由朦胧到透明的中国法院:浙江法院阳光司法第三方评估》,中国社会科学出版社 2017 年版,第 11 页。

法官在审判过程中更加严谨对待，精雕细琢；另一方面，也让其有机会研究其他地方的同类判决，使法官在作出裁判时，能做到类似案件相似判决，统一裁判尺度。[1]

近年来，人民群众对司法案件的判决结果日渐关注，且能够随时查阅案件的判决信息。这使"同案不同判"这一问题渐渐显露出来，"同案不同判"不利于司法公信力的确立，为了做到"同案同判"，最高人民法院与地方各级法院实施了量刑规范化的改革、建设司法信息交流的平台和案例指导制度等一系列举措，被认为是对"同案不同判"的回应。[2]

互联网公开裁判文书能够统一不同地区、不同层级之间的裁判标准。实践中不可能有两个完全相同的案件，最多只能说是相似案件。证据与事实的细微不同可能会使具体的判决结果产生差异，然而在当事人和社会公众眼中，则是"同案不同判"。裁判文书上传至中国裁判文书网，法官在判决时可以上裁判文书网查询相似案件，则能够渐渐缩小法官在裁判时的差别，努力为相似的案件作出差别不大的判决，减少"相似案件判决差异悬殊"的情况。[3]

刑事案件的"同案不同判"可能使当事人、社会公众无法理解，激起民愤；民事案件的"同案不同判"可能引起当事人的不满，进而可能实施过激的举动；行政案件的"同案不同判"可能会使当事人或社会公众质疑法院的公正，法官的公正，以及质疑行政机关是否存在"暗箱操作"的可能性。并不是要求两个相类似案件必须要做到判决结果相同，而是

---

〔1〕 参见田禾、吕艳滨：《司法公开：由朦胧到透明的中国法院：浙江法院阳光司法第三方评估》，中国社会科学出版社 2017 年版，第 2 页。

〔2〕 参见张超：《论"同案同判"的证立及其限度》，载《法律科学(西北政法大学学报)》2015 年第 1 期。

〔3〕 参见高一飞等：《阳光下的审判：司法公开实施机制研究》，法律出版社 2016 年版，第 174 页。

在结合当地实际情况的前提下,充分说明理由,并且说明考虑的因素,尽量使判决结果不要一个天南一个地北,否则,会引起公众热议,又反过来被舆论影响干预司法。相似案件的判决不要太离谱,比如两个情节相似的刑事案件,一个判决有罪且量刑五年,一个判处无罪,这就会引起当事人和社会公众的不理解和不满,会质疑法院和法官的公正性和公信力。

有学者提出,“同案同判”是来自社会公众的强烈诉求,它产生于法律适用过程中法律具体化所造成的判决差异之语境,成为法官在裁判实践中需要面对的一项可能要求。“同案同判”的吸引力主要在于内化于法律实践的平等价值和安定性价值;但是其与裁判正确性的要求未必相一致,因而作为一项司法要求它是初始性的,法官可基于更具优势的理由而摒弃既有判例。[1] 社会公众和当事人理解的同案和受过专业法律知识训练的法律人士理解的同案是不一样的,所以并不是要求将所有类似的案子都做到判决结果相同,这是不可能的也是不可行的。我国也不是判例法国家,所以也并不能直接将以往相似的案件判决结果拿来对照直接适用。但是,在考虑当地实际情况和标准后,做到合理合法,认真判决,这是可以的。

众所周知,由于地区差异,法官的知识背景、思维方式、办案习惯等存在较大的不同,甚至同一地区不同层级法院的法官的知识背景和思维方式以及办案习惯等也存在区别,从裁判文书可以看出法官的思维方式和办案习惯。裁判文书公开,将所有法官的思维方式放到同一平台,可以促进法官的思维方式的交融和碰撞,有助于法官职业化的推进。裁判文书的公开也使律师等群体与法官在共同的平台上进行对

[1] 参见张超:《论“同案同判”的证立及其限度》,载《法律科学(西北政法大学学报)》2015 年第 1 期。

话，促成法律共同体的形成。[1]

（三）增加裁判文书的可接受性，加强司法公信力

裁判文书公开能倒逼法官认真对待裁判文书，结合案件事实合理分析证据，最终形成一篇合理的裁判文书。例如，一个最常见的民事纠纷案件，在裁判文书上网公开之前，法官由于没有受到来自当事人和社会公众的外部监督，在裁判文书的写作过程中很可能出现下列问题：对于证据的罗列逻辑混乱，对于案件事实的概括片面，对于法条的援引说理不充分等。这些问题容易使社会公众在阅读这样一份模糊不清的裁判文书后，对司法过程产生不信任感。因此，裁判文书公开能督促法官在撰写裁判文书过程中，充分论证判决原因，展示判决过程，给当事人最合理的判决，增强司法公信力，让公众了解案件争议焦点、争议解决方式。裁判文书公开则将法官的行为置于公众的监督之下，能够督促法官提高办案水平和办案质量，并依据案件事实和案件证据以及法律规定做出判决，从而防止司法腐败。

裁判文书公开能照顾到公众的情感需求。根据上文所述，裁判文书不仅需要让当事人双方信服，更需要具有让受众满意的功能，如果受众对裁判文书产生了抵触心理，那么裁判文书所期望实现的指引教育功能就会落空，无法达到理想的效果。裁判文书公开能更好地解决这个问题。由于社会公众不具备专业的法律知识，因此不论裁判文书中说理论证如何充分，大众的思维都很难与法官的思维保持一致，而且人们对法官的专业分析往往也并不感兴趣，在看到裁判文书之后，通常是使用自己朴素的正义观来对法官作出的判决结果进行判断。如果裁判文书的判决结果与公众的预期相去甚远，遭到人们普遍质疑的话，即使

---

〔1〕 参见徐骏：《裁判文书网络公开的制度功能与技术完善》，载《内蒙古社会科学（汉文版）》2011年第2期。

在程序和实体问题上都符合逻辑,也很难成为一份优秀的裁判文书。裁判文书公开能使得法官收到社会公众对其所制作的裁判文书的反馈,那么法官在叙述说理部分就会结合专业角度和一般人的思维角度来综合考虑如何制作一份既具备专业知识也符合常人思维逻辑的裁判文书。最高人民法院不断推动建立裁判文书公开制度和评价制度,也是为了能使裁判文书获得社会公众的认同。

作为司法全过程及判决结果的载体,如若法官裁判文书的说理含糊其词,会严重损害当事人及社会公众对于司法过程的信任。例如,2003 年震惊全国的刘涌组织、领导黑社会性质组织案,刘涌原系沈阳嘉阳企业集团有限责任公司董事长,其纠集宋健飞等社会不法分子,逐步形成以其为首、以其建立的企业为依托的黑社会性质组织,并采取暴力等非法手段聚敛钱财。在 4 年半时间,该组织共计作案 47 起,致死致伤 42 人,其中 1 人死亡、16 人重伤,迅速聚敛资产 7 亿余元。辽宁省高级人民法院在二审时,将刘涌的死刑改判为死缓,一时掀起舆论哗然。因为在刘涌案的二审判决书中并未看到有哪些情节可以支撑改判为死刑缓期执行的结论,这引起了社会公众对该次审判极大的不信任,质疑法院和法官的公正性和公信力。尽管后来最高人民法院依照审判监督程序提审了该案,撤销了二审判决中对故意伤害罪的量刑及决定执行的刑罚部分;以故意伤害罪,判处刘涌死刑,剥夺政治权利终身;维持原二审对刘涌所涉其他罪名的判决,数罪并罚,决定执行死刑,剥夺政治权利终身。但是该案在全国范围内掀起了公众对于司法审判的不信任巨浪,认为法院在审判时不公正,这对司法公信力造成极大的伤害。由此可知,审判过程的程序不严谨、判决书说理的不充分均能让社会公众质疑法官和法院的司法公正程度,公开裁判文书如同剔骨疗伤一样,在承受着巨大压力,接受社会监督的同时让司法更透明和公正,挽回社会公众对司法的信任以及逐步提升司法公信力。公开裁判文书,可以在实体上和程序上让当事人和社会公众由心底接纳裁判结果和信服裁判的结果，以及更便捷地考究司法公正与否。因而，裁判文书的公开既是司法公开的实现路径，也是司法公正的必然要求，更是司法公信的基石。[1]

（四）拓展舆论监督方式，扩大社会关注与认同

我国较长时间以来在法治国家建设过程中所强调的法律传播多是依靠宣教式的法律普及，忽视了法律信息在公众间的多向性交流，裁判文书网上公开可以发挥裁判文书中法律信息的“易认知性”优势，附之以网络传播的特点，这便在我国传统的、自上而下的法律传播形式之外为引导公众间的法律互动、沟通与交流创造了条件，最终在公众之间构筑起法律信息传播、法律知识传授与法治观念渗透的良性模式。[2] 传统的裁判文书公开方式包括通过新闻媒体报道的途径，根据最高人民法院 2000 年 6 月 15 日颁布的《最高人民法院裁判文书公布管理办法》的规定[3]，裁判文书公开的方式五种中两种是通过新闻媒体传播。这种公开方式虽然广泛，但由于新闻媒体自身特点不能全文公布，并且被法院认可的刊载裁判文书的报刊均为《人民日报》《人民法院报》等官方

---

〔1〕 参见孙华璞、王利明、马来客主编：《裁判文书如何说理：以裁判说理促进司法公开、公正和公信》，北京大学出版社 2016 年版，第 2 页。

〔2〕 参见卢建平、姜瀛：《以刑事裁判文书网上公开推动刑法的公众认同》，载《河南财经政法大学学报》2015 年第 1 期。

〔3〕 《最高人民法院裁判文书公布管理办法》第 2 条规定：“裁判文书的公布主要通过以下五种渠道：1. 对有重大影响的案件的裁判文书，商请人民日报、法制日报等报刊予以公布。2. 对具有典型意义、有一定指导作用的案件的裁判文书，不定期地在人民法院报、公报上公布。3. 日常的裁判文书可随时在人民法院报网和我院开通的政府网上公布。这是公布裁判文书的一种主要形式。4. 所有公布的裁判文书可装订成册，放在指定部门供各界人士查阅。目前先考虑放在出版社的读者服务部，同时设置一部触摸式电脑将公布的裁判文书输入，供查阅。如当事人需要索取的，可收取成本费。5. 每年将所公布的裁判文书汇集成册，由出版社出版发行。”

机关,在实效上仍受到限制。[1] 涉法舆情的产生与新闻媒体关注有价值新闻的传媒天职及部分媒体追求曝光率的倾向性都有联系,舆情的有效回落则来自法院主动司法公开的努力。"彭宇案"与"许云鹤案"的二审效果对比表明,关系到公众人心的真相厘清非常重要,过分重视调解的办案思路应予以纠偏。加快落实生效裁判文书的上网,使其成为信息社会群众的最直观法律教材。说理充分的公正裁判,是法院公开向公众对话的最佳理性方式。[2] 可见,司法公开实际上有利于提高社会公众对司法公正的认同和认知,河南省高级人民法院积极倡导和试点推行的裁判文书的网上公开,促进了全省三级法院裁判文书的制作水平,并在全省初步形成网络舆论对司法公正的倒逼机制。[3]

三、学术研究价值的深度挖掘

裁判文书公开的另一个重要功能是促进法学研究的发展。裁判文书公开能为法学理论提供广泛的研究材料,促成司法实践和理论研究的互动。当前,中国的法学教育和实践存在严重脱节的情况。[4] 很大程度上是因为高校教师的理论研究缺少对实践素材的仔细认真分析,裁判文书的公开为法学教育面向实践提供素材和方向。

(一)裁判文书公开丰富了研究材料

裁判文书公开后,可以形成一个庞大的数据库,这为建设法治社会提供了重要的资源,在大数据时代,为研究新的司法方向提供了基础。在之前,为了查阅相关的裁判文书,人们往往需要到具体案件的审理法

---

[1] 参见李琴:《互联网时代裁判文书上网公开的价值取向及追求目标》,载马宏俊主编:《法律文书探索与创新》,北京大学出版社2017年版。

[2] 参见黄彩华:《司法公开的信息社会背景》,载《人民司法》2014年第9期。

[3] 参见杨凯:《新媒体时代的司法公开与司法公正》,载《法治论坛》2014年第1期。

[4] 参见王健:《法学教育改革和发展的新动向——2009年法学教育年会暨中国法学教育发展论坛综述》,载《中国大学教育》2009年第12期。

院。因为裁判的专业性和秘密性,甚至需要证明本人与案件有利害关系,才能查阅,并且只能查阅纸质形式的裁判文书,这将耗费大量的时间和精力。[1]

自 2013 年裁判文书网上公开以来,我国兴起以裁判文书为样本进行研究的路径。截至 2019 年 5 月,在中国知网数据库中,以“判决书”为关键词搜索“主题”分类,可查到共有 1253 篇学术期刊文章、硕博论文、会议成果和报纸报道。以“裁判文书”为关键词,搜索“篇名”找到 1225 条结果,以“判决书”为关键词搜索“篇名”分类,可查到共有 521 篇相关的以裁判文书为样本来分析的文献。可以看出,在大数据来临的时代,大量裁判文书的公开为法学的实证研究提供了丰富的素材。近年来,法律实证研究在中国法学界得到了较为广泛的讨论与认可[2],尤其是司法裁判文书的上网比例日益提高后,有望实现法律实证研究的“全样本性”。这能够对研究对象进行全局的了解,最大限度缩减传统的抽样调查所可能产生的误差,找到抽样调查难以获取甚至完全不能获取的信息。[3]

(二)为理论与实践结合提供了新的研究路径

理论研究与实践存在明显的张力,两者的隔阂是因为缺乏必要的沟通。在以往,学术研究人员难以获取最新的、一手的法学案例,容易产生自说自话的情况,不能为实践中产生的适用难题提供解决途径。

---

〔1〕 参见田禾、吕艳滨:《司法公开:由朦胧到透明的中国法院:浙江法院阳光司法第三方评估》,中国社会科学出版社 2017 年版,第 12 页。

〔2〕 参见宋英辉、王武良主编:《法律实证研究方法》,北京大学出版社 2008 年版,第 3 ~ 59 页;赵骏:《中国法律实证研究的回归与超越》,载《政法论坛》2013 年第 2 期;程金华:《当代中国的法律实证研究》,载《中国法学》2015 年第 6 期;雷鑫洪:《方法论演进视野下的中国法律实证研究》,载《法学研究》2017 年第 4 期;陈柏峰:《法律实证研究的兴起与分化》,载《中国法学》2018 年第 3 期。

〔3〕 参见左卫民:《迈向大数据法律研究》,载《法学研究》2018 年第 4 期。

裁判文书网上公开将让学术研究人员掌握我国法律运用中真正存在的问题以及新的发展方向，为理论的研究提供了良好的基础，能够为司法实践提供理论上的支持。如此一来，理论与实践才能形成良性互动，实现有机结合。[1] 理论中对某些问题有多派观点，比如对刑法上的防卫过当问题的探讨，在司法实践中，法官在认定防卫过当时，似乎并未采纳理论界中较为权威的观点，而是比较机械地“唯结果论”。有些法官在认定防卫人是否构成防卫过当时，仅看防卫人最后给侵害人造成的伤害结果，如果侵害人伤势较防卫人过重，即认定为防卫人防卫过当。量化分析关于防卫过当的判决书，可以发现大部分法官在认定防卫过当时，都只看防卫人的防卫行为造成的结果是否严重，只看结果是否超过必要限度，没有结合案件具体情况比如侵害人的侵害行为、紧迫性等因素。而学界中对于防卫过当的认定是较为全面的，不仅只是依据防卫人对侵害人所造成的伤害结果来判断，还要综合考虑各种因素的作用。这些理论与实践之间不相衔接的问题，需要通过研究裁判文书，通过计量化分析裁判文书的样本才能看出问题的本质所在。

如前所述，科学的裁判文书是展现案件全貌的重要研究资料之一，法学理论的逐步深入离不开实践中出现的判例，如刑法理论中的期待可能性理论正是来源于德国的“癖马案”。“现代中国的法治实践具有不同于其他西方国家的本土国情，这样必然要求中国的法学研究需要结合中国法治发展的实际。”[2] 中国的法学研究应提炼出以中国司法实践为基础的诸多理论概念，才能做到与西方法学理论并驾齐驱。[3] 无

[1] 参见徐骏：《裁判文书网络公开的制度功能与技术完善》，载《内蒙古社会科学（汉文版）》2011 年第 2 期。

[2] 王桦宇：《领域法学研究的三个核心问题》，载《法学论坛》2018 年第 4 期。

[3] 参见黄宗智：《认识中国——走向出发的社会科学》，载《中国社会科学》2005 年第 1 期。

论是通过分析一份个案的裁判文书，推动或研究某个案件审理，还是通过大数据，研究某个法律概念或法律体系的实证数据以推动理论研究的发展，裁判文书都具有重要的意义。可以说，裁判文书是连接理论与实践的一道桥梁，是应用法学从实践抽象出理论的重要资料，是检验理论的重要磨刀石。重视裁判文书的作用，将会摆脱“空对空”的纯粹理性思辨，立足于中国的司法实践，在有助于推动司法公开的同时，繁荣法学研究，实现理论与实践的“双赢”。[1]

第二节　裁判文书公开的限制

裁判文书的公开经历了一个艰难的过程，由过去的以不公开为常态、公开为例外发展到目前的以公开为常态、不公开为例外，这是一项非常重大的进步。过去的裁判文书的保存都是依靠纸质形式，因为保存方法的限制，这使裁判文书的受众范围窄，并且不方便查阅。裁判文书的网上公开能让当事人和社会公众了解相关的司法裁判过程和结果，使司法裁判获得社会各界的广泛认可，从而提升司法权威，提升法院的公信力。[2] 尽管裁判文书公开成为一种实践潮流，但是从我国司法实践的现状出发，我国裁判文书应该是有限度的公开[3]，其主要受限于技术、权利和资源三个方面。

---

〔1〕 参见高一飞等：《阳光下的审判：司法公开实施机制研究》，法律出版社2016年版，第175页。

〔2〕 参见田禾、吕艳滨：《司法公开：由朦胧到透明的中国法院：浙江法院阳光司法第三方评估》，中国社会科学出版社2017年版，第11页。

〔3〕 参见张浩书、朱梅芳：《裁判文书网上公开问题研究——现代司法理念与司法实践的碰撞及其整合》，载《金陵法律评论》2007年第2期。

一、裁判文书公开之技术制约

(一)对涉及当事人隐私部分的技术处理工作量巨大

从相关规定的变化可看出,最高人民法院对裁判文书上网的技术要求规定更为细致,要求更为烦琐。对比最高人民法院于2013年11月21日发布的《最高人民法院关于人民法院在互联网公布裁判文书的规定》[已废止,以下简称《公布规定》(2013)]和于2016年8月29日修订发布的《最高人民法院关于人民法院在互联网公布裁判文书的规定》[以下简称《公布规定》(2016)],可以发现对当事人隐私的技术处理的内容范围有了极大的变化,具体内容比较见表2:

表2 新旧规定之比较

文件	隐匿信息之差异	删除信息之差异
《公布规定》(2013)	第6条 人民法院在互联网公布裁判文书时,应当保留当事人的姓名或者名称等真实信息,但必须采取符号替代方式对下列当事人及诉讼参与人的姓名进行匿名处理: (一)婚姻家庭、继承纠纷案件中的当事人及其法定代理人; (二)刑事案件中被害人及其法定代理人、证人、鉴定人; (三)被判处三年有期徒刑以下刑罚以及免予刑事处罚,且不属于累犯或者惯犯的被告人	第7条 人民法院在互联网公布裁判文书时,应当删除下列信息: (一)自然人的家庭住址、通讯方式、身份证号码、银行账号、健康状况等个人信息; (二)未成年人的相关信息; (三)法人以及其他组织的银行账号; (四)商业秘密; (五)其他不宜公开的内容

续表

文件	隐匿信息之差异	删除信息之差异
《公布规定》(2016)	第8条　人民法院在互联网公布裁判文书时，应当对下列人员的姓名进行隐名处理： (一)婚姻家庭、继承纠纷案件中的当事人及其法定代理人； (二)刑事案件被害人及其法定代理人、附带民事诉讼原告人及其法定代理人、证人、鉴定人； (三)未成年人及其法定代理人	第10条　人民法院在互联网公布裁判文书时，应当删除下列信息： (一)自然人的家庭住址、通讯方式、身份证号码、银行账号、健康状况、车牌号码、动产或不动产权属证书编号等个人信息； (二)法人以及其他组织的银行账号、车牌号码、动产或不动产权属证书编号等信息； (三)涉及商业秘密的信息； (四)家事、人格权益等纠纷中涉及个人隐私的信息； (五)涉及技术侦查措施的信息； (六)人民法院认为不宜公开的其他信息

《公布规定》(2016)删除了《公布规定》(2013)第6条中的“被判处三年有期徒刑以下刑罚以及免予刑事处罚，且不属于累犯或者惯犯的被告人”的隐匿的情形，并增加了“附带民事诉讼原告人及其法定代理人”和“未成年人及其法定代理人”这两种需要进行隐名处理的情况。

按照《公布规定》(2013)第6条，我们对一份简单案件的判决书予以技术处理，就需要花费很多精力。以“王某某交通肇事罪”的判决书为例[1]，这是一起交通肇事案件的判决书，该判决书判处被告人有期徒刑六个月，缓刑一年。这份判决书仅有960字，需要技术处理的信息

〔1〕 兰考县人民法院(2014)兰刑初148号民事判决书。

姓名修改 20 处，车牌号码修改 1 处，被告人隐名处理为王某某，被害人隐名处理为何某某，证人隐名处理为王二某、姬某、王三某、王四某、何某某、王三某。而该种案件不属于《公布规定》(2013) 中需要进行技术处理的类型，该法院并未遵照执行，给自己增加了额外的工作量。

根据《公布规定》(2016) 第 8 条，需要法院进行技术处理的裁判文书少了很大一部分，尽管如此，法官的工作量仍然很大。以“王某某交通肇事罪”的判决书为例〔1〕，该份判决书共 8 页，字符 3846 个，其中附带民事诉讼原告 2 人，被告为 1 人，另有 2 名乘车人，这其中需要对姓名进行隐名处理的一共有 95 处，自然人的车牌号码进行了技术处理的有 7 处。

《公布规定》(2016) 第 9 条〔2〕对如何进行技术处理予以了详细的规定，根据这条规定进行技术处理所耗时间、精力更多，以“向某故意伤害罪”的判决书为例〔3〕，这是一起故意伤害案件的判决书，共 21 页，字符共 10,052 个，共有 11 个被告人，3 个被害人，需要技术处理姓名共有 405 处。这种技术处理隐名非常烦琐，并且须保证不能出差错。这一大串姓加上甲乙丙，在一篇判决书里技术处理这么多姓名，在事实认定和裁判理由部分还有具体区分是谁对谁作出行为，以及谁和谁一起行为，不是看似简单地将姓名中的某个字替换成“某”“某甲、乙、丙”就可以，操作技术难度不大但是非常烦琐，并且修改后还要反复核对，确保与判决原文无误，这个工作量是非常巨大的。

---

〔1〕 黑龙江省牡丹江市阳明区人民法院(2018)黑 1003 刑初 87 号刑事附带民事判决书。

〔2〕 第 9 条规定：根据本规定第八条进行隐名处理时，应当按以下情形处理：(一)保留姓氏，名字以“某”替代；(二)对于少数民族姓名，保留第一个字，其余内容以“某”替代；(三)对于外国人、无国籍人姓名的中文译文，保留第一个字，其余内容以“某”替代；对于外国人、无国籍人的英文姓名，保留第一个英文字母，删除其他内容。对不同姓名隐名处理后发生重复的，通过在姓名后增加阿拉伯数字进行区分。

〔3〕 云南省高级人民法院(2016)云刑终 256 号刑事判决书。

对上网公开的裁判文书进行技术处理，并不是简单地用一键替换，如选择“全部文字”，将“×××”替换成“×某某”就能一步到位解决隐名技术处理。还要反复检查，是否与原裁判文书中除隐名部分外其他部分内容一致，因是上传至中国裁判文书网公开，不仅涉及评价考核还涉及司法公信力等。所以，在公开某些简单案件的裁判文书时，可以不必全部公开裁判文书的所有内容，而是将其中的重要部分，做技术处理并公开。

据不完全统计，截至2019年7月3日，中国裁判文书网公布的刑事附带民事诉讼案件裁判文书共有137,871份，未成年人刑事裁判文书共有17,857份，离婚案件裁判文书916,548份，夫妻关系案件裁判文书904,228份，婚姻案件裁判文书856,861份，继承纠纷案件裁判文书172,073份。这些裁判文书短的仅有一页，有的长达四五十页，因而技术处理的工作量非常巨大。

(二)裁判文书公开平台自身的技术力量较弱

在中国裁判文书网发布裁判文书之后，地方各级法院均主动积极地发布了本院的裁判文书。但是，由于网站自身的技术条件的限制，所以裁判文书的公开对于公众获取而言，仍有需要进步的空间。首先是中国裁判文书网的访客量引发的问题，目前每天都有数以万计的人访问中国裁判文书网，这些访客为了查找相关的判决材料，满怀期待地打开裁判文书网。但是经常会收到“正在加载，请稍等”“系统繁忙，请您稍后重试”的提醒，或者是网站页面加载不出，或者是加载一分钟以上才出现网站的首页。在输入关键词搜索时，并不是每一次点击搜索都能很快得到数据，有时会延迟一分钟，有时甚至直接进入“404”状态。出现以上这些情况，社会公众对此较为不满，既占用了时间又没得到想要的结果。其次，某些法院的网站建设情况不理想、水平不高，存在网站无法打开，多网站平台同步运行，裁判文书的栏目链接或裁判文书自身链接无效，裁判文书栏目虚设、内容缺失等问题。如某法院的裁判文书栏目，无论点击“民商事文书”“刑事文书”“行政文书”“执行文书”，还是更多栏目，均显示要下载“commonlist. jsp”文件，页面无法打开。有的法院网站的裁判文书栏目虚置，这既是技术手段的问题也是法院的态度问题。[1] 再者，地方法院网站的文书公开有些缺乏分类管理。比如缺乏专门的检索功能；多平台发布现象普遍；文书发布形式不统一；裁判文书的内容欠规范；当事人信息处理不规范。造成这些问题的主要原因是信息化建设水平不高，案件数量多，但配置的人员少。

二、裁判文书公开之权利限制

（一）隐私权对文书公开之限制

《公布规定》(2016)明确了不上网公开的裁判文书种类和范围，强化了不上网审批管理制度，并且要求所有公开的裁判文书必须作出相应的技术处理，以保护公民的隐私权。根据该规定，裁判文书涉及国家秘密、商业秘密、个人隐私、未成年人犯罪、死(缓)刑等的，不予公开，且已经公开的裁判文书，如果当事人明确请求不在互联网上公布的，应当及时撤换并备案。“个人的隐私”不得进行司法公开也已获得了国际上的广泛认可，世界不同国家和地区以及国际组织的文件中均有所规定。对于“个人的隐私”不应进行司法公开，这是出于保障人权，维护基本自由的考量。[2] 隐私权作为一项主观性的权利，其概念范围是相对模糊的，缺乏具体的认定标准。当前我国的司法实践仅仅将隐私权的范围理解成与性有关的行为。我们应扩大隐私权的范围，在与性有关的行

---

〔1〕 参见田禾、吕艳滨：《司法公开：由朦胧到透明的中国法院：浙江法院阳光司法第三方评估》，中国社会科学出版社 2017 年版，第 182～183 页。

〔2〕 参见高一飞等：《阳光下的审判：司法公开实施机制研究》，法律出版社 2016 年版，第 69 页。

为之外,可以扩张到涉及身份认定、婚姻状况、经济情况、身体是否健康、出生年月等方面。[1]

隐私权在整个法律体系中拥有重要的价值。但是保护隐私不能成为法院随意不公开裁判文书的理由。正如有的学者指出,法院行使司法审判权的过程、结果是否应当向社会公开,应当根据裁判文书自身的性质来决定。通常情况下有关当事人的姓名等内容,不必要也不需要因为保护隐私权的缘故进行删除,而是只需对当事人以外的其他主体进行相应的保护。[2] 我国台湾地区的法院裁判文书的公开过程历经了公布所有—隐匿部分当事人个人信息—隐匿案件当事人的姓名—公开当事人姓名的过程。从 1998 年开始,根据我国台湾地区相关规定,除了不予公开的案件以外,其余的案件都应在网络上予以全文公布。此后,出于保护当事人隐私权的考虑,从 2003 年开始,我国台湾地区的做法是把网上文书中有关当事人的身份证号码、居住地址等信息进行隐匿。2007 年后,甚至将当事人的姓名予以隐藏。但是在 2010 年我国台湾地区相关规范性文件指出除非其他规范性文件有特别规定,法院的裁判文书中可以对当事人的姓名进行公布。现今我国台湾地区在网上公布的裁判文书,仅仅公开当事人的姓名,涉及识别当事人身份的其余信息一律不予公布。但在关涉法人类的案件中应当进行公开,这主要是因为出于社会诚信体系的建设,公司法人的一切有关诉讼的信息都有必要进行公开。[3]

(二)公众知情权与隐私权的平衡

裁判文书对社会予以公开有助于公民民主权利的实现,并确保了

---

〔1〕 参见李莺:《裁判文书网上公开制度的健全与完善》,载《太原理工大学学报(社会科学版)》2016 年第 2 期。

〔2〕 参见李友根:《裁判文书公开与当事人隐私保护》,载《法学》2010 年第 5 期。

〔3〕 参见龙飞:《台湾地区裁判书上网制度》,载《人民法院报》2013 年 9 月 27 日。

人民群众的知情权。[1] 所谓知情权，是指人民群众具有了解同本人有关的信息和关涉公共领域信息的权利，主要包括对司法、政府、社会与个人四大方面的知情权。[2] 如今，司法知情权的获得已经成为公民的基本人权之一，也是推进政治民主的重大前提条件。知情权当然不只拘泥于当事人自己获取信息，其他人民群众也具有要求公布裁判的权利。[3] 假如仅仅是使特定的群体拥有了解与查阅判决的权利，便是对《公民权利和政治权利国际公约》的违背。[4] 法院对判决文书予以公开，只要认定事实无误，说理符合逻辑且让人信服，会使当事人与其他的社会公众接受最终的判决结果，有助于知情权的保障。[5]

但是裁判文书在网上予以公开，会使隐私权和知情权这两项权利产生矛盾。一方面，裁判文书上网是为了满足社会公众的知情权，因而人们有权了解法院审判活动的内容。裁判文书作为法院审判案件的结果载体，具有公共性，属于社会公共产品，因此，社会公众有权获知裁判文书的内容。另一方面，裁判文书是当事人隐私权的一部分，无论是民事案件、刑事案件，还是行政案件，裁判文书所处理的事情都涉及特定当事人的切身利益。裁判文书公开将会披露个人的隐私，如何在公众知情权和个人隐私权之间进行权衡呢？在处理知情权同隐私权两者的关系上，即对当事人的姓名究竟是予以公布还是做隐匿处理，展现了平

---

〔1〕 参见龙飞：《裁判文书上网的价值取向与路径选择》，载《人民司法》2011 年第 13 期。

〔2〕 参见谢鹏程：《公民的基本权利》，中国社会科学出版社 1999 年版，第 263 页。

〔3〕 参见[奥]曼弗雷德·诺瓦克：《民权公约评注：联合国〈公民权利和政治权利国际公约〉》，毕小青、孙世彦等译，生活·读书·新知三联书店 2003 年版，第 249 页。

〔4〕 《公民权利和政治权利国际公约》第 14 条第 1 款规定："在判定对任何人提出的任何刑事指控或确定他在一件诉讼案中的权利和义务时，人人有资格由一个依法设立的合格的、独立的和无偏倚的法庭进行公正和公开的审讯……但对刑事案件或法律诉讼的任何判决应当公开宣布，除非少年的利益另有要求或者诉讼系有关儿童监护权的婚姻争端。"

〔5〕 参见高一飞等：《阳光下的审判：司法公开实施机制研究》，法律出版社 2016 年版，第 173 页。

衡个人权利与社会秩序的价值选择。主要存在两种迥异的观点：另一种观点主张既然当事人决定通过司法程序解决纠纷，便理应承担对公布自己信息产生的不利影响。法院仅需对部分当事人的个人信息进行隐匿，对于当事人的姓名可以予以公开，这里裁判文书被认为具有公共属性。另一种观点指出要更偏重于个人权利的保障。例如，韩国的法院就对当事人的姓名或名称进行非实名的技术处理，同时当事人有权请求限制公开。目前，我国倾向于第一种做法，即首先，规定文书上网的例外情形，不公开的文书包括涉及国家秘密、个人隐私、未成年人违法犯罪等生效裁判文书。其次，规定了有限公开的内容。[1]

在公开文书的过程中，若是特定信息的公开可能会使国家安全遭遇威胁甚至侵害，也不能予以公开。比如，在刑事案件审判过程中，法院对于有关国家安全信息的刑法案例可以非公开审理。那么对于在审判程序中所形成的裁判文书，如果公开裁判文书可能导致国家安全利益受到威胁或损害，亦不应当公开。在最大限度公开原则下，要想妥善解决裁判文书公开与保卫国家秘密的关系，需要对秘密的内涵进行准确科学的认定。避免过于宽泛地界定国家秘密，以防止国家机关以保卫国家秘密为由随意侵犯公民的知情权。[2]

三、裁判文书公开之资源限制

（一）法院人力有限

根据我国相关的规定，全国各级各地区 3000 余个人民法院都应主动地将符合公开条件的判决文书在中国裁判文书网上予以上传和公

---

〔1〕 参见龙飞：《域外法院裁判文书上网制度比较研究》，载《人民司法》2014 年第 17 期。

〔2〕 参见高一飞等：《阳光下的审判：司法公开实施机制研究》，法律出版社 2016 年版，第 68 页。

布,并于各法院的司法公开平台上与政务网站上建立有关中国裁判文书网的链接,方便法官更便捷地上传裁判文书。并且不仅是自 2014 年开始产生效力的判决文书,此前的判决文书在进行一定的技术处理之后,也应上传到中国裁判文书网予以发布。这其中的工作量是巨大的,也为案多人少的法院带来了诸多困难。[1]

另外,裁判文书上网的时间限制更加重了法院工作人员的负担。2016 年最高人民法院的《公布规定》规定,7 个工作日内应该将生效裁判文书进行技术处理后上传至中国裁判文书网。在裁判文书公开之前还需要进行技术处理,要核对进行技术处理后的裁判文书与原裁判文书是否一致,可见法官需要短时间高密度的工作来应对裁判文书上网。而有些法院对此要求更严格,例如,广州市中级人民法院为了更迅速将生效裁判文书上传至互联网,接受当事人和社会公众的监督,将技术处理的时间规定为 2 日,这无疑更加重了基层法院的压力。

在司法实践中,有些法院为了避免当事人的纠缠或者对相关文件理解不准确,仍适用 2013 年版《公布规定》来对三种类型的裁判文书进行隐名等技术处理,对 2016 年版《公布规定》中已经删除的一大类裁判文书仍继续进行技术处理后才公布上传至中国裁判文书网,这无疑是给自己增加了额外的工作量,导致法院资源的浪费。有些法院甚至将所有的裁判文书都进行隐名等技术处理,如 2015 年发布的"吴某某盗窃案"的判决书[2],该案中的被告人被判处有期徒刑 5 年,既不符合按照 2013 年《公布规定》中需要进行匿名处理的判决文书,本案被告人也不是未成年人,也不符合 2016 年《公布规定》的需要进行隐名处理

〔1〕 参见宋北平、孙长江等:《裁判文书的语言、逻辑和理由研究》,人民法院出版社 2017 年版,第 33 页。

〔2〕 铜川市印台区人民法院(2015)铜印刑初字 00018 号刑事判决书。

的情况,但是该法院仍将这份判决书中的被告人姓名进行了隐名技术处理。

法官的办案量本来就多,审理案件本身就已经耗费很多精力,而且大多基层法院都存在案多人少的状况。比如,广西壮族自治区南宁市一基层法院,办案法官基本每人身上压有300个左右的案子,甚至更多,很多法官承受不住巨大的办案压力辞职。而裁判文书的公开又急剧加重了办案法官尤其是基层法官的工作量,占据了他们太多的精力和时间,在如此沉重的工作负担之下,办案法官恐怕难有充足的时间和精力对判决文书进行撰写和进行技术处理,更何况在裁判文书网上公开的压力之下,还要制作出优秀的裁判文书,则任务更为艰巨。由于法院的人手有限,对判决文书进行网上公开会加重法官的工作量,这对裁判文书公开的长远发展非常不利。

（二）法院财力有限

裁判文书上网对法院在网络建设、网络维护人员的费用、裁判文书上网的机构设置等方面,提出了一定的要求,这使办案经费已显艰难的基层法院会因此承受更重的经济负担。[1] 裁判文书在互联网公开难以形成具体的收益回馈法院。裁判文书在互联网公开可以为研究法学的人士、法律工作者和社会公众带来具体的收益,比如可以作为他们的研究数据,可以作为研究的样本,可以作为案件的参考对象。从法院的角度而言,裁判文书在互联网公开,可以统一裁判的标准,可以提高法官的文书写作水平,可以提高法院的公信力。但是,仅从经济效率而言,裁判文书在互联网公开所带来的收益不能与其消耗的资源所平衡,因而不可避免会造成法官功利性地对待裁判文书公开。我国司法公开的

---

〔1〕 参见宋北平、孙长江等:《裁判文书的语言、逻辑和理由研究》,人民法院出版社2017年版,第33页。

特点体现出自上向下、由中央至地方的特点，这就无法避免在人手不够、资金不足的法院中司法文书公开的进程较为迟缓，法官对于案件的公开拥有自主选择权，能够不公开的案件尽量不予公开，在裁判文书公开上体现了功利性和形式主义。[1]

从实际状况出发，我国也确实缺少裁判文书全面公开的财力支撑。首先，我国各地区经济发展不够均衡，想要全方位落实裁判文书上网存在经济基础落后的钳制。其次，在法院的工作也已特别忙碌的时候，在网上对裁判文书进行公开，会对法官添加另外的重担，使裁判文书在网络上公布难以持续地发展。[2] 裁判文书公开需要大量的人力物力资源，单从网上公开的这一个平台来说，先是传到网上就需要技术人员来操作，并且还不包括后续的网站维护和系统维护。裁判文书全面上网是裁判文书公开的重要途径之一，但是这其中的财力支撑却还没有完全到位，这也极大地限制了我国裁判文书公开的进程。

第三节　裁判文书公开机制的完善

全国各级法院的裁判文书是一个极其庞大的数据库，纷繁复杂、种类繁多，自 2013 年裁判文书网上公开以来，我国裁判文书公开工作取得了重大进展，但是受限于技术、资源、权利等各方因素，裁判文书公开机制还存在诸多问题。学者们针对这些问题也展开了众多讨论。如有学者认为，要从内部监督和外部监督来完善。内部监督的落实是指裁

---

〔1〕参见赵瑞罡、陈碧玉：《文书上网背景下“后裁判效应”的理性应对》，载《法律适用》2015 年第 8 期。

〔2〕参见徐骏：《裁判文书网络公开的制度功能与技术完善》，载《内蒙古社会科学（汉文版）》2011 年第 2 期。

判文书上网作为考核法院与法官绩效的重要标准，要求做到裁判文书上网是否按时，能上网的文书是否都全部上传网络，还有裁判文书的质量是否高，论证是否充分。同时也要防止绝对的量化评估。要在法院的工作报告中发布裁判文书上网的整体情况，并接受人民代表大会的审查；听取人大代表对裁判文书上网工作如何改进的意见并积极改正；同时要有渠道收纳公民的建议与意见。[1] 在司法实践中，也有的法院采取了非常有效的措施来促使裁判文书全面公开。例如，重庆市第一中级人民法院每周都要发布裁判文书网上公开的情况。对于没有在网上公开的文书，应当说明具体的理由并进行备案。[2] 可以看出裁判文书的公开是一个牵一发而动全身的过程，要实现裁判文书的全面公开，需要各项司法制度的相互配合、相互牵制、相互关照而合力完成。本部分内容则在实践调研的基础上，对裁判文书公开机制本身的完善提出一些建议。

一、完善裁判文书资料库

数据库属于信息、文献与数据的结合，主要具有以下几个作用。首先，能够储存数据信息；其次，将数据与信息放于固定的架构中进行操作；最后，可以有效获取数据信息。数据库需要具备应用价值，由于裁判文书平台的使用者包含法官、当事人、学者以及人民群众等多元主体，所以应当建立有序与严格的法律数据库，有助于促进法学学术研究，同时有利于学习非法学专业的知识，还有益于法官在审理案件时进行参考。相反，若是无秩序、不严谨的数据库，则无论其样本数量的多

---

〔1〕 参见李莺：《裁判文书网上公开制度的健全与完善》，载《太原理工大学学报（社会科学版）》2016 年第 2 期。

〔2〕 参见高一飞等：《阳光下的审判：司法公开实施机制研究》，法律出版社 2016 年版，第 198 ~ 199 页。

少,都不能有效地发挥作用。[1]

2013 年最高人民法院建立了中国裁判文书网,统一集中公布全国法院已经生效的裁判文书,形成了裁判文书数据库,成为司法大数据的重要组成部分。截至 2014 年,各级法院接连在裁判文书网上公布已经生效的裁判文书。中国裁判文书网不仅实现了在网页上公开,在 2016 年 8 月 30 日,中国裁判文书网 App 手机客户端正式上线,为公众查询裁判文书提供了更为方便和快捷的新平台。截至 2019 年 6 月 28 日,中国裁判文书网的裁判文书总量 70,948,588 篇,访问总量达 28,219,783,217 次,刑事文书 8,282,108 篇,民事文书 44,897,417 篇,行政文书 2,114,708 篇,赔偿文书 62,269 篇,执行文书 15,456,766 篇。

但是目前裁判文书数据库还存在着诸多问题,首先,各个法院公布文书的平台不一致,且相互重叠,不同法院文书系统的内容与分类差异较大。其次,裁判文书网访问人数多,有时候会崩溃。裁判文书网的访客量会引发一些问题,经常会出现"正在加载,请稍等""系统繁忙,请您稍后重试"的提醒,或者是网站页面加载不出,或者是加载一分钟以上才出现网站的首页。在输入关键词搜索时,并不是每一次点击搜索都能很快得到数据,有时会延迟一分钟,有时甚至直接进入"404"状态。再次,我国法院的裁判文书库既不具有适时性也不具有回溯检索的意义,不方便公众对裁判文书的获取。

面对以上问题,可以从以下几个方面来完善。第一,在裁判文书网设置几个进入端口,如果一个入口崩溃了,还能从备用端口进去访问,这个可以借鉴万方数据服务平台的设置方式,设置几个入口,访问者可以选择从哪一个端口点击访问。第二,由于目前已有的裁判文书资料

[1] 参见刘丽君、于丽英:《数字化和传统背景中的裁判文书公开机制》,载《法学》2013 年第 8 期。

库即中国裁判文书网是最大的数据库,当然各级人民法院也有自己的官方网站,但自从2016年《公开规定》施行以来,全国各级法院都在网站页面设置了中国裁判文书网的链接,那么法院就没有必要再另外设计一个数据库了。第三,建立效率、科学的检索查询项目,充分运用裁判文书网的价值。每个国家与地区均充分利用先进的科学技术建立网络案件查询制度,便于公民查阅案件信息。美国的法院在其官网上针对不同审级的案件建立方便有效的检索系统,方便对不同案件进行对比与分析,允许公民获取已经审理与还未审理的案件信息。公民能够搜索当事人的姓名,在全美国进行案例检索并且不收取任何的费用。[1]而我国裁判文书公布的网站中,案例无清理程序而且裁判文书发布的渠道、载体、时间、周期以及更新等没有机制保障,所以我国裁判文书较难有效获取。[2] 因而我国的裁判文书数据库的建设应该进一步优化检索网站的功能,提供富有特色的搜索服务,使检索者能够依照本身的需求自由地决定搜索的组合类型,以契合检索者本身的习惯,满足用户方方面面的检索需求。设置和裁判文书有关的检索链接,例如链接中包括对这类案件学术研究的成果与存在的争议。[3]

二、构建多元化公开平台

司法改革造就了我国目前多元化的公开方式。主要分为两类,第一类是传统的、物理的公开方式,第二类是电子化的公开方式。前者主要包括告知、公告、公开展示、公开审判、公开听证、法院开放日等形式。

---

〔1〕 参见龙飞:《域外法院裁判文书上网制度比较研究》,载《人民司法》2014年第17期。

〔2〕 参见刘丽君、于丽英:《数字化和传统背景中的裁判文书公开机制》,载《法学》2013年第8期。

〔3〕 参见王梦宇:《基于程序正义的裁判文书公开研究》,中国政法大学出版社2018年版,第244页。

后者主要包括中国裁判文书网、法院官方网站、无讼案例、电视、互联网、微博、微信、各大网站的手机客户端等新型网络媒体公开途径。

裁判文书上网公开需要把握好整体规划与分步推进的关系。司法公开三大平台建设是一项系统工程,需要在最高人民法院的统一指导下逐步分批次地进行建设。因为各地方的经济发展水平不相同,工程建设不可以过于急进,也不要浪费宝贵的资源。经济相对发展较好的法院应发挥带头作用,首先完成裁判文书上网这一系统任务,鼓励结合当地的现实情况,进行创新探索,并对过去裁判文书上网工作中存在的不足及时改正。为了提升中国裁判文书网的便利性,最高人民法院多次对网站进行优化改版,逐步增设了一键智能查询、关联文书查询、个性化服务等功能,并开设了少数民族语言文书公开板块。

多数国家与地区以数据库的方式设置网上文书平台。比如德国、美国等国家设置两个网站,分别公布联邦法院的裁判文书与地方法院的裁判文书。另外,一些营利性的社会机构采取自己的划分方式对裁判文书进行归纳整理,提供收取费用的下载服务。无论是政府的官方网站还是民间的组织机构,国外裁判文书上网制度的设立是比较完善的,其网站设计也并不复杂,搜索案件的名称、案号、当事人的姓名均能够取得想要的裁判文书。[1] 美国的法院在网上公布裁判文书以外,还会出版裁判文书,对于裁判文书中没有提及的观点可能会予以增补。单行本积累后将被汇编形成《美国最高法院判例汇编》的初印本,再汇编形成《美国联邦最高法院判例汇编》的合订本。借鉴域外各种裁判文书上网建设的先进经验,有机结合传统平台和电子化平台,构建多元化

---

[1] 参见高一飞等:《阳光下的审判:司法公开实施机制研究》,法律出版社 2016 年版,第 186 页。

平台,是裁判文书公开制度发展的方向。[1]

三、整合多层次分类方式

(一)区分裁判文书的种类

中国裁判文书网的网站首页将公布的裁判文书分为五大类,刑事案件、民事案件、行政案件、赔偿案件和执行案件。打开中国裁判文书网,在网页顶部右上角可以看见一个“使用帮助”的链接,打开之后,可以按照使用帮助的提示来进行搜索和使用裁判文书库。使用说明表示在“快捷检索文本框”输入关键词就能获取迅速地检索,也推荐对关键词的联想。在“快捷检索框”中输入关键词后,能够联想推荐八种类型的信息、包括案由、关键词、审理法院、当事人、审理人员、律师、律所、法律依据。由此可看出,裁判文书公开包括案由、关键词、审理法院、当事人、审理人员、律师、律所、法律依据这八种基本的信息。

在裁判文书网之外,亦有其他的平台公布裁判文书。综观不同的平台公布裁判文书的方式,有如下几种公开形式。第一类传统样式是以法院审理案件所进行的传统案件划分或结合自身情况而进行的分类;第二类是以传统样式为基础添入全新的元素进行类型划分;第三类是对所发布的案件进行细致的分类;第四类是以部门法类别进行划分,比如北京高级人民法院将裁判文书分为“知识产权案件”“刑事案件”“其他案件”,再把这些案件按照具体案由细致划分。[2]

(二)文书公开的区别对待

裁判文书公开并不意味着对所有的裁判文书都没有区别地全面公

---

〔1〕 参见龙飞:《域外法院裁判文书上网制度比较研究》,载《人民司法》2014 年第 17 期。

〔2〕 参见张浩书、朱梅芳:《裁判文书网上公开问题研究——现代司法理念与司法实践的碰撞及其整合》,载《金陵法律评论》2007 年第 2 期。

开。根据上文所述的裁判文书公开的目的和功能,有必要根据不同的情形予以区别对待。

首先,应当对不同的对象,按照相异的程序公开裁判文书。不同主体由于其直接利益逐层递减,所采取的公开程序可能不一样。不属于例外不公开的裁判文书应全部在网络上予以公开,所有社会公众均可以查阅。对一些确实不适合全面公开的裁判文书,能够依照直接利益关系的关联程度不同进行区别的对待。对于当事人及其授权的诉讼代理人,可以在立案之时通过法院对其进行公开。对于法官、检察官与律师等法律实务工作者,基于法律工作者的法律素养与道德制约,对这些人员进行信息公开并不会产生什么不良影响或者危害性。故而这些人员享有裁判文书的查询权限可以高于一般公民。当然法律工作者查询时应当进行身份检测,同时应当对查询所要求的时间、地点进行限制。[1]

其次,按照文书内容上的差异可以进行具体处理上的差别对待。对于关涉未成年人的违法犯罪与针对个人隐私的案件要以匿名的方式为主。原因在于需要保护的是人而非案件的内容,只要内容和人难以一一相对,即达成了保护的目的;有关国家秘密、商业秘密的案件必须删掉涉密的信息,因为这时需要保护的是秘密而不是拥有秘密的人。而且,不同级别的国家秘密在处理方式上也有差异。国家秘密的级别越高,就越应加大保护的力度。最后,隐私权主体身份不同的区别对待。公众人物与普通民众相比,对公众人物隐私权的保护力度可以略弱。[2]

---

〔1〕 参见徐骏:《裁判文书网络公开的制度功能与技术完善》,载《内蒙古社会科学(汉文版)》2011 年第 2 期。

〔2〕 参见李莺:《裁判文书网上公开制度的健全与完善》,载《太原理工大学学报(社会科学版)》2016 年第 2 期。

四、建立裁判文书公开之反馈机制

目前公开裁判文书的主要平台是网络公开，如在中国裁判文书网、无讼案例、各级法院的网站等平台予以公开。网站公开的优点是方便公众查询和获取，节约时间和成本，提高工作效率等。但是目前各公开裁判文书的网络平台，都缺少公开反馈机制，以应对公众在获取、阅读裁判文书时遇到的问题，这使得裁判文书公开在某种程度上没有起到其应有的功能。我们认为，可以从以下几个方面来构建我国裁判文书公开的反馈机制。

（一）增加公众反馈意见的渠道

目前，裁判文书公开的主要反馈渠道就是通过留言平台予以反馈。留言平台的反馈具有一定的延后性，因而公开平台还可以考虑其他优化反馈的机制。例如，网站可以增设在线客服、人工电话等形式的接收意见和投诉的渠道，实时接收网站公布的关于裁判文书的技术问题。相应地可以逐步增加手机客户端、微信等公开平台的公众意见反馈途径，增加公众反馈问题的渠道。提供系统使用训练教程，增加用户对系统的熟悉程度和运用能力。启动持续的在线民意调查，了解公众对系统各个方面的满意度、需求和建议。

（二）建立意见回应机制

法院应当通过多种途径向社会公众宣传和推广中国裁判文书网。网站可以根据用户的需求，定期通过邮件等方式为用户推送相关主体的裁判文书。针对弱势群体发展多样化的信息取得途径，如视力障碍者可以进行语音搜索与语音阅读等。公众发表意见需使用经中国裁判文书网实名认证的账号。对于公众发表的意见实行前台匿名后台实名的措施。如果账号出现多次恶意评论，网站可视情节轻重关闭权限、公开警告或追究责任。[1] 法院可以设置专门的人员或办公室来处理从网站等途径接收的公众意见,及时收集和处理公众的意见和建议,并将有价值的意见转送到具体的可作出答复的部门或人员,或者将有修改价值的意见转送法官。法院办公室统一汇总后,将可答复的及时反馈于公众。法院可以对有价值有质量的公众给予适当的精神或物质奖励。

(三)防范文书公开带来的不利影响

裁判文书上网还需要尽量防止公开文书产生的不良影响。第一要做到舆情监测的工作。对于性质严重、社会影响较大的案件的裁判文书的公布可能会产生诸多争议。人民法院应做好文书上网之后的舆情监测工作,防止舆情危机的显现。控制网络舆情最方便的形式是积极与社会公众互动沟通,使人民群众消除误解,充分表达出自己的看法。针对这些看法与质疑,由网络办或相关部门通知原承办法官,由法官在网络上进行判后答辩,从源头上化解网络舆情风险。还有,人民法院也要对文书上网的情况进行及时的分析统计。大数据时代,人民法院应把上网文书的时间、公开文书占法院结案的比例等数据定期予以统计[2],并且根据统计结果予以实证分析,以为下一步的文书公开工作提供经验和借鉴。

第四节 小 结

我国裁判文书的公开经历了一个艰难的过程,由过去的以不公开

---

〔1〕 参见王梦宇:《基于程序正义的裁判文书公开研究》,中国政法大学出版社 2018 年版,第 244 页。

〔2〕 参见高一飞等:《阳光下的审判:司法公开实施机制研究》,法律出版社 2016 年版,第 198 页。

为常态、公开为例外发展到目前的以公开为常态、不公开为例外,这是一项非常重大的进步。过去的裁判文书的保存都是依靠纸质形式,因为保存方法的限制,这使裁判文书的受众范围窄,并且不方便查阅。裁判文书的网上公开能让当事人和社会公众了解相关的司法裁判过程和结果,使司法裁判获得社会各界的广泛认可。因而,裁判文书的公开既是司法公开的实现路径,也是司法公正的必然要求,更是司法公信的基石。公开裁判文书,形成了一个数据库,为法学研究提供了新的材料,为理论与实践的结合探索了新的路径。

尽管裁判文书公开成为一种实践潮流,但是从我国司法实践的现状出发,我国裁判文书应该是有限度地在网上公开,其主要受限于技术、权利和资源三个方面。技术限制主要体现为两个方面,首先对涉及当事人隐私部分的技术处理工作量巨大,其次裁判文书公开平台本身的技术力量薄弱;权利限制则主要体现为,公民隐私权的保护对裁判文书公开有一定的限制,但是隐私权的保护又可能造成与公民知情权的冲突,所以需要平衡两者的关系,对裁判文书进行有选择、有技巧的公开;资源限制主要体现为我国法院人力有限、财力有限,从而无法实现裁判文书的全面公开。

在受到技术限制、权利限制和资源限制的情况下,裁判文书公开制度想要发挥其应有的作用,还需要从以下几个方面来进行改善。首先是完善资料库,其次是构建多元化的公开平台,再次是整合多层次分类方式,最后是建立裁判文书公开之反馈机制。通过以上完善措施,可以促使公众更为有效地获取裁判文书,深化裁判文书的监督功能,为法官规范化制作裁判文书提供约束机制,进而促进裁判文书相关制度的合理化发展。

第七章　裁判文书评价制度

随着裁判文书公开制度的实行，不少判决书因区别于现有判决书的常规模式开始在网络中走红。比如，江苏省某法官在离婚判决书中引用诗句“众里寻他千百度，蓦然回首，那人却在灯火阑珊处”[1]，引发了网友的热议。部分网友认为，这份判决书的温情值得鼓励，有利于当事人双方关系的缓和；但也有反对声音称，这样的判决书不利于彰显法律判决的规范性和严肃性，与其在判决书的撰写过程中诗意的抒情，倒不如认真说理论证，让当事人真正了解判决结果是怎样得到的。还有南京市玄武区人民法院在一份离婚判决书中公开了审委会三种不同的意见[2]，同样在网络上引发了热议。类似“与众不同”的判决书还有许多，但对于这些判决书的评价却褒贬不一。为什么对于一份判决书的评价会有这么多不同的声音呢？其根本原因在于，我国对裁判文书的评价缺乏统一的程序和标准。由于缺乏统一的评价制度，有的法官为了防止被当事人和社会公众从判决书中找出差错，则最为简单地宣告判决书的结论，没有任何论证、说理的过程；有些试图撰写一份优秀判

[1] 参见李雄鹰、陆华东：《“诗意判决书”，法律与诗意可兼得?》，载新华每日电讯第5版2016年12月20日，http://www.xinhuanet.com/mrdx/2016-12/20/c_135918462.htm。

[2] 参见申冉：《南京离婚判决书走红：婚姻可以解体亲情仍可延续》，载新浪新闻网2016年1月19日，http://news.sina.com.cn/c/2016-01-19/doc-ifxnrahr8520080.shtml。

决书的法官却因不知悉好的判决书的标准而一味地求新。这些因素都使我国判决书的质量总体不尽如人意，判决书的说服力和人们对判决书的接受程度都比较低。

因而本章主要着眼于如何体系化地构建我国的裁判文书评价制度。首先，本章就我国现有裁判文书评价制度的现状与缺陷作出了梳理，并论证了体系化地构建裁判文书评价制度的功能价值。其次，从外在流程的视角出发，探讨了裁判文书评价制度中评价机构的建立、评价机构人员的遴选、评价程序的实施等问题。最后，从内在标准的角度出发，探讨了以什么样的标准去评价裁判文书，应该如何构建我国裁判文书评价的指标体系。

第一节　裁判文书评价制度的缺陷

最高人民法院于 1999 年 4 月 30 日颁布了关于印发《法院刑事诉讼文书样式》（样本）的通知、于 2011 年 10 月 13 日颁布了关于《人民法院破产程序法律文书样式（试行）》，最高人民检察院于 2017 年 7 月 20 日颁布了《最高人民检察院关于加强检察法律文书说理工作的意见》，都希望规范判决书写作样式。具体到个别地区的法院也颁布了对于判决书写作的质量监督办法，比如，《浙江省高级人民法院关于加强裁判文书说理工作的若干意见》《河南省高级人民法院关于加强和规范民事判决书说理的指导意见》等都在响应判决书从格式到说理的要求，并着手对判决书进行评价。但是由于通知、意见都较为宏观，具有普遍的不确定性，导致对于判决书写作质量的争议从未停止。尽管学者分别从评选优秀判决书、法官素质提升等方面为提高判决书写作质量献计献策，但是完善制度或者提高法官职业素质的前提条件都需要统一裁判文书写作的评价机制。就目前来看,我国当前并不存在统一的裁判文书评价机制,这使改善裁判文书质量的道路受阻严重,通过对各地法院的实地调查,我国目前裁判文书评价制度存在以下问题。

一、评价制度的法律定位模糊

裁判文书评价制度的构建是意图从裁判文书的形式层面、实质层面与社会效果等方面共同考察裁判文书的质量。裁判文书的形式层面主要是考量裁判文书的行文情况,诸如裁判文书的行文结构上是否契合裁判文书的范本,是否存在语句不通、错别字的情形,是否存在重大的形式问题,如未加盖公章,未写明裁判人员的姓名等。而裁判文书的实质层面主要是指考量裁判文书的法律专业内容,诸如裁判文书的事实说理、法律适用说理部分逻辑是否清晰,裁判文书的质量是否契合司法公开的标准,裁判文书的内容是否具备专业性与易理解性等。司法公开原则要求裁判文书上网,从而可以被社会公众浏览学习,因此,裁判文书评价制度还需衡量裁判文书的社会效果,尽量减少像"许霆案""于欢案"那种引起较大争议的一审裁判文书。

可见,建立科学的评价机制和质量评估体系是至关重要的,不仅在于保障前述裁判文书的分流制度、范本制度、说理制度和公开制度的切实贯彻,还能够成为法官绩效考核的重要内容,起到内在激励的效果,对于选取指导性案例和法学研究也具有重要的意义。但是我国却缺少关于裁判文书评价制度的明确规范,也没有将其作为独立常态工作予以开展。在司法实践中,裁判文书的评价制度仍然只是一个临时性的、内部性的评价。公众参与评价标准的制定或实际参与评价的途径缺乏,而公开制度却又要求裁判文书上网,接受公众的评价与审查,这就导致了裁判文书评价制度与公开制度之间的矛盾。

二、评价机制不合理

目前,评价机制运行程序主要问题表现在:不透明、不公开、缺乏监督三个方面。以存在裁判文书评价的地区——内蒙古自治区为例,主要的评价主体如下:对于裁判文书进行评价的主体是由本法院内部的法官组成评审小组,在裁判文书公开上网之前进行评分。当前的评价主体是单一且存在片面性的,原因主要是:对于裁判文书的评价不仅要参考法官的意见,也应当有其他人员参与。保证收集评价分数群体范围的广泛性及合理性才能确保最终得到的评价结果的公正性。任用本院法官评价裁判文书很可能由于制作裁判文书的法官与本院评分的法官是同事,就在评分的过程中顾及人情不能完全实事求是,使评价机制流于形式,因此评价主体绝不能仅仅设定为本院法官。

对于评价流程的问题,在调研的过程中,受访的法官说:"因为目前的评价指标是由内蒙古中院下达关于评价指标的文件后,各基层法院分别进行的,因此并不存在统一的评价程序。"也就是说,除去评价时间必须是在裁判文书上网之前完成,评价指标的具体占用分值都是各一审法院自行确立的,裁判文书评价的程序也是法院各自安排的。有些法院并没有固定的程序,只是在上级法院下达互评要求后临时进行的。而评分后除去90分以上会被选为优秀裁判论文之外,其余裁判文书的分值并不会对法官造成任何影响。不过,一审生效的裁判文书最终评分情况,会附在裁判文书后面与裁判文书一并公开。评分的公开有利于法律专业人士研究裁判文书制作问题。并且公众在阅读裁判文书的相关内容时,会根据评分对于裁判文书的质量有所评估。但也是因为当前评价主体存在的漏洞,裁判文书评分结果可供参考的程度有待考量。

三、质量评估标准不统一

当前各院内部自评的评价指标内容比较详尽，针对首部、事实认定、裁判理由、裁判结果和尾部都有具体的要求。但运用在实践中，我们会发现，现行的评价指标也存在许多问题。例如，它无法解决对于个性裁判文书的评价，比如上文提到的“诗意”裁判文书。因为，评价标准中并未提及当法官在裁判文书中运用古诗文的形式阐述判决理由是否违规。也就是说，当前的裁判文书指标并不能普遍、客观地概括裁判文书评价的全部问题。还有对于评价指标说理论证，二级指标只提到运用法律的完整、具体问题，并未提及案件事实与法律适用的关联度问题，这样笼统的标准依旧不能克服法官在制作裁判文书时直接套用法条，说理少甚至不说理的情况。类似的问题还有很多，只有明确了评价指标建立的统一标准之后，才能在它们的指导下得以纠正。否则仁者见仁，智者见智，各个法院都可以颁布不同的评价指标，使评价范围上不具有整体性，内容上不具有普适性。

部分法院设立了裁判文书的评价指标，在裁判文书公开上网之前，由法院内部进行自评，其主要是为了从裁判文书的叙述中的规范要求及说理要求两方面来评价裁判文书的制作良莠，通过设立详细的评价指标对于即将公开的裁判文书进行打分，从中遴选优秀裁判文书。我国目前裁判文书评价标准不统一，存在差异性，各地方法院的评价标准大多是自行设立的，没有统一的要求。

第二节　裁判文书评价制度的结构性功能

可见，建立科学的评价机制和质量评估体系是至关重要的。其作用不仅在于评选出优秀的裁判文书以供学习,更重要的是,裁判文书评价制度能对法官撰写裁判文书起到激励作用,从而在实质层面促进裁判文书的分流制度、范本制度、说理制度和公开制度的全面落实。裁判文书评价制度的功能不能局限于对裁判文书本身的作用,更应该在整个法律结构中审视裁判文书评价制度所应担负的功能,从而才能恰当地、体系地构造裁判文书评价制度。对裁判文书的制作而言,裁判文书评价制度通过一套系统的、科学的评价机制和质量评估体系来评价与规范。对于整个司法体制而言,裁判文书评价制度可以优化法官考核制度,完善案例指导制度,促进考核法官绩效指标设置的合理化,进而对于推进员额制改革,完善裁判文书的内在激励作用,建立专业的法官队伍起到重要作用。

一、裁判文书评价制度与法官绩效考核

(一)现行法官考核制度的弊端

1.考核行政化色彩严重

《法官法》第41条规定:“对法官的考核内容包括:审判工作实绩、职业道德、专业水平、工作能力、审判作风。重点考核审判工作实绩。”但长期以来,法官被纳入公务员队伍中,因而考核的标准与机构,不仅受到了《法官法》的影响,还受到了《公务员法》的影响。

从实践中看,考核主体、考评模式与考核内容都极度接近公务员队列或行政人员队列。首先,考核主体行政化。“在实践中,各级法院法官考评委员会存在虚置的问题。在司法改革后,绝大部分法院根据司法改革要求设置了法官考评委员会,但也仅具有形式上的意义,此外,在两级考评模式下,重部门考评而轻法官个人考评。”[1]其次,考评模式

[1] 北京市第二中级人民法院课题组:《司法改革背景下法官绩效考评机制研究》,载《中国应用法学》2018年第3期。

与考核内容行政化。主要体现在考评模式套用行政考评的基础上，即重点考察“德、能、勤、绩、廉”，附加诸如调解率、上诉率和结案率等。这种考评模式不仅设定基准是否合理值得商榷，也未体现出法官职业自身特有的性质。也正因为司法人员所从事的司法工作不论从性质上还是内容上都有别于行政人员，因此现行的对法官的考核基准并不能有效地适应员额制的司法改革趋势。换言之，这种考核对于法官成长为专业性法官甚至学者型法官均没有帮助。也正因如此，必须将考核法律工作者与考核行政人员区别开来，设定合理的考核主体、考核模式与考核内容，摆脱行政化，凸显司法化，从法官的司法职业素质与个人道德素质两方面着手来设定考核基准。

2. 考评主体单一

尽管各级法院开始设立法官考评委员会，但从实践中看，对于法官的考评主体主要是本院本单位的相关人员，不仅容易出现“熟人考核熟人”的弊端，还由于熟人之间的特性，而将考核本身的专业性转向其他内容，如法官的人缘、与领导的关系等这些与法官职业素养几乎毫无关联的事情上，从而，有让考核成为领导好恶体现的弊端。

正如前文所述，以法律真实作为我国裁判文书制度重构的事实观，以综合性的消解主客二元的视角去理解法律，那么我国裁判活动则不应该过于追求案件判决正确与否，而是案件判决合理与否以及判决被人们所接受的程度。因此裁判文书的受众就不仅仅是案件当事人，亦包含了潜在的类似案件人与社会公众。当然当事人的评价最为直观，例如可以通过上诉，要求检察院抗诉监督等方式表达其对于裁判结果的满意程度。但除了当事人，裁判文书的相关内容，尤其是说理部分的内容，也必须让社会大众可接受。

这也是前述商谈模式径路的要求，这种裁判进路的缺如必然使裁判所产生的社会效果不够理想，使法官作出的裁判容易陷入简单的形式逻辑证明的泥沼，易与民众朴素的法感情相悖，不容易被受众理解，从而拉大法律与普通民众之间的距离。此外，从社会运转结构来看，法官职业并非属于远离社会的职业，相反，法官职业与社会大众之间具有密切的关系。法官不仅是一个审判者、裁判者，亦是一名社会服务者。法官的选择贯彻了人民的意志，法官的工作也是通过司法活动去保障人民的利益。另外，国家与人民对于司法公开的要求与程度日益加深，法官的司法活动也需要“在阳光下进行”。因而，适当地引入其他的考核主体来考察法官的工作是有必要的。

3. 部分指标违背司法规律

目前，我国对法官的考核已经开始采用量化评价机制，设置了一些评价指标，这主要是为了消除因法院内部管理行政化而产生的随意性，以便实现一定程度的科学化、民主化的管理。〔1〕但由于法院内部的行政化传统，评价机制的量化出现了一些问题，有的评价指标违背司法规律和法院工作特点，一味追求考核指标的数字化。

数字化固然直观，但违背司法规律和法院司法机关特点的数字不具有正面的导向作用，不能全面反映法官的思想、能力和工作状态，会背离制度设计的本意。〔2〕比如上诉率指标，虽然上诉率可以作为反映裁判让当事人满意与否的指标之一，但本质上过分追求降低上诉率，是对当事人上诉权利的一种否定。尽管审判的目的之一在于解决现实生活中的问题，但这种“解决”不应该立足于否定他人权利的基础之上。再如结案率指标，结案率的宗旨在于提高法官的办案效率，但是部分案件由于疑难复杂，证据繁多，往往不是开一次庭就能够解决的，甚至有

〔1〕参见王静：《法官绩效考核制度实证研究——基于地方性规则样本的分析》，载《中国应用法学》2018 年第 6 期。

〔2〕参见王世科：《法官考核机制研究》，载《新型城镇化进程中的法律问题研究——第十届中部崛起法治论坛论文集》2017 年。

些法院为了控制结案率，在起诉环节人为限制关卡，阻止疑难案件起诉，从而提高本院的案件结案率，这种情形实际上也是侵害了当事人的诉讼权利。

最为偏离了司法规律的考核指标应属调解率，案件能不能调解，并非属于法官能够控制的范围。部分案件在抵达法院之前，如果能够调解了事，大部分人也不愿上法庭，毕竟，在中国人眼中，“丑事、家事”不值得宣扬。加之，在传统中国家庭中，家长或族长的地位尊崇，也通常依据常情常理“各打五十大板”来平息家庭内部的纠纷。而在社会层面，由于“面子大于一切”，很多商人都希望能够私下解决，如果不能私下解决，更多选择商事仲裁而非具有公开性质的法院诉讼。因而，中国传统文化实际上已然为大部分案件进行了过滤的处理。此外，在立案庭也通常有起诉前的调解或人民调解员的调解，真正进入诉讼程序，可以被调解的案件实际上比例并没有很高。虽然存在经过长时间的冷静，部分当事人愿意接受法院的调解，但以调解率来评价法官是十分不合理的。实践中，出现了法官故意透露审判结果，告诉当事人其接受调解所获利益将大于经过审判所获利益，进而来提高案件的调解率。而且调解率更可以与结案率相衔接，在提高调解率的同时也会提高结案率，因而有法官选择铤而走险，采取渎职行为，提高调解率。尽管最高人民法院取消了调解率这一年终评比指标，但在地方各级法院法官的考核中依然会以调解率作为参照，从而促使调解案件在执行案件中的比重逐步上升。[1]

（二）裁判文书质量评价在考核制度中的地位

从我国现行的法官绩效考核制度来看，行政化的考核模式十分突

---

〔1〕 参见王世科：《法官考核机制研究》，载《新型城镇化进程中的法律问题研究——第十届中部崛起法治论坛论文集》2017 年。

出,部分指标的设计违背了司法规律,混同了行政人员与司法人员之间的考核基准,未能凸显出司法人员,尤其是法官职业特有的性质,而本轮司法体制改革的主要任务在于破除司法行政化。与域外的考核制度进行比较,我们可以发现域外的制度各有特点。美国考核主体多样,从社会工作人员到专门的法律工作人员,都可以借助调查问卷对法官业绩进行评价,可见,美国主要将法官职业视为一种社会服务人员,在裁判进路上亦选择了商谈模式进路为主,因而采取多元主体的考核方式。德国现有的考核模式更加类似于我国,但是德国区分法官的考核与行政官员的考核,更多从法官本身的特性设定考核标准,如法律知识广度与深度、文字驾驭能力、庭审能力等。日本的法官考核制度尤其表现出要尊重司法规律,更加重视法官处理案件的能力,而不通过考核标准去逼迫法官加快处理案件的效率。效率与公正之间存在对立与统一的辩证关系,过分重视效率,将难以保证对案件的正确处理,从而有损于公正价值。日本法官考核更加重视法官的正直性与司法的公信力,从而不设定所谓的审理案件数量这种可能有损于公正价值的考核标准。

通过检讨我国的法官考核制度与参考域外的法官考核制度,笔者认为,完善法官考核标准应从以下方面考虑:首先,法官绩效考核应契合法官特有的性质,具体而言,法官素质大致可以分为两方面,专业素质与职业操守。专业素质又可以分为审判绩效与司法技能。因此,对于法官绩效标准,应当着眼于职业操守、审判绩效与司法技能。其次,强调法官职业的社会服务者的一面,更多实现裁判活动从“发现事实真相”的职权模式逐步聚焦于“裁判活动被当事人及潜在的社会公众接受的合理性”的混合模式,在评价主体上应当引入多元主体评价,如引入学者、人大代表、律师、社会工作人员等,从多方面进行评价。最后,合理的设定考核基准,更加契合司法规律。实际上,考核基准应该是契合司法规律的,应该是符合法官特有的性质的,应该能够满足多元主体考核的要求。

引入裁判文书的评价制度，并将其作为评价的一个重要因素是一个可选择的改革方向。理由如下：首先，审判绩效与司法技能实际上都能在裁判文书中得以评价。就审判绩效而言，由于我国的审判模式系职权主义的诉讼模式，因此法官在庭审过程中居于主要地位且能够控制与推动审判程序的进行。这种能力一方面寓于法官庭审能力，另一方面又寓于裁判文书的撰写能力。我国审判模式通常由事实认定环节与法律适用环节构成，而无论是事实认定环节抑或是法律适用环节，都需要体现在裁判文书制度中。换言之，除在公开审理的案件外，考核主体对于这类案件的法官绩效则主要依凭于裁判文书所展现的庭审过程。实际上，即便在某些公开审理的案件中，考核主体也不可能都到庭参加庭审。由此，裁判文书实际上成为反映法官庭审能力的重要资料。就司法技能而言，裁判文书的制作毫无疑问是最为重要的司法技能。

其次，就多元化的考核主体而言，裁判文书亦是较为优先级的考核标准。因为对于多元化考核主体来说，尤其是人大代表与社会工作人员等非法律职业者，较为直观的考核标准恰是裁判文书。一方面裁判文书的说理制度要求裁判文书不仅具备法律文书的性质，也要能够让大众易于理解与接受。倘若大众无法理解裁判文书中的法律精神或其裁判结果难以被大众接受或者与大众的法感情相违背，那么这份裁判文书或结案结果是不能通过的。另一方面，多元的考核主体并不是常驻于法院中，因此，除了在考核期可能集中组织的考核活动外，最为直观的考核方法便是依托于司法公开的裁判文书。如此一来，裁判文书的评价制度对于建立多元考核主体的制度具有至关重要的作用。

（三）裁判文书评价制度对考核制度的优化

1. 建立裁判文书的评价制度可以优化法官绩效考核的指标。裁判文书的评价指标当然是契合司法规律的。在《四五改革纲要》中，第21

点提道："依托审判流程公开、裁判文书公开和执行信息公开三大平台，发挥案件质量评估体系对人民法院公正司法的服务、研判和导向作用。"裁判文书的质量成为评估案件质量的重要标准之一。法官的主要任务是办案，而办案的结果则通过裁判文书表现出来，因此，一份裁判文书实际上就是对办案交出的一份"答卷"，自然一份优秀的"答卷"更能够衡量与体现法官的专业素养能力。

2. 建立裁判文书评价制度可以做到考核运用的循环，着眼于长期的目标。有学者批判现有法官绩效"考核运用的不循环与短视化。不循环主要是指考核主体、考核之间缺乏应有的沟通互动，致使业绩评估仅仅停留在'表层'，无法为法官业绩的改善暨法院司法能力的增强提供建设性的意见，也无法为对考评结果有异议的法官提供程序性救济。短视化则是指考核仅为短期的奖惩，而忽视了更高远的目标——为司法事业储备和培养更多更好的人力资源"。[1] 后文将阐述，裁判文书的评价制度将建立在大数据的基础上，充分运用人工智能评价裁判文书，为了保证效率与公平的价值需求，当出现系统错误决策时，允许法官提出异议制度，进行人工审核，如此有利于解决现行考评运用不循环与短视化的缺点。

3. 建立裁判文书的评价制度有利于发挥内在激励机制。裁判文书的评价制度较其他裁判文书制度而言，是较为后置性的，但却可以成为法官追求裁判文书质量的动力来源。一方面，倘若裁判文书的评价制度不建立，不与法官绩效挂钩，那么如何进行案件分流，是否使用裁判文书的范本，在不同案件类型中如何说理以及如何公开裁判文书都成为没有法律制约的"一纸空文"。也正是通过裁判文书质量的评价去规

---

〔1〕 陈敏光：《综合配套改革背景下的法官绩效考评体系的完善——基于司法属性的管理学思考》，载《法律适用》2018 年第 19 期。

范案件分流、范本制度、说理制度以及公开制度等其他裁判文书制度，且与法官绩效挂钩，才能让法官去追求裁判文书分流、范本、说理与公开的合理性。另一方面，裁判文书质量评价不是单一的否定性评价，而是具有内部激励的机制，尤其是当案件裁判文书被遴选为指导性案例或在大案要案中作出一份合理的、具有良好的社会效果的裁判文书。由于与法官绩效挂钩，就可以以优秀裁判文书为凭，奖励法官，推动裁判文书进一步走向合理性与高质量。

因此，笔者认为建立科学的评价机制和质量评估体系，将裁判文书的评价制度作为考核法官绩效的核心重点之一，是契合域内域外法官考核体系发展的趋势，也是激活裁判文书的五项制度，推动裁判文书高质量合理发展的一条途径，亦是提高法官专业素养，提高司法队伍的专业性的一条途径。

二、裁判文书评价制度与指导性案例制度的发展

(一)指导性案例制度的缺陷

为保证司法公正，进一步推进司法体制改革，2010 年我国正式确立了案例指导制度。案例指导制度的确定不仅是对传统中国法律制度的传承与延续，也是对当代成文法与判例法不断融合的全球大趋势的回应与接轨，同时，更肩负了弥补中国当下立法、司法制度之缺陷的使命。案例指导制度确定至今已经来到第九个年头，但其关键部分即案例指导制度的核心——指导性案例的适用却经常性地陷入诸多困境中，主要表现有以下几点：指导性案例适用适度不高、法官适用指导性案例比较随意、指导性案例指导性不强。

1. 指导性案例适用程度不高

截至 2018 年 12 月 31 日，最高人民法院共发布了 20 批 106 例指导性案例，已被应用于司法实践的指导性案例共有 78 例，尚未被应用的

有28例。[1] 可见,虽然我国发布指导性案例的频率升高,数量增多,但很多指导性案例仍处于休眠状态,没有被加以利用。在这些被援引的案例中,应用主体不仅包括法官还包括涉及案件的当事人,如原告、被告、公诉人等,据调查,援引案件数量最多的群体既不是法官,也不是公诉人这样的专业法律群体,反而是并没有接受专业法律教育的当事人,援引率占总比的73%,其无论是在起诉、上诉或是答辩阶段均会不同程度地引用指导性案例,而具有专业素养的法律人往往是依靠自己的法律专业知识来解决问题,对指导性案例的重视程度并不高。综合以上数据可以看出,指导性案例在整个法律实务界的援引率仍处于偏低的水平。

2. 法官适用指导性案例比较随意

通过我们的调查得出,法官对指导性案例的适用显示出很大的随意性,主要表现为以下几个方面。第一,司法实践对指导性案例的效力认识不一。根据实践调查的数据,只有少数法官认为指导性案例具有应当遵循的效力,而有些法官不关注指导性案例,甚至少部分法官根本就不知道还有指导性案例,大多数法官都认为是否援引指导性案例应该由法官来自由决定。[2]第二,指导性案例的适用方式混乱。从现有资料看,法官援引指导性案例予以裁判的情形,绝大多数是应当事人请求而予以援引,法官主动援引的情形非常少,而且在很多案件中,当事人

---

〔1〕 参见郭叶、孙妹:《最高人民法院指导性案例2018年度司法应用报告》,载《中国应用法学》2019年第3期。

〔2〕 参见赵瑞罡、耿协阳:《指导性案例"适用难"的实证研究——以261份裁判文书未分析样本》,载《法学杂志》2016年第3期。

要求援引某个指导性案例,法官不予回应。[1] 第三,与指导性案例相似的案件并未得到同判。以指导性案例24号为例,该指导性案例是实践中法官提及最多的案例,但是有的案件明显与指导性案例24号相类似,法官并没有参照指导性案例24号予以判决。例如在梁昌礼、唐红芳与唐洪亮、怀远县宏达运输有限责任公司机动车交通事故责任纠纷案件中[2],法官明确指出不参照指导性案例24号,但是该案与指导性案例24号的裁判要点具备实质的相似性。[3]

3. 指导性案例指导性不强

就指导性案例设置的初衷而言,我国的指导性案例与司法解释并不相同,其相异处表现为:其一,司法解释具有正式的法律渊源地位,而指导性案例并不具备此种效力;其二,两者形成的程序不同;其三,司法解释是对法律条文做出的抽象解释,仍以条文式呈现。而指导性案例则是针对具体案件所涉及的法律进行解释,其精髓体现在裁判理由中,正如沈岿所言,"抽象规则行事的司法解释,往往既来源于实际个案,又超越实际个案"。[4] 这就揭示了司法解释更抽象,高于指导性案例。但是现存的指导性案例对裁判要点的概括,与司法解释的界限并不清晰,

---

[1] 笔者以"指导性案例"和"指导案例"为关键字搜索了中国裁判文书网中从2011年12月20日到2016年8月5日的所有判决文书,共计1094篇,其中涉及是否援引某个指导性案例的共有407篇。在这407篇判决文书中,法官主动提及是否援引指导性案例的仅占81篇;当事人提出应该参照某个指导性案例的有326个,但是法官予以回应是否参照的只有46篇。

[2] 参见芜湖市中级人民法院(2014)芜中民一终00964号民事判决书。

[3] 该案判决书中写道"根据双方庭审意见、鉴定意见结论及鉴定人员庭审陈述,结合本案证据材料,认定梁昌礼双侧重度肾功能障碍(伤残三级)与交通事故之间的参与度为50%符合案情,一审法院结合损伤参与度计算残疾赔偿金于法有据,应予支持。"然而,指导性案例24号的裁判要点恰恰是明确交通事故中侵权损害赔偿应以过错为归责原则,不应以参与度计算赔偿数额。因此,该案判决书中提出的不参照理由违背了指导性案例24号的裁判要点。

[4] 武静:《裁判说理——适用指导性案例的理论与实践皈依》,载《河北法学》2017年第1期。

导致该如何适用并不明确。还有的指导性案例涉及的只是法律中的常识问题,根本没有指导的意义。例如,指导性案例第4号"王志才故意杀人案"与指导性案例第12号"李飞故意杀人案"的裁判要点均是依法判处被告人死刑,缓期二年执行,同时决定限制减刑,这是对《刑法修正案(八)》中限制减刑制度的重申,在这项制度得以普及的今天,这两个指导性案例均已不具备指导性。

(二)裁判文书评价有助于科学遴选指导性案例

指导性案例的遴选一般都是以裁判文书的内容作为标准的。换言之,裁判文书的说理是否合理缜密,是否易于理解,是否契合法理等衡量内容,是确定指导性判例的重要指标。然而,在司法实践中,现行"指导性案例的质量有待改进,一方面,裁判文书说理不佳制约案件质量;另一方面,信息简化、加工导致无法生成贴近实践的案例"。[1] 因而裁判文书的评价制度将有利于遴选指导性案例。

首先,裁判文书是展现案件全貌的重要资料。裁判文书的结构包含了事实认定与法律适用两大部分,可以有效地展现案件的审理过程,了解案件的具体案情。而对于指导性案例的选取,首先应当从案情出发,评价多方面的因素,如案件是否新颖,是否典型,是否具有争议性等。

其次,合规合法的裁判文书是遴选的基础条件。既然裁判文书能够展现案件全貌,那么如何规范地展现,就是裁判文书评价制度评价的对象,例如裁判文书的撰写形式上是否符合裁判文书的范本,裁判文书的实质说理是否缜密等。此外,裁判文书评价制度的目的正是确保裁判文书的形式合规与实质合法。这无疑对于解决现行指导案例的质量

〔1〕 赵瑞罡、耿协阳:《指导性案例"适用难"的实证研究——以261份裁判文书为分析样本》,载《法学杂志》2016年第3期。

不够,加工或简化过度等问题有重要的意义。经由评价机制被评选为合理恰当的裁判文书就成为遴选指导性案例非常重要的材料。

再次,减轻了地方基层以及中级人民法院报送指导性案例的负担。很多高院都通过颁布细化规定的方式,明确要求下两级法院报送备选案例,比如《辽宁省高级人民法院关于加强参考性案例工作的意见(试行)》第9条的规定[1]与《陕西省高级人民法院参阅案例发布制度》第12条的规定。[2] 可见,在政策性遴选指导性案例的需求下,由于裁判文书的评价制度能够优先评价相关的裁判案例的形式与实质性内容,因而为各基层与中级人民法院报送相关案例提供了方便,让审判业务部门更加专注于审判活动。

最后,指导性案例的主动发现机制也要求具备科学的裁判文书。《〈最高人民法院关于案例指导工作的规定〉实施细则》(以下简称《实施细则》)第4条明确了指导性案例的选取除了由上而下的审查,还源于由下而上的推荐。但无论是何种方式,都离不开裁判文书。实际上该细则第6条规定所要提交遴选的材料中,第3点正是与案件相关的裁判文书。科学的裁判文书对于快速了解案件内容、明确案件事实、合理适用法律具有重要的作用,因而也将对选取指导性案例具有重要的作用。

(三)裁判文书评价可以促进指导性案例的司法适用

"获得高频引述、以显性方式影响司法实践的指导性案例应当具备

---

〔1〕《辽宁省高级人民法院关于加强参考性案例工作的意见(试行)》第9条规定:"各中级法院、大连海事法院每月20日前要报送至少1篇备选参考性案例,案件数量较大的沈阳中院、大连中院每月20日前要报送至少2篇。省法院各审判、执行部门应于每季度第三个月的20日前报送至少1篇备选参考性案例。"

〔2〕《陕西省高级人民法院参阅案例发布制度》第12条规定:"各基层法院每季度报送案例不少于1篇,中级法院不少于3篇,省法院各业务庭报送案例每季度不少于2篇,报送时间为每季度末月20日以前。"

以下特征:针对司法实践中经常遇到却缺乏准确法律依据的问题;裁判要点简洁明确,同时又能够进行适当的扩张和变通;案件参与人积极提出参照请求来引起法官的回应。"[1]实际上,这些条件就是下文即将提到的裁判文书质量评价体系所主张的可接受性原则与融贯性原则在裁判文书中的反映。因此,裁判文书的评价制度不仅对于遴选指导性案例具有重要意义,还可以促进指导性案例在司法活动中的运用。通过裁判文书评价制度,可以有效提升典型案例文书中的说服力和可接受性,从而"推进指导性案例的效力从'权力输出型'模式转变为'权威生成型'模式,真正实现与提升指导性案例自身的权威性"。[2]

因此,裁判文书的评价制度对于遴选指导性案例以及发挥指导性案例在司法实践中的实际作用,提升指导性案例自身的权威性都具有重要的意义,而指导性案例的遴选既关涉到法官绩效的考核,也会涉及对法官的各项奖励[3],因而裁判文书评价制度、法官绩效考核制度、案例指导制度三项制度相互作用、共同促进,以实现结构性功能的优化。

---

[1] 孙光宁:《司法实践需要何种指导性案例——以指导性案例 24 号为分析对象》,载《法律科学(西北政法大学学报)》2018 年第 4 期。

[2] 刘树德:《最高人民法院司法规则的供给模式——兼论案例指导制度的完善》,载《清华法学》2015 年第 4 期。

[3] 各地方高级法院都对此作出了规定。比如,《辽宁省高级人民法院关于加强参考性案例工作的意见(试行)》第 16 条规定:"省法院将参考性案例编报任务的完成情况及所编报案例的采用情况纳入年度工作绩效考评。"《陕西省高级人民法院参阅案例发布制度》第 18 条规定:"各级法院应将案例的报送和推荐纳入岗位目标考核。经确认和通报为参阅案例的,评优评先时,优先予以考虑。"《江苏省高级人民法院关于加强案例指导工作的实施意见》第 29 条规定:"建立案例工作记分考核制度。改进对省法院各审判业务部门的案例考核制度,年度岗位目标管理考核设定统一的基本任务分,不以报送数量作为考核标准;报送的案例被最高人民法院作为指导性案例发布或者被《最高人民法院公报》《人民法院案例选》《中国审判案例要览》采用的,按照相关考核规定加分,该加分项目不设上限。各中、基层法院考核案例工作也应体现出相同导向。"

第三节 裁判文书评价机制的整体构想

正如前文所述,裁判文书评价制度作为最后裁判文书质量的衡量机制、反馈机制,作为整体裁判文书制度的最后依归,其无论是对裁判文书的撰写还是对整个司法体制都具有重要作用,然而我国裁判文书评价制度地位尚不明确,具体实施过程中也存在诸多问题。因而,完善裁判文书评价制度的首要一步就是要确立裁判文书评价制度的独立地位,从评价机构的设立、人员的遴选、评价的程序等方面构建一个独立完整的评价流程。

一、评价机构的优化

(一)现有模式考察

在现有机构中,承担了裁判文书评价机能的机构大体有三类:第一类是依据现有法律,通过法院内部审判监督管理机构,即审判管理办公室,来负责裁判文书质量评估;第二类是通过法官考核绩效机构,即法官考评委员会,负责裁判文书质量评估;第三类是参照指导性案例遴选机制,由案例指导办公室牵头,各高级人民法院负责辖区内指导性案例的推荐、调研、监督等工作。

1. 审判管理办公室模式

《最高人民法院关于加强人民法院审判管理工作的若干意见》中明确提出在各级法院设立审判管理办公室,其职能大致包括:审判流程管理;审判态势分析;案件质量评查;审判绩效管理;组织庭审考评;优秀裁判文书及精品案件的推选;负责本院审判委员会会务工作;其他审判综合管理工作。可见,从设定的职能上看,审判管理办公室由于负责案件质量评查、提供审判绩效数据以及负责筛选优秀裁判文书,必然负责一定程度上的裁判文书的审核。[1]

通过审判管理办公室评价裁判文书的优势在于:第一,在人民法院审判管理工作格局中,审判管理办公室是审判委员会、院长的参谋助手,是承上启下、连接各方的枢纽,是人民法院专事审判管理的综合审判业务部门。审判管理办公室由于从职能上负责了案件质量评估,且是审委会的参谋助手的地位,因而审判管理办公室的监督在法院内部具有一定的强制性与便捷性,可以迅速实现对裁判文书的纠错,保障裁判文书上网之后的司法公信力。第二,审判管理办公室能够快速掌握案件的相关信息,了解案件的全貌,因而可以更好的审查裁判文书的实质性内容,尤其针对事实认定部分的说理与法律适用部分的说理进行科学质量评估,以保证裁判文书的质量。第三,从法院建设的趋势看,法院员额制改革,建设法官专业队伍,更可以进一步加强审判管理办公室的专业性。《最高人民法院关于深化人民法院司法体制综合配套改革的意见—人民法院第五个五年改革纲要(2019—2023)》第 24 点中,明确了完善审判监督管理机制,其中包含了完善专门审判管理机构案件质量评查机制。可见,专业化的审判监管体制是法院建设发展的趋势,这也有利于裁判文书质量评价工作的开展。

但是,这并不意味着采取审判管理办公室模式并无弊端,实际上笔者认为,这一模式具有以下值得商榷之处:第一,本模式实际上就是现有法院模式的继续展开。"过去,法官身份的获得与丧失、职务晋升以及薪资待遇等主要通过行政化方式进行,由法院行政管理机构负责考核。这使法院内设行政机构处于强势地位,由此形成了法院内部行政

---

[1] 参见最高人民法院研究室:《最高人民法院司法解释 2011 年卷》,法律出版社 2012 年版,第 429 ~434 页。

管理部门与法官之间‘管理——被管理’的关系。”[1]正如上文所阐述的,考评模式由于趋向行政化,本质上并不利于专业性质的裁判文书审查。第二,审判管理办公室模式依旧摆脱不了“熟人审熟人”的监察弊端。第三,由于审判管理办公室现有编制人数较少,决定了审判管理办公室在实际的运行上,难以真正的接受社会公众对于裁判文书质量的评价与监督,因而这一模式难以引入社会监督,审判管理办公室模式将导致对裁判文书评价主体单一。第四,审判管理委员会的职能过多,无法使裁判文书的质量评价成为一项专门性的活动。

2. 法官考评委员会模式

2019 年 4 月修订生效的《法官法》较之旧《法官法》,不仅再次规定了设立法官考评委员会,还将其放入了第六章法官的考核、奖励和惩戒中。人民法院设立法官考评委员会,负责对本院法官的考核工作,而重点是考核审判实绩。[2] 审判实绩中最为重要的一项标准便是裁判文书的质量。因此从现有的立法趋势看,法官考评委员会也可能承担裁判文书质量评价的工作。

法官考评委员会模式的优势在于:第一,促使裁判文书评价在法官绩效的考评中占有重要位置。法官考评委员会作为负责考评法官绩效的机构,倘若由法官考评委员会专门负责裁判文书的质量评价,也将倒逼法官在撰写裁判文书时,更加的专业与科学。第二,由法官考评委员会进行裁判文书的质量评价将更为专业。审判管理办公室不仅着眼于裁判文书的质量评价,还包括审判流程管理、审判态势分析、组织庭审考评等方面,而法官考评委员会仅仅着眼于法官绩效考核,可以使裁判文书质量评价工作成为一项专门性的工作。第三,法官考评委员会的

[1] 龙宗智:《深化改革背景下对司法行政化的遏制》,载《法学研究》2014 年第 1 期。
[2] 参见董治良:《海南法院司法改革试点工作回顾》,载《人民法院报》2016 年 6 月 29 日。

组成人员更为权威。依据《法官法》与《法官考评委员会暂行组织办法》的规定,法官考评委员会主任由院长担任,其余人员由院长提名担任,主要是有关部门的主要负责人。可见,法官考评委员会可以如同审判管理办公室一般,迅速了解案件的全貌,能够对裁判文书的实质性内容有较为准确的审查。

法官考评委员会的模式仍然具有一定的弊端。首先,法官考评委员会与审判管理办公室一样,难以摆脱考核模式与主体过于行政化的弊端,"在司法实践中,法官考评委员会中并没有普通法官的实际参与,管理者通常与被考评的法官处于考评与被考评的相对面,考评模式更强调服从性"。[1] 可以看出,法院过度地将法官绩效考核制度当作审判管理的手段[2],法院内部行政机构之间与法院审判业务间的"管理与被管理"关系尚未根除,考核过于行政化。其次,在实践中,法官考评委员会通常虚置[3],因此其能否胜任对裁判文书的质量评价工作还值得商榷。最后,法官考评委员会同审判管理办公室一样,无法实现考评主体的多元化,难以引入学者监督、社会公众监督。

3. 案例指导办公室模式

案例指导办公室模式源于《〈最高人民法院关于案例指导工作的规定〉实施细则》,其中第4条规定了案例指导工作办公室负责遴选与审查指导性案例。各高级人民法院负责辖区内指导性案例的推荐与审查工作。基层人民法院与中级人民法院通过高级人民法院进行指导性案例的审查工作。可见,以案例指导办公室牵头,指导性案例的选取工作

---

〔1〕 上海市第一中级人民法院课题组:《审判绩效考核与管理问题研究》,载《中国应用法学》2019年第3期。

〔2〕 参见余东明:《"法官审判业绩考评方法"研讨会举行》,载《法制日报》2016年8月24日。

〔3〕 参见北京市第二中级人民法院课题组:《司法改革背景下法官绩效考评机制研究》,载《中国应用法学》2018年第3期。

主要由最高人民法院与高级人民法院负责,而指导性案例的选取不仅要考虑一个判例的社会效果与社会影响,还必须以裁判文书的高质量为基础。因此,案例指导办公室或可承担裁判文书质量的评价工作。

案例指导办公室模式具有的优势有:第一,案例指导办公室超出了某一个法院的范畴,将裁判文书的评价工作引入了一个贯穿于四级法院的系统,既可以避免前两种模式中出现的考核主体行政化的弊端,也能让裁判文书的交流成为法院之间的交流之一,也有利于裁判文书的规范与革新。第二,案例指导办公室有利于实现考核主体多元化。《〈最高人民法院关于案例指导工作的规定〉实施细则》第5条规定推荐与建议的主体可以扩大到人大代表、政协委员、人民陪审员、专家学者、律师,以及其他关心人民法院审判、执行工作的社会各界人士。[1] 可见,案例指导办公室可以协同社会监督与法律行业内监督,促进裁判文书质量的提高。第三,案例指导办公室承担了裁判文书评价工作后,对于指导性案例的选取工作也具有促进作用,也将提高指导性案例尤其是造法型与释法型的指导性案例的参考意义,推动司法能动活动的进一步发展。

但案例指导办公室的弊端依旧存在。第一,案例指导办公室模式的主要工作机构位于最高人民法院与各高级人民法院,而倘若由他们去审查与评价全国大大小小法院的裁判文书的质量无异于海底捞针,不具有现实的可行性;第二,尽管案例指导办公室衔接了四级法院,但同样也失去了前两种模式所具备的能够全面了解案件的优势,而对于案件的审查将全依赖于裁判文书的阐述;第三,案例指导办公室的主要目的在于遴选指导性案例与发挥指导性案例的参考作用。换言之,本

---

〔1〕 参见江必新主编:《最高人民法院司法解释与指导性案例理解与适用》(第4卷),人民法院出版社2016年版,第728~730页。

模式的目的在于择优,而裁判文书质量的评价制度尽管包含了择优的目的,但更多是为了保障裁判文书的质量。

(二)新模式的建构:优化法官考评委员会模式

以上三种可参考的考评机构各有利弊,建立新的模式应当尽可能地吸收各种模式的优势而避免模式的弊端。具体而言,新的模式应当综合考虑以下几个因素:第一,避免考核模式与主体趋向行政化。考核主体与模式趋向行政化是审判管理办公室与法官考评委员会所具有的弊端,究其原因,仍在于法院内部的行政化趋势与影响较为严重,对于法官绩效的考核依照行政机关人员的考核标准设定,无法反映司法工作人员的专业性特征。尽管法院员额制改革后,开始改革法院行政化的过程,但尚未完全去除其行政化之特点。因而,新的模式的选择,要避免法院内部的行政化影响,破除法院行政管理部分与审判业务部分的"管理与被管理"的关系,引入多元主体的参加。第二,契合考核主体的多元性。正如前述,法院审判活动的重点应当聚焦于案件判决合理与否,判决被人们所接受的程度。与此相应,裁判文书的评价制度也应该评价案件当事人与潜在社会公众对于案件的接受程度。此外,法官服务于社会,服务于人民,自然要受到人民的监督。因此,引入多元主体的考核是有必要性的。具体而言,可以有步骤地引入学者专家、人民代表以及其他的法律服务工作者参与考核。在重点疑难与社会影响较大的案件,为了兼顾裁判文书的社会效果,甚至可以引入社会公众进行考核。第三,能够更好地对裁判文书的实质性内容进行评价。案例指导办公室不具备的优势在于脱离了法院内部的考核,从而使案件"全貌"的唯一来源依托于裁判文书。而实际上,完全排除某个法院内部人员的参与,将减少案件其他信息的来源,而且跨地区的审查模式,也不利于司法效率,因此,在尽量避免考核模式与主体行政化的趋向外,依旧需要本院的审判管理人员参与裁判文书的评价工作。第四,使其成为一项专门性工作。由于我国幅员辽阔，案件众多，也决定了裁判文书的数量也较为繁多。因此，新模式下的机构，其职能将专注于裁判文书的质量评价，或者至少专注于法官绩效的考核任务。由此，可以使裁判文书质量评价的工作成为一项专门性的工作。

由此，笔者建议以法官考评委员会为核心建立新的模式，但为了避免法官考评委员会的弊端，应当对法官考评委员会的组成人员进行相应的调整。现有法官考评委员会主任由院长担任，其他 4 ~ 8 人由院长提名，主要由有关部门的主要负责人担任。笔者认为，改组的方向可以选择保留法官考评委员会主任依旧由院长担任，而其他人员可以通过遴选，从其他法院队伍、检察队伍、监察队伍、律师、专业学者遴选，在社会影响较大的案件中，可以增加在社会公众中遴选的参评人员。这样设置的考虑，有以下优势：

第一，能够摆脱考核主体与模式的行政化。正如前文所述，法院行政管理部门与审判业务部门之间的“管理与被管理”的关系是导致考核主体与模式过于行政化的原因。而改组后的考评委员会由于不再仅仅是法院内部机构的考核，而借助了人工智能系统让裁判文书的评价工作一定程度上脱离了法院内部的考核。这样的设计有利于让裁判文书质量的评价工作摆脱考评行政化的影响，而专注于裁判文书本身的质量。此外，由于保存了院长担任法官考评委员会的主任，既体现了本模式对于法院工作的尊重与支持，也有利于避免不当考评人员的遴选而导致考核过于机械与具有主观性，打击法官的积极性。

第二，实现多元考核主体的构想。这样的设计从裁判文书的价值体系上，将裁判文书的合理性价值摆在了最高的位置，有利于实现我国现行司法由“过于追求案件判决正确与否”转向“案件判决合理与否，判决被人们所接受的程度”。此外，可以摆脱“熟人考核熟人”的弊端，亦可以从多种层面去考核裁判文书的质量。学者、律师、司法工作人员对于裁判文书的实质内容的着眼点有差异,在疑难案件中引入专家学者的参评,有利于鉴别裁判文书中事实认定与法律适用的恰当与否;在社会影响较大的案件引入社会公众评价,有利于衡量裁判文书的社会效果,保障最为根本的裁判文书的合理性,亦可以实现宣法普法的法治效果。

第三,考核组织仍旧位于法院内部,可以更好地接触案件的办理人员与相关的裁判文书与证据,从而能够更加全面地评价裁判文书中的事实认定说理与法律适用说理的部分。由于裁判文书评价制度所依赖的人工智能程序可能出现决策错误,因此在法官异议制度下,条件不足的法院或重大的案件需要阅读案件的原始卷宗,那么本模式能够有效调取相关案件的卷宗,保障最为全面与合理的评价。另外,法官考评委员会亦是法官绩效考核的机构,而裁判文书质量是法官绩效的一项重要考核指标,亦是一种内在的激励机制。所以由法官考评委员会进行裁判文书的评价,既可以保障法官考核与裁判文书质量评价工作同时进展,对撰写优秀裁判文书的法官进行表扬或给予名义上甚至是物质上的奖励,对于法官的审判业务的专业性也是一种激励,还能使裁判文书的评价制度成为一项专门性的工作。

第四,明确改革后的法官考评委员会与案例指导办公室的衔接关系,可由法官考评委员会先行评价裁判文书的质量,择优向案例指导办公室推荐,由案例指导办公室遴选并发布重要的指导性案例。在专家学者与社会公众等多元主体参与评价后,也能够确保这类案件的法律效果与社会效果,本质上是将指导性案例选取工作增加了社会公众参与的部分,能够更好地帮助遴选指导性案例。此外,如果法官未提出异议,那么就说明法官与参评的其他司法工作人员对于本案裁判定性与法律说理的认可,也有利于指导性案例的参考作用在司法实践中得以贯彻。因此,法官考评委员会与案例指导办公室工作衔接后,可以实现在确保裁判文书质量的同时,择优选取指导性案例,更好地发挥指导性案例的参考作用。

因此,笔者建议以法官考评委员会为核心机构,由本院院长担任主任,吸收其他法律专家学者、律师、其他的司法工作人员来参加裁判文书质量评估工作。对于疑难案件与新型案件,亦可引入社会公众或新型行业业内人员,进行质量评估,尤其是裁判文书的社会效果部分的评价。做好法官考评委员会与案例指导办公室之间的机构衔接,推进指导性案例的有序遴选,以便更好地发挥指导性案例的作用。

二、评价机构人员遴选规则的设立

审判管理办公室模式与法官考评委员会模式都由法院人员担任,因而现有的遴选规则无法适用上文所赞同的优化的法官考评委员会模式。而案例指导办公室模式虽然能够吸纳专家、学者、律师和其他关心审判的社会公众的建议,但这些人员并非直接参与评价。现有的法律也没有直接规定应当如何遴选裁判文书的评价人员。在对我国相关制度进行考察研究之后,笔者认为法官考评委员会人员的遴选可以参照《人民陪审员法》予以确定。原因如下:第一,人民陪审员与裁判文书评价人员的功能类似,人民陪审员参与审判而裁判文书评价人员则参与裁判文书质量的评价工作;第二,学者与社会公民可以通过人民陪审员制度遴选而成为人民陪审员参与审判,同样,学者与社会公众人员也须通过相关的遴选规则成为裁判文书质量评价人员;第三,人民陪审员与裁判文书评价人员一样适用回避制度,同样在法院司法活动中发挥重要作用。当然也存在不同之处,如律师、公检法监队伍人员被排除在人民陪审员的范畴之外,而在裁判文书质量评价工作中,仍然许可非利害关系人的参选。因此,笔者认为,可以适当参考人民陪审员制度,全方位构建新的评价机构人员的遴选规则。

（一）评价人员遴选标准

评价人员的主体大体包括法官、监察官、检察官、律师、专家学者以及社会公众，因此评价人员遴选的标准应参照《法官法》《检察官法》《监察法》《律师法》《人民陪审员法》。通过参考整合以上数部法律，本书初步设定评价人员的遴选标准如下：

1. 拥护中华人民共和国宪法、拥护中国共产党的领导和社会主义制度、具有中华人民共和国国籍。由于裁判文书评价制度在法院考核绩效、遴选指导性案例与推动法学研究方面具有重要的意义，而且由于机构设置于法院中，可能涉及的案件的部分信息不适合流出法院，如国家机密等。因此，首先的条件必须是拥护中华人民共和国宪法、拥护中国共产党领导和社会主义制度、具有中华人民共和国国籍。

2. 年龄标准。由于裁判文书评价制度的评价人员具有多样性，故年龄标准也不同。就法官与检察官而言，其参评必须符合《法官法》与《检察官法》的规定，即取得大学本科学历并从事法律工作满 5 年，法学硕士与法学博士可以相应缩短为 4 年与 3 年。换言之，一般而言，法官与检察官的年龄要求约为 27 岁以上。律师依据《律师法》的规定，要求通过法律职业资格考试，而本考试要求大学本科法学学士毕业才可考取。取得法律职业资格证书后，仍要在律师事务所实习一年方可取得律师证。因此，基本上律师年龄要求约为 23 岁以上。学者与社会公众的遴选主要参照《人民陪审员法》，故要求年满 28 周岁。

3. 未受过刑事处罚。尽管《律师法》规定了被判处过失犯罪的，仍可以从事律师行业。但是，由于受过刑事处罚之人参与裁判文书的评价工作既可能有偏见的存在，也有损于司法公信力。故即便是律师，也要求受到刑事处罚的人不能够遴选为裁判文书质量评价人员。

4. 不曾被开除公职或者被吊销律师、公证员执业证书。由于被开除公职或被吊销律师、公证员执业证书一方面可能因为受到刑事处罚，另一方面可能因为严重的工作失误或严重的违法行为。但无论是哪方面,遴选其成为裁判文书的评价人员,都将有损于司法公信力。

5. 具有高中以上的学历。法官、检察官、监察官与律师的准入门槛便要求具有大学本科的学历,而专家学者通常都是博士以上学历,因此此点主要针对社会公众。尽管仍有部分学者提出要进一步降低遴选人民陪审员的年龄与文化标准,如“原则上,年满十八周岁,具有初中以上学历且依法享有政治权利的中国公民可担任人民陪审员”。[1] 但实际上,自中央全面深化改革委员会第十一次会议审议通过《人民陪审员制度改革试点方案》,此外最高人民法院、司法部出台了《人民陪审员制度改革试点工作实施办法》,人民陪审员制度开始了为期 3 年的试点工作。通过 3 年的试点工作,实现了“一升一降”,即降低了人民陪审员的文化水平要求,仅高中以上文化即可。年龄标准则提升了,从年满 23 周岁提升为年满 28 周岁。在 2010 年的全国人口普查中,高中学历以上的人员已经占了 22.96%。截至 2018 年 4 月,50 个试点地区遴选的 13740 名人民陪审员中,高中学历 4894 人,占 35.62%,高中以下学历 653 人,占 4.75%。[2] 可见人民陪审员改革是有成效的,而进一步放低学历标准虽能够进一步扩大遴选的范围,但就现有的数据来看,放宽的意义是否大于以高中学历为要求的现行法律体系,还存在疑问。另外,进一步放低学历标准,所评价出来的裁判文书质量的司法公信力也存在疑问。

6. 具有正常履行职责的身体条件。因为裁判文书的数量不少,实现对裁判文书的评价,必然需要一个良好的身体条件来完成工作。

---

〔1〕 施鹏鹏:《人民陪审员制度的改革历程及后续发展》,载《中国应用法学》2018 年第 3 期。

〔2〕 参见《最高人民法院关于人民陪审员制度改革试点情况的报告(摘要)》,载《人民法院报》2018 年 5 月 2 日。

7. 不具有利害关系。由于审查的对象是某一法院的裁判文书,故除了本院院长,其他的参评人员应当与法院间不具有利害关系。具有利害关系的人可能因为自己的案件对法院不满或满意,而对于裁判文书的评价建立在主观认识的基础上,有损于公正的评价,最终将损害司法公信力。

因此,具备以上七点的法官、检察官、监察官、律师、专家学者与社会公众可以通过裁判文书评价人员的遴选程序,成为评价人员的一员,开展裁判文书评价工作。

(二)人员遴选的程序

1. 司法工作人员的遴选。对于体制内的司法工作人员的遴选较为灵活,可以采用自己申请与邀请的方式进行。申请制度主要适用于本级法院(检察院、监察委)与下级法院(检察院、监察委)。邀请制度主要适用于本级法院(检察院、监察委)与上级法院(检察院、监察委),诸如通过邀请上级法院在某类案件具有丰富经验的法官参加某类案件裁判文书的评价与指导工作,也同样有利于促进审判能力与司法机能的提升。

2. 专家学者的遴选。对于专家学者的遴选,将主要通过委任制与申请制进行。在实践中,遇见复杂疑难案件时,法院通常会组织专家研讨会进行论证与分析,帮助审理疑难案件。由此,法院对于这类专家学者较为信任,故可以通过委任的方式,邀请专家学者参与裁判文书的评价制度。但由于专家学者的分布与大学的分布息息相关,部分地域可能不具备自己的大学或自己的大学并未开设法学课程等原因,无法委任到本地的专家学者,也可以向省会大学申请,委任省会大学的专家学者通过网络等方式参与裁判文书的评价或邀请专家学者实地参加裁判文书评价工作。除了上述的委任制,还可以通过申请制的方式参与裁判文书的评价制度,申请的主体主要是在高校任职的专家学者,在经过本校同意推荐后，参加裁判文书的评价工作。

3. 律师与社会公众的遴选。对于这类人员的遴选主要依靠邀请制与申请制进行。邀请制系邀请在某个地域德高望重的公众人物或在某类案件具有名气的律师等，参与裁判文书的评价工作。但更多的遴选将通过申请制进行，当然这里的申请制参照《人民陪审员法》与遴选人民陪审员法的实践，不仅包含了本人申请，还包含了诸如法院所在地基层自治组织的推荐，人民团体的推荐等。在本人符合评价人员的遴选条件后，可以向法院提出申请，经审查合格后，由法院记录并建立相应的人员信息库。在疑难案件与社会影响较大的案件中，从信息库中遴选人员参加，以评价裁判文书的社会效果。

三、评价机制的程序性设想

（一）人工智能在裁判文书评价制度中的运用

人工智能与大数据的发展，为推动“智慧法院”的建立与实现司法领域的智能化实践提供了技术条件。2015 年最高人民法院为适应信息化新趋势，探索“人工智能 + ”审判模式变革，高瞻远瞩地提出建设“智慧法院”。“例如，以人工智能为基础的庭审语音转文字、裁判文书或起诉书的自动生成、法律文件辅助审阅、裁判文书证据材料自动抽取等。”[1]河北省高级人民法院自主研发了“智审 1.0 系统”，“智审 1.0 系统”已经辅助近 3000 名法官办理案件超过 15 万件，案头工作量减少三分之一，事务性工作量减少 20% 。据河北省高级人民法院院长卫彦明介绍，如今裁判文书 80% 的内容能够一键生成。卫彦明认为，信息化建设不仅促进了法院审判质效提速换挡，也为司法改革的顺利进行保

[1] 秦永彬、冯丽、陈艳平、黄瑞章、刘十雷、丁红发：《“智慧法院”数据融合分析与集成应用》，载《大数据》2019 年第 3 期。

驾护航。[1] 这类技术无疑可以对于审判质量的评估提供技术帮助，其中裁判文书的评价制度亦可以借用人工智能的发展。

前述第四章笔者曾指出要建立裁判文书的范本制度，针对不同的类型的诉讼，不同程序的案件建立裁判文书的范本。建立范本制度的优势一方面可以提高司法效率，提高法官素质，实现社会效果与法律效果的统一；另一方面裁判文书为半数据化结构，建立范本制度更有利于人工智能程序抽取相关的信息。根据学者的研究，人工智能可以进行裁判文书内容中对证据部分的提取。首先采用循环神经网络模式对证据的边界予以识别，接着对证据的边界进行组合进而产生有关证据的候选词，最后根据这些证据候选词的特征，利用卷积神经网络识别出正确证据。同样的方式可以进行犯罪行为链的建构，如通过对案情行为序列关键词进行提取，建立与之对应的犯罪"行为链"，展现案情的主要情况、时序关系和发展趋势，"行为链"以"行为词"为中心，围绕"行为词"提取关键案情要素特征，通过行为序列建构行为词与其他以"行为"为中心的特征词之间的关联关系，进而构建以"犯罪行为"为中心的司法数据间的内在关联和知识体系。[2]

因此通过人工智能结合裁判文书的范本制度，可以采取对案件进行程序性与实体性的归类。就程序性而言，主要是区分速裁程序、简易程序的裁判文书与普通程序的裁判文书，就实体性而言，主要是在区分民事案件、行政案件与刑事案件的基础上，再区分具体的案件类型，可以参照现有的法院案件事由予以区分。在分析大量的裁判文书的基础上，通过抽取证据链、行为模式的行为链，甚至抽取法官说理的数据化

---

〔1〕 参见刘子阳：《先进技术深度融合审判执行工作推进审判体系和审判能力现代化 智慧法院给法院插上信息化翅膀》，载《法制日报》2016 年 11 月 18 日。

〔2〕 参见秦永彬、冯丽、陈艳平、黄瑞章、刘于雷、丁红发：《"智慧法院"数据融合分析与集成应用》，载《大数据》2019 年第 3 期。

特征,建立范本类型的裁判文书评价标准。这样的标准就现在的人工智能而言,至少在速裁程序与简易程序的裁判文书上的适用是可能的。因为在前述案件分流制度中,对于简单案件,裁判文书的范本采取简式模板,说理方面由于案件明晰,通常无须说理,这类案件的结构性提取就十分方便;在一般性案件中,裁判文书的范本采取基本模板,说理方面需要一定的说明,对于这类案件提取结构性特征通常也并无疑问。

但值得研究与商榷的地方主要在于,普通程序的裁判文书是否可能建立范本类型的裁判文书评价标准?尤其是在疑难案件中,由于裁判文书的范本可能经历特殊处理,说理部分也需充分的说理,提取结构性要素的主要难点在于"可能基于数据驱动的歧视、算法设计者司法认知不足、算法中变量因素考虑等问题导致数据分析过程,即法律人工智能系统设计的算法不准确"。[1] 笔者认为,可以采取试点的方式,分类型地提取结构化的要素,尝试对普通程序的裁判文书进行结构化的处理,再将其他普通程序裁判文书投入标准检验,倘若大量的裁判文书都将被错误的反馈,那么就只能期待人工智能程序的进一步发展。因为疑难案件总体数量不多,即便现有人工智能难以结构性的评价,交由人工评价依旧能够保障效率问题。针对司法实务中将人工智能运用到裁判文书制作的现象,法律界应保持理性的态度,首先,在技术层面,人工智能存在算法及数据采集上的缺陷;其次,在裁判文书质量良莠不齐的大背景下,难以确保人工智能都是以优秀的裁判文书为模板,人类对优秀司法成果及经验的总结仍需时日;最后,应当明确人工智能的辅助型地位,并专注于法学与计算机科学"双栖"人才的培养。[2]

---

〔1〕 施珠妹:《智慧法院建设与"大数据质量"》,载《东方论坛——青岛大学学报(社会科学版)》2019 年第 1 期。

〔2〕 参见左卫民:《关于法律人工智能在中国运用前景的若干思考》,载《清华法学》2018 年第 2 期。

（二）具体的适用程序

对于裁判文书评价制度的具体适用程序，笔者的构想如下（见图4）：

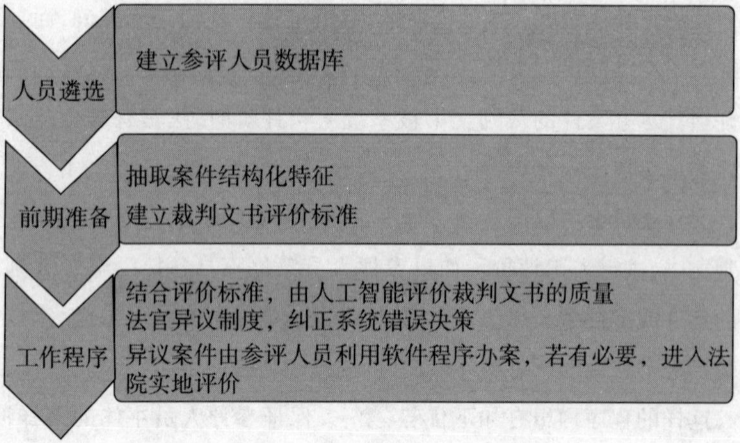

图4　具体程序

1. 建立裁判文书评价人员信息数据库。正如前文所述，对于司法工作人员、专家学者、律师与社会公众可以采取申请、邀请、推荐等方式参加裁判文书的评价制度。由法院建立愿意参加的评价人员数据库，主要区分社会影响重大的疑难案件、法律疑难案件与一般案件，一般案件的人数挑选可以随机抽取，并且参评人数无须过多，而对于法律疑难案件要增加专家学者与司法工作人员的比例，尤其是专家学者的比例。至于社会影响重大的疑难案件，可以增加社会公众参与的比例，评价裁判文书的社会效果，实现社会效果与法律效果的统一。

2. 设计编程有关裁判文书评价的程序。这个程序首先是提取不同类型案件、不同程序案件的结构化信息，通过分析大量的数据，建立关于这类程序与这类案件的司法标准。具体而言就是在简易程序、速裁程序和普通程序的基础上，区分简单案件类型、一般案件类型与疑难案件类型，进而依据裁判文书的范本制度与说理制度，提取结构化的特征。第二步则是在第一步的基础上,分案件类型,将其他的裁判文书的范本化投入本程序进行检测,然后输出评价结果。

3. 法官异议制度。正如前所述,数据结论可能出现不准确,而导致系统对于案件的错误决策,因此,仍要设立法官异议制度。这样的制度允许当其承办案件的裁判文书被系统不当评价时,法官有机会向法官考评委员会提出申请,要求法官考评委员会重新评价裁判文书。那么法官考评委员会可以通过软件程序,向被遴选出的参评人员,发送电子裁判文书,进行人工评价。如果参评人员条件不具备接受电子裁判文书的条件或案件重大须慎重考虑时,可以邀请参评人员至法院,审核包括裁判文书在内的所有的卷宗文件,进行正确的评价。

这样的程序构想有如下优势:第一,保证参评人员主体的多样性,结合案件类型,适当地调整参评人员的组成比例,以达到良好的评价效果。第二,适度结合人工智能软件,提高裁判文书评价的效率。我国幅员辽阔,人口众多,所以法院的案件数量巨大,法官以及整个法院系统所面临的基本难题就是"案多人少"。[1] 倘若由人工一一审核实在不具有现实可能性,尤其是部分案件采取速裁程序或简易程序,事实清楚,证据充分,双方当事人或控辩双方对于事实认定与法律适用并无争议,采取人工审核费时费力。因此,借助人工智能进行结构化的抽取并建立裁判文书的标准,由人工智能先行评价,在一定程度上有利于提高裁判文书评价的效率。第三,法官异议制度排除了系统错误决策的影响,在保证裁判文书评价效率的同时,保证了对裁判文书评价的准确性与公正性,实现公正与效率的统一。第四,可以促进参评人员的积极参与。除了重大案件且有必要审查卷宗材料的案件外,可以让参评人员

---

〔1〕 参见苏力:《审判管理与社会管理——法院如何有效回应"案多人少"》,载《中国法学》2010年第6期。

在程序另一端办公，有效解除了地域与时间的限制，提高裁判文书的评价效率。第五，最大限度地实现了裁判文书的合理性价值，充分保障司法活动聚焦于裁判文书的判决合理与否、判决被人们所接受的程度，而不仅仅追求案件判决正确与否。

第四节　小　结

裁判文书的书写是法官的一项重要司法活动，是司法公正的最终载体，是检验法官司法行为的主要标杆，其重要性一直不断地被人们强调。虽然裁判文书在法官司法行为中地位重要，但我国目前裁判文书的写作质量总体不尽如人意。当前学者们一般也都聚焦于通过制度激励或法官业务素质提升等外部方式来提高裁判文书的写作质量，忽略了对裁判文书的评价机制和评价指标。在司法实践中，有部分法院开始试行裁判文书互评制度，但是由于各地建立的评价指标并不统一，导致裁判文书评价的运行并不顺畅。针对裁判文书评价标准不统一、评价结果不被重视的现状，笔者认为，应当建立裁判文书的评价制度，将裁判文书的评价结果与法官绩效挂钩，不仅有利于让法官绩效的考评模式更加合理，亦有利于解决裁判文书评价标准不统一、评价结果不被重视的问题。此外，裁判文书的评价制度也有利于推动法学研究与法学方法研究的发展，还可以作为遴选指导性案例重要的标准与方法。

鉴于我国现行存在裁判文书评价的三种模式，即审判管理办公室模式、法官考评委员会模式与案例指导办公室模式，都存在一些问题。笔者建议改组法官考评委员会，充分发挥法官考评委员会的优势，其一，它设立于法院内部，能够接受更多案件信息；其二，其功能单一明显，有利于实现裁判文书的评价成为一项专门性的工作；其三，通过考评委会员吸纳多元考核主体的加入,多元主体的加入可以参照《人民陪审员法》,根据案件类型的不同遴选不同的裁判文书评价人员:在法律疑难案件上,多引入专家学者型的参评人员;在社会影响较大的疑难案件中,多引入社会公众评价;在大案、要案或值得交流的案件中,可以多引入司法系统工作人员。由于裁判文书数量巨大,故运用大数据技术,抽取案件结构化特征,对裁判文书进行初步评价是较为可行的方式。具体而言,可以从如下几方面着手。第一,结合评价标准,由人工智能评价裁判文书的质量;第二,设立法官异议制度,纠正系统错误决策;第三,异议案件由参评人员利用软件程序办案,若有必要,进入法院实地评价。如此一来,可以建构一套裁判文书评价制度的机构与程序。

结　语

回顾过去20年以来的裁判文书制度改革，我们可以发现，裁判文书的制度化建设在不断适应我国社会发展阶段性条件及其新的要求：其一，我国经历了由农业社会转向工业社会、计划经济转向市场经济的变革，也意味着我国司法制度经历了从传统走向现代的变革。其二，我国司法改革的基本动向同工业社会的专业化、标准化、程序化的基本特征相符合。[1] 其三，我国裁判文书改革与司法改革所处的社会状态也是完全一致的。我国在20世纪90年代针对裁判文书范本、裁判文书说理、裁判文书公开出台的一系列规范性文件标志着裁判文书制度开始走向体系化和科学化，这些文件的主要内容集中体现在1999年发布的第一个《人民法院五年改革纲要》之中。因而可以说，《人民法院五年改革纲要》开启了我国裁判文书制度发展的新篇章。

进入21世纪后，我国社会现代化进程进入到一个新的时代。其中最为明显的表现是信息发展对于司法改革和裁判文书制度提出了新的要求。随着信息技术的飞速发展，传统的司法管辖的空间也借由信息技术手段延伸至信息网络空间中，司法效率、司法便民等司法价值能得

[1] 参见傅郁林：《迈向现代化的中国民事诉讼法》，载《当代法学》2011年第1期。

到更好的彰显与实现。而对于裁判文书制度而言,新时代的技术革命推进了裁判文书公开制度的飞速发展,由过去的以不公开为常态、公开为例外发展到目前的以公开为常态、不公开为例外,社会公众的知情权与监督权得到极大保障。

在时代的更替与制度革新的过程中,裁判文书制度的改革不可避免地面临着裁判文书具体制度与整体法秩序的矛盾或冲突。首先,在裁判文书范本制度中,简式裁判文书不能无限度的简化,否则便会造成司法效率与公民权利的抵牾;其次,在裁判文书公开制度中,也只能有限度的公开,这既有保障公民隐私权的考量,也有国家资源与信息技术支撑的限度。通过本课题的研究,我们会发现这些矛盾和冲突并非裁判文书本身天然具有的,也不是各国裁判文书制度所必然共同经历的问题,它体现出鲜明的中国特色,是中国现阶段社会情境与法治新需求的具体表象。因而,检视裁判文书制度的法理基础与重构裁判文书的制度体系必需要立足于我国的历史方位,探索我国民众对裁判文书所向往的理想图景[1],而不能完全依循西方的发展路径。

基于中国法律实践问题、中国法治现实条件以及中国法治未来目标的研究路径之考量,本研究的前提设定可以概括为三个层面。首先,就裁判文书的理论来源而言,裁判文书的制作是立足于裁判的正确性还是裁判的可接受性,其背后蕴含着不同导向的认识论和价值观,进而决定了裁判文书的事实构建与法律适用理论的取舍,裁判文书本身的功能定位也随之变化。其次,就裁判文书的价值取向而言,裁判文书制度中蕴含了相互冲突的多元价值,坚持单一的价值取向并不符合我国传统文化中倡导和谐的“中庸”哲学理念和行为逻辑,因而本研究着眼

---

〔1〕 关于中国法律理想图景的阐述请参见邓止来:《中国法学向何处去》,商务印书馆 2006 年版,第 31~38 页。

于根据中国现阶段的司法特性构建一个价值序列进行统合考量。最后,就裁判文书制度的逻辑关联而言,逻辑体系的构建同司法实务中审判权运用的过程应该相一致。或者说,裁判文书的各种制度是为了配合案件的处理要求应运而生的,因而,裁判文书体系化的构建必须符合司法活动的一般规律,并能对特殊情景下问题予以差异性评价。总而言之,本研究以制度的实质合理性、体系融贯性作为目标,在多元价值的场域下,试图构建符合中国人法律理想图景的体系化的裁判文书制度。

根据我国现阶段法律发展的情势,本书认为裁判文书制度的法理基础应立足于法律真实的事实观与综合动态的法律观,以证据证明案件事实为目标,以裁判人员构建的事实为前提,将司法主体融入客体当中去,寻求更合理阐释法律、论证法律的机制。特别是在承认人的认识能力的有限性、科学技术的不完善性等客观条件的基础上,重视充分发挥裁判者的主观能动性,重视裁判文书中有关命题的论证和接受。总的来说,裁判文书的制作体现的是一种法官向裁判文书的受众展示法律事实如何建构、法律规范如何解释与论证的过程,并且还存在与受众进行充分的对话,以求最大限度使受众接受裁判结果的过程。

在此理论前提之下,本研究对现有的裁判文书制度体系进行重构与延伸,力图在体系性、统一性的语境之下,实现裁判文书制度本身的合理化。于裁判文书制度的逻辑体系而言,分流制度建立起了混乱与秩序、权利与义务、实体与程序的边界与界限,这种界限以简单案件、一般案件、疑难案件清晰展示出来。这种对案件实体的划分要求程序上的区分对待,进一步内化为司法价值体系回应的深层次需求。因此,我们可以说分流制度是裁判文书内在多元价值体系的"分流器",每一个类型化的案件同时兼具价值体系的内部要件与逻辑体系的外部联系。

裁判文书的范本制度是裁判文书的形式"图腾",范本制度的程序性条款,是保证裁判文书制度得以合理化实现的多种助力方式之一。而范本制度的现实困境在于对范本本身的错误认识以及方法论的单一化倾向,因而需要树立多元的价值观,并根据案件类型的不同发展类型化的范本。

裁判文书的说理制度是裁判文书的灵魂,也是裁判文书最终从对程序正义的追求转而实现实质正义追求的关键。司法实践中,裁判文书的说理不足来源于两个方面。在理论层面上,源于客观真实的观念性误解,这需要法律真实观与动态综合法律观的纠偏,需要树立一种对话、论证的图式;在具体运用上,则与裁判人员本身对裁判文书说理需要的回应滞后性有关,裁判人员应当主动学习接受和实践多样化的说理方法,才能最大限度地增加裁判文书内容的合理性与可接受性。

裁判文书公开制度是法治发展的必然结果,它与裁判文书说理制度在增强裁判文书说理的合理性与可接受性的层面上,呈现相互共叠的效果。通过公开制度的运作,说理制度才能得以彻底落实;说理制度亦通过公开制度,展现法律发展的轨迹,增强民众对法律的信赖,树立法律的权威。但公开制度也需要比例原则的介入,100%的公开并不意味着公开效果的百分之百。因而有限制地对裁判文书公开,并且通过多种途径完善裁判文书公开的机制,才能最大限度地发挥公开制度的效能。

裁判文书的评价制度是司法现代化的技术之维。现有的三种评价模式都具有缺陷,从我国现实出发,改组法官考评委员会,吸纳多元考核主体的加入,并设置统一的评价指标才是较为合理可行的评价模式。客观、公正的裁判文书之评价,有助于提升司法人员的业务素质,有助于司法人员防范法律风险,有助于增强裁判文书说理,有助于实现裁判文书公开制度。

裁判文书制度体系化的过程不仅是对制度本身的审视与改造,还是对制度所处的社会情境的反思。随着社会的变迁,新的规则不可避免地会引入现有的制度体系中来。体系的融贯性要求我们衡量某种新规则是否正当时,并非由人的理性或不断变化的现实来断定,而是将新规则与"规则系统"之间的"相容性"或"一致性"当作该规则正当与否的评价标准。而与规则系统是否相容,并非如实证主义法学派所主张的仅仅是一种纯粹逻辑的问题,也不是如自然法学派所主张的那样,仅仅是一个道德标准。在这两个标准之外,还需要衡量在现存的事实性情势中,该项新的规范是否会产生一种使不同行动和谐共存的秩序,这被称为一种事实性标准。[1] 因而裁判文书体系化的构建是理论与现实之间的相互交织,是理论与现实之间通过不断反思平衡而达到重叠共识[2]的过程。

尽管本书为探索价值、逻辑、事实一体化的裁判文书制度提供了可供参考的路径,但是关于裁判文书制度的体系化构建,我们无法用某一学科的某种理论作出完满的解释,甚至通过各个学科的综合研究也不能一劳永逸地给出答案,因为知识总是有限度的,特别是在智能化的时代背景下,人类知识的有限性表现得更为明显。但这种限度往往成为人们冲破知识樊篱、探索无穷知识领域的动力源泉,也促使我们在裁判文书制度完善甚或司法体制发展的道路上孜孜以求!

---

〔1〕 参见[英]哈耶克:《法律、立法与自由》(上),邓正来等译,中国大百科全书出版社 2000 年版,第 167 页。

〔2〕 关于罗尔斯的重叠共识理念的具体论述参见[美]罗尔斯等:《政治自由主义:批评与辩护》,万俊人等译,广东人民出版社,第 61 ~ 73 页。

图书在版编目(CIP)数据

我国裁判文书制度的法理检视与体系重构 / 资琳著
. -- 北京 : 法律出版社, 2021
ISBN 978 - 7 - 5197 - 5705 - 2

Ⅰ. ①我… Ⅱ. ①资… Ⅲ. ①审判－法律文书－制度－研究－中国 Ⅳ. ①D926.134

中国版本图书馆 CIP 数据核字(2021)第 112347 号

我国裁判文书制度的法理检视与体系重构
WOGUO CAIPAN WENSHU ZHIDU DE FALI JIANSHI YU TIXI CHONGGOU

资 琳 著

责任编辑 郑怡萍
装帧设计 马 帅

出版发行 法律出版社
编辑统筹 法律教育出版分社
责任校对 杨锦华 王沁陶
责任印制 胡晓雅
经　　销 新华书店

开本 A5
印张 8.875 **字数** 216 千
版本 2021 年 6 月第 1 版
印次 2021 年 6 月第 1 次印刷
印刷 北京玺诚印务有限公司

地址:北京市丰台区莲花池西里 7 号(100073)
网址:www.lawpress.com.cn
投稿邮箱:info@lawpress.com.cn
举报盗版邮箱:jbwq@lawpress.com.cn
销售电话:010 - 83938349
客服电话:010 - 83938350
咨询电话:010 - 63939796

书号:ISBN 978 - 7 - 5197 - 5705 - 2
定价:38.00 元